子どもの育ちMap（3・4・5歳児） 0〜5歳児の年齢ごとの子どもの姿をまとめました。子どもの発達を理解し、見

3歳児

健康

人間関係

環境

言葉

表現

様々な身体能力が高まる
散歩に出たり園庭の固定遊具で遊んだりして、体を十分に動かして楽しむ

自分でしようとする
着脱や食事など生活に必要な活動を自分でやってみようとし、できたということを喜ぶ

生活にきまりがあることを知る
手洗いやうがいなど生活にきまりがあることを知り、意識して過ごす

友だちと遊ぶことを楽しむ
自分の好きな遊びも友だちと一緒だとさらに楽しいことに気づき、友だちと楽しもうとする

様々な人とのふれ合いを楽しむ
保育者や友だち、年齢の違う子どもたち、友だちの保護者、地域の人など、様々な人とのふれ合いを楽しむ

素材や道具の使い方を知る
様々な素材や道具の使い方を知り、それを使って遊びを楽しむ

自然物を使った遊びを通して自然に興味をもつ
花や実を集めたり、それらを使った遊びを通して、自然や植物、虫などに興味をもつ

生活や遊びを通して形や数量に興味をもつ
同じ形の積み木だけを選んで並べたり、ものを数えたり、友だちと分けたりする中で、形や数量に興味をもつ

自分の思いや経験を言葉で伝える
生活や遊びの中での思いや自分の経験したことなどを言葉にして相手に伝えるようになる

様々な素材にふれのびのびと表現を楽しむ
砂や水、絵の具やクレヨン、折り紙、粘土、積み木など様々な素材や道具を使い、その感触や特性に気づき、のびのびと表現することを楽しむ

4

友だちが自分と違う考えをもっていることに気づく
自分の考えを伝えながら、友だちにも考えのあることに気づき、一緒に遊びを楽しむ

かかわりの中で相手の気持ちを理解する
年下の子の世話をしたり、友だちを手伝ったりする中で、相手の気持ちを考えたり、思いやりをもったりするようになる

季節による変化を感じる
季節による変化を感じ、植物や虫を育てたり観察したりすることで、親しみをもつ

遊びや生活の中で文字や数を意識する
お店屋さんごっこでメニューを作ったりする中で、文字や数に興味をもつ

通しをもった保育・幼児教育につなげてください。※子どもの発達には個人差があります。この通りに育つというわけではありません。

1歳児

全身を使った遊びを楽しむ
段差から飛び降りようとしたり、傾斜のあるところを歩いたり、遊具を押したりしながら遊ぶ

午睡が1回となる
食事や午睡の生活リズムが整ってきて、遊びの時間が充実してくる

好奇心や探究心をもってかかわる
何気ないものの動きを一心に見つめ、手で動きを止めたり変えたりして、探索意欲を発揮する

積み木を積む
積み木を重ねたり、横に並べて四角く囲いを作ったりする

水や土、砂で遊ぶ
水の冷たさや砂や泥の感触にふれ、楽しむ

子ども同士でかかわり始める
子ども同士のかかわりが増え、ほかの子どもの表情や動作をまねたり、ものを介したやり取りが生まれる

「おはよう」のあいさつをまねる
保育者の朝の笑顔やあいさつに気づき、自分もまねてかかわりをもとうとする

自我が芽生える
自我が芽生え、強く自己主張することが増える

絵本の言葉を取り込み、使う
くり返し読んでもらう絵本の簡単な言葉を自らも口ずさむ

自分から片言でしゃべる
保育者の言葉におもしろさや魅力を感じ、自分から片言でしゃべることを楽しむ

2歳児

自分で衣服を着ようとする
生活の習慣が身につき、自分なりに工夫をして、簡単な衣類の着脱をしようとする

トイレで排泄ができるようになってくる
タイミングよくトイレに誘うと、トイレで自分で排泄ができるようになってくる

小さな玩具を色ごとに並べる
色や形の違いがわかり、指先を使って並べるなどの細かな遊びを楽しむ

自分の持ち物を意識する
自分のものという所有意識が明確になり、友だちの持ち物もわかるようになってくる

記憶する力やイメージする力が育つ
おやつの時間に保育者がテーブルを出して準備を始めると、自ら椅子を出すのを手伝うなどその先をイメージして行動する

興味のあることを自分なりに表現する
クレヨンなどで、思いのままに画用紙に描いて遊ぶ

ほかの子どもとかかわりをもつ
自分と異なる思いや感情をもつ存在に気づき、保育者の仲立ちで自分の思いを相手に伝える

周囲の人のまねをする
年上の子どもや保育者のまねをして、遊びにも取り入れる

ごっこ遊びを楽しむ
保育者と一緒に遊具を別のものに見立てたり、何かのふりをしたごっこ遊びをする

言葉のやり取りを楽しむ
単語数が増え、言葉のやり取りを楽しむ

健康　環境　表現　人間関係　言葉

子どもの育ちMap（0・1・2歳児）

0〜5歳児の年齢ごとの子どもの姿をまとめました。子どもの発達を理解し、見

0歳児

前半 / **後半**

健やかに伸び伸びと育つ

感覚を通して外界を認知する
周囲の人やものをじっと見つめたり、声や音がするほうに顔を向けたりする

「気持ちいい」感覚がわかる
おむつ交換や衣類の着脱を通して、清潔になることの心地よさを感じる

授乳から離乳食への準備が始まる
ミルクを飲むことから、離乳食に少しずつ慣れる

座る、はう、立つ、つたい歩きをする
体を動かすことが楽しくなる

生活のリズムができる
食事の時間、睡眠の時間が次第にそろい、生活の流れができあがってくる

様々な食材と出会う
離乳食が完了期へと移行し、徐々に形や固さのある食べ物に慣れ、食べることを楽しむ

身近なものと関わり感性が育つ

身近なものに興味をもつ
何かをじっと見つめたり、手にしたりして、身近なものに興味をもってかかわる

ものとの新しいかかわりを発見する
身の回りのものにさわってみたいと向かっていき、つかんだり叩いたりして遊ぶ

絵本に興味をもつ
保育者と一緒に絵本などを見て、絵本のイメージの世界を味わう

歌に合わせて体を揺らす
歌やリズムに合わせて手足や体を揺らして楽しむ

身近な人と気持ちが通じ合う

身近な人の顔がわかる
身近な人の顔がわかり、優しく語りかけられると喜ぶ

体の動きや泣き声、喃語で気持ちを伝える
手を伸ばしたり、笑いかけたり、声を出したりして自分の欲求を伝えようとする

ほかの子どもに関心をもつ
保育者との安定した関係を基盤として、ほかの子どもに関心をもつようになる

身振りで気持ちを伝える
自分の気づいたことを指差しなどで保育者に伝えようとする

通しをもった保育・幼児教育につなげてください。※子どもの発達には個人差があります。この通りに育つというわけではありません。

4歳児

複雑な動きができるようになる
走りながらジャンプしたり、ボールを蹴ったり取ったりするなど、様々な動きを組み合わせて遊ぶ

身の回りのことを自分で行う
園生活の仕方がわかり、自分の持ち物の片づけや着替えなどの身の回りのことを自分で行い、手洗いやうがいも自発的に行動する

ルールのある活動を楽しむ
鬼ごっこやボール遊び、カードゲームなど、ルールのある遊びを知り、ルールの中での活動を楽しむ

新しい方法を試す
普段よく使う工作の素材や道具に、初めて見る素材や道具を加えて、試したりする

絵本の表現を楽しむ
絵本のストーリーを理解し、絵本を通して言葉の表現を楽しもうとする

表現する喜びや楽しさに気づく
絵を描いたり、リズムに合わせて踊ったりと、友だちと一緒に表現することの喜びを味わい、楽しさに気づく

5歳児〜

主体的にくり返し取り組む
自分なりの目的をもってなわとびやコマ回しなどに挑戦し、それを達成するために工夫しながらくり返し取り組む

自分の役割を果たす
動物や植物の世話や給食の当番活動をすることで、しなければならないことを自覚し、それを認められることで達成感を味わう

友だちと話し合って遊びを進める
自分の考えや気持ちを伝え、友だちとイメージを共有して、試行錯誤しながら工夫して遊びを進める

話し合って、役割やルールを決める
グループの中で話し合って役割を決めたり、遊びのルールをつくったりして、みんなで遊びを発展させる

地域社会とのつながりを意識し、地域や小学校と交流する
住んでいる地域社会とのつながりを意識するようになり、地域の行事に参加したり、小学校に行って就学を意識したりする

見通しを立てて製作や遊びを工夫する
「こうすればこうなる」という見通しをもって製作をしたり、友だちと意見を出し合って遊びを工夫していく

命の大切さや自然の不思議に気づく
自分たちで虫や動物を飼育したり、植物の世話をする中で、動植物に愛着をもってかかわり、命の大切さや自然の不思議に気づき、いたわる気持ちや畏怖の念をもつ

遊びの中で文字や数量を使い、興味・関心を深める
友だちに手紙を書いたり、買い物ごっこやトランプやカードゲームをしたりし、文字や数量を使った遊びを楽しむ

経験や考えを伝える
自分の経験したことや考えたことなどを言葉にして相手に伝えたり、相手の話を聞こうとする

自分の表現を工夫する
自分が表現したいことを言葉や身ぶりを通して伝え、友だちの意見を取り入れながら、劇や歌、作品作りなどの表現活動に取り組む

健康　自立心　協同性　道徳・規範　社会生活　思考力　自然・生命　数量・図形・文字　言葉　感性・表現

大豆生田啓友・絵本と保育の研究会、コメント／大豆生田啓友）

04

呪文を唱えると……

「めっきらもっきら」と呪文を唱えると、不思議な世界に。妖怪の魅力やスピード感、呪文を唱える楽しさなど、心に残る名作です。

めっきらもっきら どおんどん
長谷川摂子／作、ふりやなな／画
福音館書店

05

かさぶたって何!?

かさぶたは多くの子どもの関心事。かさぶたが何かが実にユニークにわかりやすく書いてあります。みんなが体への関心を深めていきます。

かさぶたくん
柳生弦一郎／作
福音館書店

06

昔話の魅力にドキドキ

やまんばが迫ってくる場面ではみんなドキドキ。「なんだかわ こったらかわ」など方言も耳に残ります。最後のオチも含め、昔話の魅力満載。

さんまいのおふだ
松谷みよ子／作、遠藤てるよ／絵
童心社

10

昆虫語、話せますか？

この絵本を読んだら、みんなが昆虫語で話したくなるでしょう。特に虫の声が響く秋、みんな虫探しを始め、昆虫語を話し始めるでしょう。

なずず このっぺ？
カーソン・エリス／作・絵、アーサー・ビナード／訳
フレーベル館

11

楽しくおいしく覚えよう

「あいうえお」は、こうやって楽しく、おいしそうって思いながら、何度も読んで、気がついたら読めて書けるようになっちゃうのがいい。

あっちゃん あがつく たべもの あいうえお
みね よう／原案、さいとうしのぶ／作
リーブル

12

トンネルを抜けると……

このトンネルに入る前と後とで、言葉が変化してしまいます。何度もくり返し読んで、その後は自分たちで様々な言葉で変身を楽しみ始めます。

へんしんトンネル
あきやまただし／作・絵
金の星社

保育に役立つ3・4・5歳児の絵本24冊

▶13

おばあちゃん大好き！

おばあさんが99歳の誕生日になんと5歳になって魚釣り。読んだ後、みんながつい、自分のおばあちゃんの話をしたくなる魅力的なお話。

だってだってのおばあさん
佐野洋子／作・絵
フレーベル館

▶14

雨の日に読みたくなる本

字のない絵本。雨の日、絵を見ながら、子どもと話しながら読むのもおもしろい。雨の日が魅力的に思えて、外に行きたくなりますよ。

雨、あめ
ピーター・スピアー／作
評論社

▶15

毎日少しずつ読み進めて

5歳児におすすめの幼年童話です。毎日、ちょっとずつ読み進めると、散歩も冒険になり、劇として続きのお話づくりに発展することも。

エルマーのぼうけん
ルース・スタイルス・ガネット／作、ルース・クリスマン・ガネット／絵、渡辺茂男／訳
福音館書店

▶19

言葉のリズムが快感

「かっぱかっぱらった」など、言葉のリズムと響き、軽快さを想像以上に楽しみ、すぐに覚えてしまう子も出てきます。ぜひ選びたい1冊。

ことばあそびうた
谷川俊太郎／詩、瀬川康男／絵
福音館書店

▶20

干支の秘密を楽しく！

「十二支って、えっ！こうだったの？」と干支に興味をもち始めます。しかもこの絵本には、笑いと、スピード感、迫力があります。

十二支のおはなし
内田麟太郎／文、山本 孝／絵
岩崎書店

▶21

パーティーに行くと……

パーティーに呼ばれたネッドくん。しかし、会場にたどり着くまでには奇想天外な冒険が次から次と。リズムよく、だれもが笑い転げる絵本です。

よかったね ネッドくん
レミー・シャーリップ／作、やぎたよしこ／訳
偕成社

16

ドキドキのおつかい

初めてのおつかいのドキドキがよく伝わります。子どもも自分と重ね合わせて聞いています。読んだ後、それぞれのおつかい体験も聞いて。

はじめてのおつかい
筒井頼子／作、林 明子／絵
福音館書店

17

卒園前に読みたい絵本

スプーンにとって大切なことは？ ひなぎくにとって大切なことは？ じゃあ、あなたにとって大切なことは？ 卒園前にぜひ読みたい絵本。

たいせつなこと
マーガレット・ワイズ・ブラウン／作、レナード・ワイスガード／絵、うちだややこ／訳
フレーベル館

18

読んだ後は、ごっこ遊び

ちょっとドキドキするおもしろさ。読んだ後、巧技台を出しておくと、子どもは橋に見立て、「だれだ、おれのはしを……」と遊び始めます。

三びきのやぎのがらがらどん
マーシャ・ブラウン／絵、瀬田貞二／訳
福音館書店

22

軽快な関西弁に笑い転げる

軽快な関西弁が実に魅力的。えんま大王や地獄など、怖いお話かと思いきや、一気に笑い転げるお話。落語への興味にもつながります。

じごくのそうべえ
たじまゆきひこ／作
童心社

23

同じでも、違っていても

なんでもおんなじの友だちってすごくうれしいけど、違ってもいいんだと感じられる温かいお話。ぜひ、仲のよい姿が見られた時に読んでください。

なんでもおんなじ? ふたりはともだち
コリンヌ・アヴェリス／作、スーザン・バーレイ／絵、前田まゆみ／訳
フレーベル館

24

もっと知りたい！

春、てんとうむし探しは子どもたちの大ブーム。アップの写真と知識に引き込まれます。もっとてんとうむしのことを知りたくなる科学絵本。

てんとうむし
野村周平／指導、寺越慶司／絵
フレーベル館

保育に役立つ3・4・5歳児の絵本24冊　　子どもの姿ベースの保育に役立つ絵本をご紹介します。（絵本選定

▶01

食いしん坊の成長物語

ちっぽけなあおむしの成長物語。あおむしが食べたものを次へとめくっていき、たくさん食べる姿に大笑い。最後の場面の美しい絵に感動！

はらぺこあおむし
エリック・カール／作、もりひさし／訳
偕成社

▶02

学校ごっこに発展します

まぬけな校長と生徒の話。くまさかとらえもんなど、昔風の名前もおもしろい。絵本の内容が、ごっこ遊びにも発展します。

どろぼうがっこう
かこさとし／作・絵
偕成社

▶03

愛情って、切なさって何？

愛情とともに、悲しみや切なさ、社会へのやるせなさを感じる絵本。複雑なことを理解し始める、5歳児の後半に読んであげたい絵本です。

やさしいライオン
やなせたかし／作・絵
フレーベル館

▶07

葉っぱを見立て楽しむ

穴の開いた葉っぱをいろいろな顔に見立てた絵本。読んだ後、多くの子が葉っぱを拾って、「葉っぱじゃないよ、○○がいる」と楽しみます。

はっぱじゃないよ ぼくがいる
姉崎一馬／文・写真
アリス館

▶08

嫌なはずが、あら不思議

嫌いな食べ物も、ちょっとネーミングを変えただけで、あら不思議。食べてみようかなと思い始める妹。この想像力は、ぜひ保育者もまねしたい！

ぜったいたべないからね
ローレン・チャイルド／作、木坂 涼／訳
フレーベル館

▶09

娘のお願いに応えて

娘のリクエストに応えてパパが長ーいはしごを使って──。しかも、そのページが大きく広がります。月の満ち欠けなどへの興味につながります。

パパ、お月さまとって！
エリック・カール／作、もりひさし／訳
偕成社

3・4・5歳児
子どもの姿ベースの
指導計画

無藤 隆　大豆生田啓友／編著
三谷大紀　北野幸子　松山洋平／執筆

新要領・指針対応

フレーベル館

はじめに

「子どもの姿ベース」から始めてみよう！

無藤 隆

「子どもの姿ベース」の計画的保育とは

子どもたちがおもしろがっていることを「保育内容」と「資質・能力」により位置づけます。4歳・5歳になったら「幼児期の終わりまでに育ってほしい姿（10の姿）」も使えるでしょう。3歳には「10の姿」の芽生えとして参考にします。それらは子どもを制約するのではなく、子どもがよりよく力を発揮している様子を見やすくする視点です。その活動をさらに展開し、くり返しを通してそういった内容へのかかわりや「資質・能力」の発揮が現れ、「10の姿」へと進展していきます。それを通して、かかわり出会うところで身につく力が確かなものになっていくのです。それを学びと呼びます。子どもがするおもしろいこと→記録をとって検討する→子どもと相談する→計画に（全体的な計画と照らし合わせながら）修正を加え、環境を構成し直す→子どもの活動がさらにおもしろく深く広がる→子どもに力がついて子どものやってみたいことが大きく高くなる→それに応えて計画を練り直す→……と保育が進んでいくのです。

ツライ計画から、楽しい計画へ

指導計画ってなんか大変で、ツライ感じってありませんでした？　書かなければならないので、義務的に書いていたりして。指導計画の雑誌や本から丸写ししたりするだけでも、大変ですよね。もうそれ、やめませんか？　「子どもの姿ベース」は、今週「散歩でドングリ拾いが楽しかった」。だから来週は「来週もその続きを大事にしよう」。じゃあ、「好きなものを入れるポシェットを作って散歩に行こう。きっと楽しくなるぞ」って感じです。子どものワクワクから、保育者のワクワクをデザインするのです。だから、もう意味もなくびっしり埋める計画もやめませんか？　予想外の姿が生まれたら、それを後で書き込んだっていいのです。計画って、その通りにさせることじゃないんだから。そう考えると、なんか、計画がちょっと楽しくなってきませんか？

大豆生田啓友

編著者

無藤 隆
（むとう たかし）
白梅学園大学大学院特任教授。みんながリスペクトする、3法令の改訂・定のキーマン！　趣味は、美術館巡り、落語、全国の園に講演などで呼ばれた際に子どもたちのすてきな姿を写真に収めること。「子どもの姿ベース」が保育に根付くといいなと日々願っている。

大豆生田啓友
（おおまめうだ ひろとも）
玉川大学教授。各地の指導で全国行脚し、保育現場から絶大な信頼を寄せられている研究者。メディアでも活躍。趣味は、ボブ・ディランをはじめとしたロック、犬の散歩など。黒を基盤としたファッションにも一家言あり。「子どもの姿ベース」の保育を目指す園を応援している。

Contents

3・4・5歳児　子どもの姿ベースの指導計画
新要領・指針対応

はじめに …2
指導計画 月案の書き方 …4

指導計画のきほん

「子どもの姿ベース」の指導計画のきほん …6
「子どもの姿ベース」サイクルで指導計画を作ろう！ …8
「10の姿」で「子どもの姿ベース」の活動を計画しよう！ …10
「子どもの姿ベース」から生まれる計画の具体的な展開のために …12
「子どもの姿ベース」の指導計画作成のポイント …14
もっと、「子どもの姿ベース」の指導計画 …16
「子どもの姿ベース」の環境デザインのポイント …20
安全・安心な環境と保育のチェックリスト〜事故や感染症を防ぐために …22

3歳児の月案と資料 …25

3歳児の遊びの環境　大切にしたいポイント …76

4歳児の月案と資料 …81

4歳児の遊びの環境　大切にしたいポイント …132

5歳児の月案と資料 …137

5歳児の遊びの環境　大切にしたいポイント …188
要録の具体例 …190

指導計画 月案の書き方

指導計画は、園種や地域によって記入項目に差異があったり、園で決められた記入用紙があったりしますが、基本となる項目とその考え方は同じです。本書の例を指導計画立案の参考にしてください。

※本書は、協力園の既存の指導計画を参考に、「子どもの姿ベース」の計画としてまとめたものです。年齢によって協力園が違うため、行事などが統一されていない部分があります。

A 前月末の子どもの姿
前月の終わりのクラスの様子や子どもの姿です。顕著に現れた発達や、興味・関心、かかわり合いを記します。

B 月のねらい
その月のクラス運営の柱となるものです。資質・能力の「3つの柱」を意識し、子どもの発達過程を考慮しつつ、どのように育ってほしいかを考えて立てます。年間計画にある「その時期のねらい」も反映させます。

C 健康・安全・食育の配慮
健康・安全・食育の配慮について記入。

D 行事
その月の主な行事をまとめて記入。

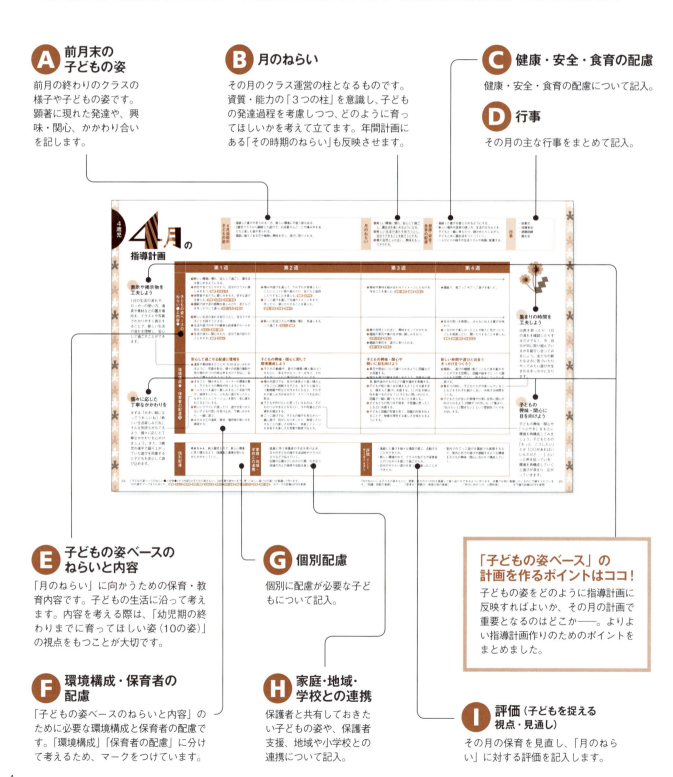

E 子どもの姿ベースのねらいと内容
「月のねらい」に向かうための保育・教育内容です。子どもの生活に沿って考えます。内容を考える際は、「幼児期の終わりまでに育ってほしい姿(10の姿)」の視点をもつことが大切です。

F 環境構成・保育者の配慮
「子どもの姿ベースのねらいと内容」のために必要な環境構成と保育者の配慮です。「環境構成」「保育者の配慮」に分けて考えるため、マークをつけています。

G 個別配慮
個別に配慮が必要な子どもについて記入。

H 家庭・地域・学校との連携
保護者と共有しておきたい子どもの姿や、保護者支援、地域や小学校との連携について記入。

I 評価(子どもを捉える視点・見通し)
その月の保育を見直し、「月のねらい」に対する評価を記入します。

> 「子どもの姿ベース」の計画を作るポイントはココ！
> 子どもの姿をどのように指導計画に反映すればよいか、その月の計画で重要となるのはどこか――。よりよい指導計画作りのためのポイントをまとめました。

指導計画のきほん

ここでは、「子どもの姿ベース」の指導計画で大切にしたいポイントを新しい要領・指針を参考にしながら解説していきます。また、これまでの指導計画や記録のあり方を見直し、保育がもっと楽しくなり、子どもがさらに生き生きするための具体的な方法を紹介します。

「子どもの姿ベース」の指導計画のきほん

指導計画は保育に欠かせないものですが、皆さんが考えるより、ずっと柔軟なものでよいのですよ。
子どもの姿や思いに沿って、臨機応変に保育の計画を作り変えていきましょう。
「子どもの姿ベース」の指導計画の作り方を丁寧に解説していきます。

「子どもの姿ベース」サイクルで指導計画を作ろう！

毎月の指導計画を作成する上で大切なのは、目の前の子どもの姿を捉え、そこから計画を作成していくことです。「資質・能力」「5つの領域」「10の姿」などの要素を実際の子どもの姿に照らしてみることで、子どもたちに育っている力、これから育てていきたい力が見えてくるでしょう。

STEP❶ 子どもの姿を捉える

日々の保育での様子や記録から子どもの姿を捉え、特にこの時期に現れてきた姿を「前月末（4月当初）の子どもの姿」に記入します。

STEP❷ ねらいを考える

> 「ねらい」は後から変更してもいいのです。「子どもの姿ベース」で柔軟に考えましょう。

子どもの姿から育ちつつある部分を踏まえ、「月のねらい」を立てます。その際、「資質・能力」のキーワードを参考にすることで、子どもが伸びていく方向を意識することができます。

「子どもの姿ベース」サイクルで！

指導計画が赤ペンで真っ赤になりましたか？「子どもの姿ベース」サイクルを何回転もするうちに、発展していくのです。子どものしているおもしろいことや出会いをうまく組み入れていきましょう。「全体的な計画」は年1回ほどは職員全員で見直しましょう。

STEP❺ 評価・修正・発展

子どもの育ちと保育者の保育について振り返り、評価します。指導計画が適切か考え、よかった部分を取り出します。これを修正・発展させ、次の計画のベースとします。

STEP❹ 環境や配慮を設定する

「ねらい」「内容」に対して、どのような環境が必要で、どのようにかかわっていくか、「環境構成」「保育者の配慮」を考え、記入します。

資質・能力	キーワード
知識・技能の基礎	・気付く ・分かる ・できるようになる ・自らつくり出す ・取り入れる ・感じとる　など
思考力・判断力・表現力等の基礎	・考える ・試す ・工夫する ・表現する ・見通しをもつ ・振り返る ・役立てる ・活用する　など
学びに向かう力・人間性等	・意欲をもつ ・頑張る ・粘り強く取り組む ・挑戦する ・協力する ・やり遂げる ・自己調整する ・折り合いを付ける ・大切にする ・自分の考えをよりよいものにする ・面白いと思う　など

5つの領域	ねらい
健康	・明るく伸び伸びと行動し、充実感を味わう。 ・自分の体を十分に動かし、進んで運動しようとする。 ・健康、安全な生活に必要な習慣や態度を身に付け、見通しをもって行動する。
人間関係	・園の生活を楽しみ、自分の力で行動することの充実感を味わう。 ・身近な人と親しみ、関わりを深め、工夫したり、協力したりして一緒に活動する楽しさを味わい、愛情や信頼感をもつ。 ・社会生活における望ましい習慣や態度を身に付ける。
環境	・身近な環境に親しみ、自然と触れ合う中で様々な事象に興味や関心をもつ。 ・身近な環境に自分から関わり、発見を楽しんだり、考えたりし、それを生活に取り入れようとする。 ・身近な事象を見たり、考えたり、扱ったりする中で、物の性質や数量、文字などに対する感覚を豊かにする。
言葉	・自分の気持ちを言葉で表現する楽しさを味わう。 ・人の言葉や話などをよく聞き、自分の経験したことや考えたことを話し、伝え合う喜びを味わう。 ・日常生活に必要な言葉が分かるようになるとともに、絵本や物語などに親しみ、言葉に対する感覚を豊かにし、保育者等や友達と心を通わせる。
表現	・いろいろなものの美しさなどに対する豊かな感性をもつ。 ・感じたことや考えたことを自分なりに表現して楽しむ。 ・生活の中でイメージを豊かにし、様々な表現を楽しむ。

幼児期の終わりまでに育ってほしい姿（10の姿）	キーワード
健康な心と体 （健康）	・充実感をもって自分のやりたいことに向かう ・心と体を十分に働かせ、見通しをもって行動する ・自ら健康で安全な生活をつくり出す
自立心 （自立心）	・身近な環境に主体的に関わり様々な活動を楽しむ中で、しなければならないことを自覚する ・自分の力で行うために考えたり、工夫したりする ・諦めずにやり遂げることで達成感を味わい、自信をもって行動する
協同性 （協同性）	・友達と関わる中で、互いの思いや考えなどを共有する ・共通の目的の実現に向けて、考えたり、工夫したり、協力したりする ・充実感をもってやり遂げる
道徳性・規範意識の芽生え （道徳・規範）	・友達と様々な体験を重ねる中で、してよいことや悪いことが分かる ・自分の行動を振り返ったり、友達の気持ちに共感したりし、相手の立場に立って行動するようになる ・きまりを守る必要性が分かり、自分の気持ちを調整し、友達と折り合いを付ける ・きまりをつくったり、守ったりする
社会生活との関わり （社会生活）	・家族を大切にしようとする気持ちをもつとともに、地域の身近な人と触れ合う ・人との様々な関わり方に気付き、相手の気持ちを考えて関わり、自分が役に立つ喜びを感じる ・遊びや生活に必要な情報を取り入れ、情報に基づき判断したり、情報を伝え合ったり、活用したりするなど、情報を役立てながら活動するようになる ・公共の施設を大切に利用するなどして、社会とのつながりなどを意識するようになる
思考力の芽生え （思考力）	・身近な事象に積極的に関わる中で、物の性質や仕組みなどを感じ取ったり、気付いたりする ・考えたり、予想したり、工夫したりするなど、多様な関わりを楽しむ ・友達の様々な考えに触れる中で、自分と異なる考えがあることに気付く ・自ら判断したり、考え直したりするなど、新しい考えを生み出す喜びを味わいながら、自分の考えをよりよいものにする
自然との関わり・生命尊重 （自然・生命）	・自然に触れて感動する体験を通して、自然の変化などを感じ取る ・好奇心や探究心をもって考え言葉などで表現しながら、身近な事象への関心が高まる ・自然への愛情や畏敬の念をもつようになる ・身近な動植物に心を動かされる中で、生命の不思議さや尊さに気付く ・身近な動植物への接し方を考え、命あるものとしていたわり、大切にする気持ちをもって関わる
数量や図形、標識や文字などへの関心・感覚 （数量・図形・文字）	・遊びや生活の中で、数量や図形、標識や文字などに親しむ体験を重ね、標識や文字の役割に気付く ・自らの必要感に基づき活用する ・興味や関心、感覚をもつ
言葉による伝え合い （言葉）	・保育者等や友達と心を通わせる中で、絵本や物語などに親しみながら、豊かな言葉や表現を身に付ける ・経験したことや考えたことなどを言葉で伝える ・相手の話を注意して聞いたりし、言葉による伝え合いを楽しむ
豊かな感性と表現 （感性・表現）	・心を動かす出来事などに触れ感性を働かせる中で、様々な素材の特徴や表現の仕方などに気付く ・感じたことや考えたことを自分で表現したり、友達同士で表現する過程を楽しむ ・表現する喜びを味わい、意欲をもつ

> 3歳児では主に「5つの領域」を見ながら「10の姿」の芽生えを意識し、4・5歳児では「10の姿」を意識するようにします。特に5歳児後半では「10の姿」をメインとして、様々な活動を計画しましょう。

STEP❸
内容を考える

「ねらい」に向かうために必要な活動を考えます。年齢ごとに「5つの領域」のねらいの言葉と「幼児期の終わりまでに育ってほしい姿（10の姿）」のキーワードを参考にしながら、子どもの姿に即した活動を考えましょう。

※新要領・指針からまとめた「資質・能力」「10の姿」のキーワード、「5つの領域」のねらい（一部改変）を一覧にしました。幼稚園、保育所、幼保連携型認定こども園は「園」、先生、保育士、保育教諭は「保育者」に統一しています。

「10の姿」で「子どもの姿ベース」の活動を計画しよう！

自立心

5歳児くらいになると、外に遊びに行こうとして、靴が左右逆になっていることに気付き、直して履くようになります。でも、3歳児はそれに気付きません。確かに左右が逆でも大して困りませんが、次第になんだか履き心地が悪いことに気付きます。そこから、ちゃんと履きたいと思い、靴を履く前に左右の違いを点検します。靴を脱ぐ時も左右を揃えます。

健康な心と体

外遊びから戻ると、汚れている手を丁寧に洗い、泥だらけの服を着替えます。たたんで手提げに入れるのです。健康な生活のための習慣は、初めは保育者が手伝いながら、少しずつなんのためにやるかを伝えます。見通しをもって、やる理由がわかり、そして自らやるようになるという方向を目指します。そしてそこに充実感をもてるとよいのです。

協同性

ごっこ遊びでお店屋さんを始めます。子ども同士が協力して、魚屋さんになるようにセッティングして、ごっこを開始します。どういうものを作ってみたいかを一緒になってイメージし、分担して場を作り、また演じます。互いに話し合い、やり方を決めたり修正したりします。どうしたらよいかなとアイデアを出し合います。

言葉による伝え合い

買い物ごっこをしています。客になる子どもと店の人とが会話を楽しんでやりとりします。ただ「ください」「どうぞ」だけではなく、「こういうのはいかがですか」とか、様々な言い方を工夫します。また、店で作ったものを見て、ごっこを広げています。相手の言ったことに合わせて、伝え合うことに発展しています。

数量や図形、標識や文字などへの関心・感覚

お店屋さんごっこでは、メニューを書いたり、お金を作ったり、それを使って買い物をしたりします。時に字を間違えたり、鏡文字になったりしますが、でもなんとか通じます。ものをいくつ欲しいかと数えたり、お金を10円、100円、1000円と作ることで、正確な理解ではありませんが、0がたくさんつくと大きな数になることを経験します。

資質・能力の育ちの視点を「10の姿」で具体的に捉えて、3・4・5歳児の活動をイメージしてみましょう。
3歳児にも「10の姿」の芽生えを見ることができるでしょう。
目の前の子どもの姿から育てたい姿を描き、それが伸びていくための活動と環境構成・援助を計画します。

道徳性・規範意識の芽生え

年長児が「だるまさんがころんだ」をやっていますが、鬼が振り返る時にだらだらと動いて、遊びが盛り上がりません。そこで担任が入って、まず瞬間的に体の動きを止めるルールを強調しました。すると、子どもたちも鬼が振り返った瞬間にその姿勢のままで停止しました。ルールを守ることが遊びのおもしろさになるのだとわかったのです。

社会生活との関わり

地域との交流は、自分の家庭と園以外のどういう人がどういう暮らしをしているかを知る機会となります。園から外に出て行くことも園に来てもらうこともあります。地域の方々に伝承の技を教えてもらいます。子どもの経験が広がり、地域に住むいろいろな人がたくさんの知恵をもっているのだとわかります。

自然との関わり・生命尊重

草花を使って色水遊びをします。花により、すりつぶす方法もそれぞれにあり、出る色も異なります。どれとどれは混ぜてよいけれど、別なものだと灰色に濁ってしまう、などもわかります。園にあるプランターや花壇の花はどれでも使ってよいけれどムダには使わない、と伝えると、大事に使うようになるでしょう。

思考力の芽生え

雨樋をいくつもつないで水を流します。樋と樋をつなぐ部分を丁寧に重ねないと、そこから水が漏れます。平らでは流れませんが、傾斜が急すぎてもうまくいきません。樋を支える台とその高さも試行錯誤と工夫がいります。水というものの性質に気付き、液体はわずかな隙間で漏れるとか、少しの傾斜でも下に流れるなどを学びます。

豊かな感性と表現

風が吹いてきて、髪の毛や服がはためき、自分もそれに合わせて、くるくると回り、体中で表現します。テープや紙を持ち出して、持ちながら、ダンスをする子もいます。表現し、それを楽しむことには造形・音楽・ダンスなどがありますが、その元は色、形、音、動きそのものにあります。まず感じること、そして表そうとする意欲を援助します。

「子どもの姿ベース」から生まれる計画の具体的な展開のために

「子どもの姿ベース」の指導計画とは、具体的にはどんなふうに作っていけばよいのでしょうか。また、長期の計画、短期の計画を「子どもの姿ベース」の視点でつなげていくために、どんなふうに進めていけばよいのでしょうか。一緒に考えてみましょう！

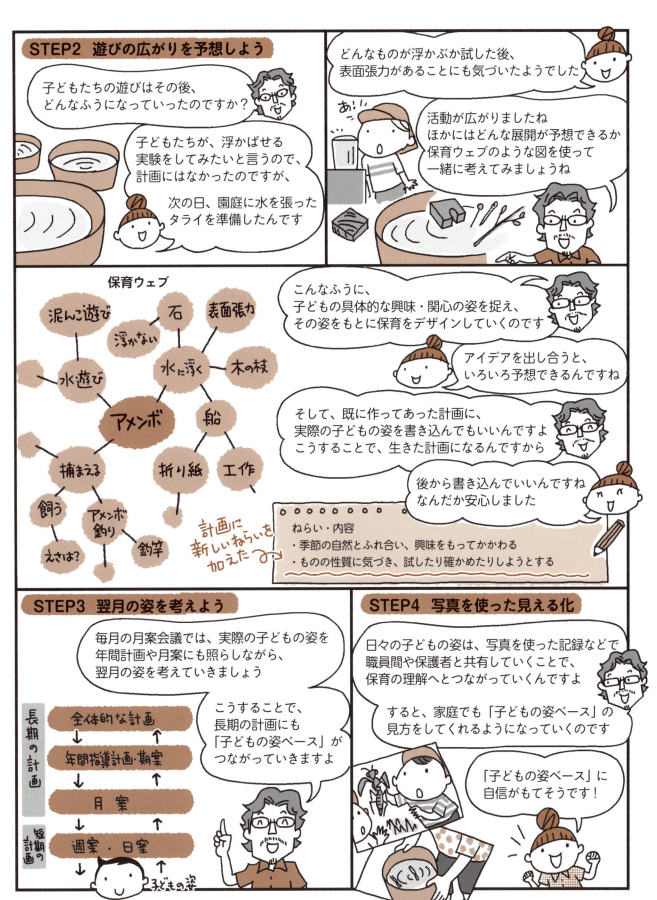

「子どもの姿ベース」の指導計画作成のポイント
～保育がワクワク楽しくなる指導計画に変えませんか？

皆さん、毎月の指導計画作り、大変ですよね。でもそれって、本当に保育に活かされていますか？ 本当に子どもの姿に即していますか？ 計画を立てることは大事なことですが、頑張りすぎて疲れてしまっては本末転倒！ 柔軟に、ちょっとだけ工夫したこんなやり方で、「子どもの姿ベース」の計画にしていきましょう！

提案❶ まずは子どもの姿や実態を押さえよう！

頑張らなくてOK！
簡単に写真とメモで記録しよう

　子どもは今、あるいはこの時期、何に興味や関心があるかな？ また、どのような姿があるかな？ まずはこれを押さえよう。例えば、外で水や砂にふれて、友だちと一緒に遊ぶことが楽しいなど。後から参考にできるように、簡単な写真やメモで記録してみよう。

提案❷ 次への展開の予測をしてみよう！

図（保育ウェブ）で書いてみると、
こんなにイメージが膨らむ

　次にどのような活動が展開していく可能性があるかをイメージしてみよう。しかも、何通りかの可能性を書き出してみるといいよ。例えば、水遊びでは、①様々な容器を使って、水を入れたり出したりして遊ぶ、②草花で色水にして遊ぶ、③砂場で水を流して遊ぶ、など。保育ウェブという図にして書いてみると、わかりやすいよ。

※保育ウェブの具体的な書き方はシリーズ1巻『子どもの姿ベースの新しい指導計画の考え方』を参照してください。

提案❸ 遊びが豊かになる環境を考えてみよう！

環境図（マップ）に書きこんでみよう！

いろいろな活動を予測できたら、どのような環境を準備してあげたら、その遊びは豊かになるかを考えよう。容器で水や砂を出し入れをするなら、どのような容器を出してあげたらいいか。色水遊びだとすれば草花をつぶす道具。砂場で水を流すとすれば、スコップなどの道具が必要か、など。環境図（マップ）に書き込むのもOK。

提案❹ 次の月案（週案）の作成は今月（今週）の姿から

今月（今週）の姿から展開を考えよう

月案の作成では、今月の姿から、来月はどんな展開があるかなと考えてみよう。今月は外で色水や砂場遊びをしたけど、来月はもっと全身で水にふれる遊びになっていくかなあ、など。じゃあ、どんなふうに全身で水遊びさせるとおもしろいかな。昨年度はどうしていたか、年間計画にはどう書いていたか（行事、季節など）も参考にしてみよう。でも、無理をせず、できるだけ時間をかけずにね！

提案❺ 本書を参考に。でも、丸写しをやめてみよう！

楽ちんで楽しい月案にしてみない？

さあ、書き方がわかったかな？　この本の月案例も参考にしてみよう。でも、月案をそのまま写すのは労力もいるし、あまり役に立たないよ。できるだけ、時間短縮して、簡単に作っちゃおう。今月の大切にしたいポイントや、これは押さえておかなければいけないというポイントがわかれば、それでOK。しかも、「やらねば」ではなく、「やってみたい！」を中心に。

もっと、「子どもの姿ベース」の指導計画
~計画・保育の実際から、指導計画を考えよう!

「子どもの姿ベース」の指導計画と保育を進めていくために、大切にしたいポイントを解説します。
ゆうゆうのもり幼保園の園長・渡邉英則先生、5歳児担任・木村彩絵先生に
5歳児クラスの園外保育のお話をうかがいました。

毎年同じ行事をしているのは、なぜ？

5歳児のこの時期だからこそ、協同性を意識した行事を計画

　5歳児クラスでは毎年5月下旬に、観光バスで「国立科学博物館」に園外保育に行きます。でも、毎年決まっているから行くというわけではないのです。博物館にはそれだけの魅力があると思っています。多様なものがあるのが博物館のおもしろさです。

　恐竜だけではないんですよ。原始人がいたり、マンモスの家があったり、子どもによっていろいろな興味のもち方ができるのです。

　5歳児では、年間を通して「協同性」を意識して計画を立てていますが、協同的な遊びを展開するためには、みんなで同じ経験をしてみることがとても重要です。それぞれの子どもが興味をもった点は違っても、博物館で見たものを題材にいろいろな遊びが展開することで、イメージを共有しやすく、クラスみんなに遊びが広がります。

　そのようなわけで、クラスが落ち着いてきた5月下旬にこの行事を位置づけているのです。

これまでの実践も参考に、さらに「子どもの姿ベース」の園外保育に

　過去の年を振り返ってみると、博物館見学から生まれる遊びって本当にいろいろなのです。トゥルカナボーイ（150万年前の少年の骨格標本）や博物館の屋上の休憩所にある自動で開くパラソル、観光バス、マンモスの家、ルーシー（猿人）、宝石、チョウチョウなど、子どもたちはなんでも遊びにします。保育室を「博物館にしたい！」と言って丸ごと博物館を作っていきました。そんな姿も参考にしながら、今年度の保育内容を考えていきます。実践をまとめたドキュメンテーションも活動を展開させるために役立ちます。

ドキュメンテーションは、週1回作成します。保育者ごとに無理のない範囲でいいし、臨時版を出したい人はそれもOK。

年間計画・月案からどんな
ふうに保育が展開したの？

4月（始業式）
国立科学博物館の下見
博物館はとても魅力的な場所なので、年間計画に園外保育として計画しています。始業式の後に早速、下見に行きます。

4月末
5月の計画はA4で1枚で作成
園行事と保育予定、学年やクラスの準備・段取りなどが簡単にメモされた月案。先月や過去の年を振り返って、ねらいには、「友だちと協同して遊び、挑戦すること」「イメージを共有し、遊びがさらにおもしろくなっていく楽しさを感じること」が挙げられています。

> 5月の計画。実施前に必要なものなどを5歳児担任（2名）とフリー保育者で検討します。保護者の力も借りて、見学のマニュアルを作り、それを使ってロールプレイをしてねらいを確認します。

5月
園外保育の実施に向けて情報を掲示
園外保育の実施に向けて、5歳児クラスの保育室に掲示された案内。下見の時に撮影した写真をまとめ、子どもたちの期待も高まります。

園外保育の前日
明日の行程をクラスで説明
明日の行程をイラストと写真でまとめ、子どもたちに伝えます。園から観光バスに乗っていくこと、博物館に着いたらシロナガスクジラの実物大模型の前で記念撮影をすることなどを具体的に伝えると、子どもたちもイメージが膨らみワクワクしてきました。

> 園外保育に行くことをおたよりで保護者とも共有しました。

園外保育の当日
国立科学博物館
まだかまだかとこの日を待ちわびていた5歳児クラスの子どもたち。お休みの子が数名いましたが、「その子たちのためにもよく見てこよう！」とみんなが言っていました。

> 32名の2クラスを、担任2名、フリー保育者3名、園長、主任、保護者4名で上野まで引率。

園外保育の次の日
どんどん活動が広がっていった背景①
園外保育が終わったら、保育者で振り返りの時間をもちます。次の日、簡単に写真とコメントで楽しかった園外保育の様子を掲示することで、この後の活動が盛り上がっていきました。短時間でできるだけ手間をかけずに、楽しかった気持ちを子どもたちと共有しました。

> 「昨日は楽しかったね」「また行きたいね」。子どもたちの会話もはずみます。

その後
どんどん活動が広がっていった背景②

クラス間や家庭との情報共有によって、子どもたちのいろいろな活動がさらに広まっていきました。

毎日のメモ代わりの「苦にならない記録」

各担任が毎日の記録を残しています。メモ感覚で負担にならないように簡単に作り、保育終了後に隣のクラスの担任と記録を見せ合い、その日の保育を共有します。

担任ごとに作成する記録。

家庭向けのおたより

家庭でも子どもたちの楽しかった気持ちに寄り添えるようにおたよりを発行。

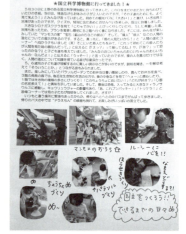

家庭向けのおたより。

担任同士やフリーの保育者と連携して、活動が広がるように意識しましょう。語り合うことで同僚性も育まれます。

家庭へ保育を伝え、家庭を巻き込むことはとても大切です。おたより以外にドキュメンテーションなども活用するといいですね。子育てのパートナーとして子どもの姿を共有していきましょう。

こんな活動に広がっていったよ

園外保育の翌日は至るところで昨日の余韻が遊びに。

日差しが暖かいテラスで骨作り。

骨を作っていたはずが、いつの間にか肉作りに。

図鑑を見る目は真剣そのもの。恐竜に夢中！

なにやら、家らしきものができてきた!?

部屋の入り口に貼られた案内。保育室が国立科学博物館になるんだって！

こっちでも博物館のコーナーを製作中。

子どものやりたい遊びに対応するために計画や準備が大切（週案の考え方）

形式は決まっていませんが、保育者は週案を作成します。簡単にメモをする程度でよく、そこに遊びの展開や必要な環境を書き込んでおきます。子どもがやりたい遊びがある時に対応できるよう準備をしておくことが大事です。遊びが盛り上がっていくためには、子どもたちの言葉をよく聞き、様々な素材の準備や場の整理が必要になります。でもできるだけ簡素化して、保育者の負担にならないよう気をつけます。

子どもの興味に応じて、図鑑や材料、道具などを十分に用意しておきましょう。また、子どもたちの姿から見取り、どんなかかわりをしていけばよいのか考えてみましょう。

子どもたちの遊びや学びは深まったか

6月の月案を作成する前に、5月のねらいは、子どもたちの育ちに表れていたかどうかを振り返ります。子どもの姿に即して、修正・発展させて、6月のねらいへとつなげていきます。

さらに発展していく活動！

園外保育の翌月も、保育者の丁寧なかかわりで、活動はさらに発展。隣の5歳児クラスに時差で活動が広がったり、ほかの年齢の子どもたちへと伝染していくこともあります。保育者は、朝礼や幼児クラスの集まりで、ほかのクラスではどんなことが起きているか、どんな遊びが盛り上がっているかなどを共有します。朝礼や集まりの内容は預かり保育の保育者にも引き継がれます。

クラスの様子を共有して、さらに活動が発展

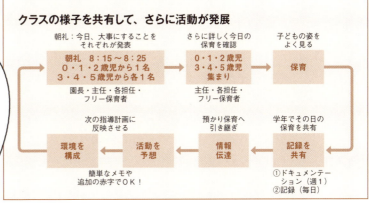

> それぞれのクラスで起きていることを共有することは、とても大切です。ほかのクラスの活動を見て、連鎖的に活動が展開することもありますし、日々の共有が園全体として子どもを語る文化につながっていくでしょう。

保育室が博物館になった！

ルーシー（左、猿人）やトゥルカナボーイ（右）の模型を模倣した作品を展示。

「まんもすのおうちがあります」。文字での説明にもチャレンジ。

実物サイズのパラソルにも挑戦。

大きな恐竜も力を合わせて作ります。

> ゆうゆうのもり幼保園の事例には、子どもの姿ベースの指導計画のポイントがたくさんあります。それは、特に以下の3点です。
>
> **年間指導計画の大切さ**→5歳児のこの時期に博物館に行くのには、これまで積み重ねてきた理由があります。年間で決めておかないと、ここまでの取り組みはできません。
>
> **月案はポイントを押さえる**→月案はシンプルなのがいいです。前年度の指導計画や本を丸写しするのではなく、先生たちが「子どもたちとこうしよう！」という思いが活かされた計画です。
>
> **子どもの姿を計画に反映**→子どもたちから生まれてきた姿を写真で記録にして、それを子どもや保護者に発信することで、どんどん新たな展開（計画）を生み出しています。同じ博物館の経験でも、毎年、違った遊びの展開になるのが、子どもの姿ベースの計画です。

「子どもの姿ベース」の環境デザインのポイント

子どもの作品を大切に掲示した環境

子どもたちが作ったものは、額に入れたり、色画用紙を台紙にしたりして、保育室や廊下にきれいに飾ります。作った子どもが誇らしく感じられるだけでなく、それを見た別の子どももヒントを得て、自分もやってみたいと感じることでしょう。掲示の仕方は保育者のセンスの見せ所です。作品展だけが子どもの作品を発表する機会ではありません。保護者にも日常的に子どもたちのすてきな作品を見てもらえるといいですね。

イメージを形にできる環境

子ども主体で製作できる環境づくりを考えてみましょう。子どもたちがイメージしたことをいつでも形にしていけるような、素材、材料、道具、空間を整えていきましょう。3・4・5歳児では、複数の子どもたちが協同して大きな造形物を作る機会も増えるでしょう。保育室に広い場所を取り、継続的に遊びが発展していくような場とするとよいですね。また、子ども向けの絵本や図鑑だけではなく、大人向けの実用書や道具を準備しても、活動が広がるでしょう。

知的好奇心に応える環境

子どもの興味・関心から、探究遊びへと発展していくことが増える年齢です。例えば、香りへの興味から、いろいろな果物の香りを比べてみたり、よい香りのする花をすりつぶして香水を作ろうとしてみたりします。様々な香辛料を準備すれば、珍しいスパイスを通して、世界の国の食文化にもふれることができるでしょう。子どもたちの知的な興味が広がっていくように、「5つの領域」や「10の姿」も視野に入れ、子どもの声を聞きながら環境を考えていきましょう。

テーマ性のある遊びができる環境

ままごとコーナーにとどまらず、いろいろなごっこ遊びへと展開していく時期です。お店屋さんごっこ、美容室ごっこ、電車ごっこ、病院ごっこなど、子どもたちのやりたい気持ちを叶えられるよう、材料や素材、道具を整えましょう。活動がイメージできるよう、お店の人が働いている写真やメニューを掲示し、チラシやカタログなども準備するとよいですね。一方で、大切なのは子どもが主体的に考え、選んだり工夫したりできるような環境としていくことです。子どもの姿をよく見ながら、出すタイミングも考えましょう。

「子どもの姿ベース」の指導計画を考えていく上で、環境構成はとても重要です。
子どもの主体性を大事に、意欲や探究を深められるような環境を考えていきましょう。
3・4・5歳児の環境構成のポイントを紹介します。

試行錯誤ができる環境

3歳以上児では、大掛かりな構成物をつくることも増えてきます。十分な種類、量の積み木やブロックを準備しましょう。また、じっくり取り組めるように、広めのスペースを取り、棚などで仕切ります。完成したものは写真に撮っておき、掲示すると、ほかの子どもにもよい刺激になるでしょう。

知識と出会う絵本の環境

時期ごとに、子どもの興味・関心に合わせていろいろな絵本や図鑑を棚に並べましょう。友だちと一緒に絵本を見る機会も増えてきます。落ち着いて複数で読書できる場を工夫しましょう。テーブルもあると、そこで絵本をもとに絵を描いたり製作が始まることもあります。子どもの好奇心を引き出す様々な絵本を準備しましょう。

対話ができる環境

遊びが協同的な学びになっていくために、子どもたちが対話する機会が必要です。今好きな遊び、興味のあるものなどを発表する時間をつくりましょう。クラスの子どもがどんなことに興味をもっているか互いに知り合うことで、集団での遊びにつながっていきます。

水や砂でダイナミックに遊べる環境

砂場での遊びもよりダイナミックになってきます。大きなシャベルやいろいろな道具を種類別に準備しましょう。樋やパイプなども自由に使えるように置き、子どものやりたい気持ちを引き出します。時には保育者自ら遊びに加わることでも、子どもたちが主体的に遊びを展開させるヒントになります。

自然とかかわる環境

子どもたちがごっこ遊びや色水遊びに使うことができるいろいろな草花や果樹を園庭に植えてみましょう。また、一人ひとりの運動能力に応じてチャレンジできるような、丸太でできたアスレチックや木登りができる木などもあるとよいですね。保育者は危険箇所については十分チェックし、見守りましょう。

安全・安心な環境と保育のチェックリスト
～事故や感染症を防ぐために

監修：猪熊弘子（名寄市立大学特命教授）

プール
- ☐ 柵・床が破損していたり滑ったりしない
- ☐ 水をためたり、排水がスムース
- ☐ プール内外がきちんと清掃されている
- ☐ プール内外に危険なもの・不要なものが置かれていない

注意点
- ☐ 監視者は監視に専念する
- ☐ 監視エリア全域をくまなく監視する
- ☐ 動かない子どもや不自然な動きをしている子どもを見つける
- ☐ 規則的に目線を動かしながら監視する
- ☐ 十分な監視体制の確保ができない場合、プール活動の中止も選択肢とする
- ☐ 時間的な余裕をもってプール活動を行う

- ☐ 遊離残留塩素濃度が0.4～1.0mg/Lに保たれるよう毎時間水質検査を行い、適切に消毒する
- ☐ 低年齢児が利用する簡易ミニプールも塩素消毒を行う
- ☐ 排泄が自立していない乳幼児には、個別のタライを利用する等他者と水を共有しないよう配慮する
- ☐ プール遊びの前後にはシャワー等で汗等の汚れを落とし、お尻洗いも行う

正門
- ☐ スムースに開閉する
- ☐ ストッパーがついている
- ☐ 鍵がきちんとかかる
- ☐ 子どもが1人で開けられないようになっている
- ☐ 外部から不審者が入れないように工夫してある

砂場
- ☐ 砂場に石・ガラス片・釘など先の尖ったものや危険なものが混ざっていないようにチェックしている

- ☐ 猫の糞便等による寄生虫、大腸菌等で汚染されないよう衛生管理に気をつける
- ☐ 遊んだ後は石けんを用いて流水でしっかりと手洗いを行う
- ☐ 猫等が入らないような構造にし、夜間はシートで覆う等工夫する
- ☐ 動物の糞便、尿等を発見した場合は速やかに除去する
- ☐ 定期的に掘り起こして砂全体を日光消毒する

乳児室
睡眠
- ☐ 必ず仰向けに寝かせ、子どもだけにしない
- ☐ やわらかい布団やぬいぐるみ等を使用しない
- ☐ ヒモ状のものを置かない
- ☐ 口の中に異物やミルク・食べたもの等の嘔吐物がないか確認する
- ☐ 5分おきなど定期的に子どもの呼吸・体位、睡眠状態を点検し、仰向けに直す

おもちゃ（誤嚥）
- ☐ 口に入れると窒息の可能性がある大きさ、形状のおもちゃや物は乳児のいる室内に置かない
- ☐ 手先を使う遊びには部品が外れない工夫をして使用する
- ☐ 子どもが身につけているもので誤嚥につながるもの（髪ゴムの飾り、キーホルダー、ビー玉やスーパーボールなど）は、保護者を含めた協力を求める
- ☐ 窒息の危険性があるおもちゃ等は保育者間で情報共有して除去する

寝具
- ☐ 衛生的な寝具を使う。尿や糞便、嘔吐物等で汚れた時は消毒する
- ☐ 布団カバーをかけ、布団カバーは定期的に洗濯する

おもちゃ
- ☐ 直接口にふれる乳児の遊具は、使った後、毎回湯等で洗い、干す
- ☐ 定期的に消毒する
- ☐ 午前・午後で遊具を交換する
- ☐ 適宜、水（湯）洗い・水（湯）拭きをする

調乳室
- ☐ 部屋を清潔に保ち、調乳時には清潔なエプロン等を着用する
- ☐ 調乳器具は、適切な消毒を行い、衛生的に保管する
- ☐ 乳児用調製粉乳は、70度以上のお湯で調乳する。調乳後2時間以上経ったミルクは廃棄する
- ☐ 調乳マニュアルを作成し、実行する
- ☐ 冷凍母乳等を扱う時は衛生管理を徹底する。保管容器には名前を明記し、他児に誤って飲ませないように十分注意する

おむつ交換室
- ☐ 糞便処理の手順を職員間で徹底
- ☐ おむつ交換はプライバシーにも配慮し、手洗い場や食事をする場所等と交差しない一定の場所で行う
- ☐ おむつの排便処理の際には使い捨て手袋を着用する
- ☐ 下痢便時のおむつ交換は使い捨てのおむつ交換シートを敷く
- ☐ 特に便処理後は、石けんを用いて流水でしっかりと手洗いをする
- ☐ 交換後のおむつはビニール袋に密閉した後に蓋付き容器等に保管する
- ☐ 交換後のおむつの保管場所を消毒する

保育室（食事・おやつ）
食物アレルギー
- ☐ アレルギーがある場合、保護者から申し出てもらう
- ☐ 食物の除去は完全除去を基本とする
- ☐ 家庭で摂ったことのないものは与えない
- ☐ 食後に子どもがぐったりしている場合、アナフィラキシーショックの可能性を疑い、必要に応じて救急搬送を行う
- ☐ 除去食、代替食の提供の際は、献立、調理、配膳、食事の提供という一連の行動においてどこで人的エラーが起きても誤食につながることに注意する
- ☐ 人的エラーを減らす方法をマニュアル化する

※「保育所における感染症対策ガイドライン（2018年改訂版）厚生労働省 2018（平成30）年3月」、「教育・保育施設等における事故防止及び事故発生時の対応のためのガイドライン【事故防止のための取組み】～施設・事業者向け～（平成28年3月）」（厚生労働省）を参考に作成。各園の状況に合わせて取り組んでください。イラストはイメージです。

子どもたちが日々遊びに集中できるようにするためにも、安全・安心に過ごせる環境はとっても大切です。
保育環境の安全面のスペシャリスト、猪熊弘子先生に監修していただきました。
ポイントを押さえて保健・安全計画にも反映させ、事故や感染症の発生を防止しましょう！

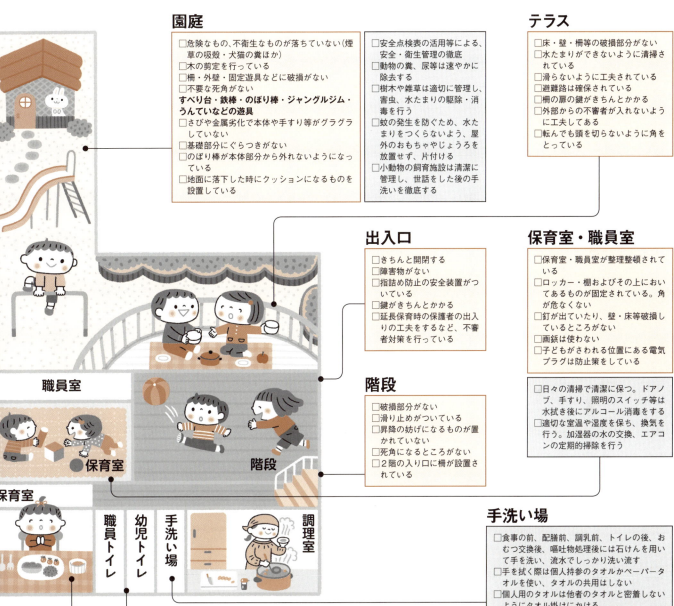

園庭

- ☐ 危険なもの、不衛生なものが落ちていない（煙草の吸殻・犬猫の糞ほか）
- ☐ 木の剪定を行っている
- ☐ 柵・外壁・固定遊具などに破損がない
- ☐ 不要な死角がない

すべり台・鉄棒・のぼり棒・ジャングルジム・うんていなどの遊具

- ☐ さびや金属劣化で本体や手すり等がグラグラしていない
- ☐ 基礎部分にぐらつきがない
- ☐ のぼり棒が本体部分から外れないようになっている
- ☐ 地面に落下した時にクッションになるものを設置している

- ☐ 安全点検表の活用等による、安全・衛生管理の徹底
- ☐ 動物の糞、尿は速やかに除去する
- ☐ 樹木や雑草は適切に管理し、害虫、水たまりの駆除・消毒を行う
- ☐ 蚊の発生を防ぐため、水たまりをつくらないよう、屋外のおもちゃやじょうろを放置せず、片付ける
- ☐ 小動物の飼育施設は清潔に管理し、世話をした後の手洗いを徹底する

テラス

- ☐ 床・壁・柵等の破損部分がない
- ☐ 水たまりができないように清掃されている
- ☐ 滑らないように工夫されている
- ☐ 避難路は確保されている
- ☐ 柵の扉の鍵がきちんとかかる
- ☐ 外部からの不審者が入れないように工夫してある
- ☐ 転んでも頭を切らないように角をとっている

出入口

- ☐ きちんと開閉する
- ☐ 障害物がない
- ☐ 指詰め防止の安全装置がついている
- ☐ 鍵がきちんとかかる
- ☐ 延長保育時の保護者の出入りの工夫をするなど、不審者対策を行っている

保育室・職員室

- ☐ 保育室・職員室が整理整頓されている
- ☐ ロッカー・棚およびその上においてあるものが固定されている。角が危なくない
- ☐ 釘が出ていたり、壁・床等破損しているところがない
- ☐ 画鋲は使わない
- ☐ 子どもがさわれる位置にある電気プラグは防止策をしている

- ☐ 日々の清掃で清潔に保つ。ドアノブ、手すり、照明のスイッチ等は水拭き後にアルコール消毒をする
- ☐ 適切な室温や湿度を保ち、換気を行う。加湿器の水の交換、エアコンの定期的掃除を行う

階段

- ☐ 破損部分がない
- ☐ 滑り止めがついている
- ☐ 昇降の妨げになるものが置かれていない
- ☐ 死角になるところがない
- ☐ 2階の入り口に柵が設置されている

手洗い場

- ☐ 食事の前、配膳前、調乳前、トイレの後、おむつ交換後、嘔吐物処理後には石けんを用いて手を洗い、流水でしっかり洗い流す
- ☐ 手を拭く際は個人持参のタオルかペーパータオルを使い、タオルの共用はしない
- ☐ 個人用のタオルは他者のタオルと密着しないようにタオル掛けにかける
- ☐ 固形石けんは保管時に不潔になりやすいので気をつける
- ☐ 液体石けんの中身の詰め替えは、中身を使い切り、容器をよく洗って乾燥させてから行う

誤嚥

- ☐ ゆっくり落ち着いて食べることができるよう子どもの意志に合ったタイミングで与える
- ☐ 子どもの口の大きさに合った量で与える
- ☐ 食べ物を飲み込んだことを確認する
- ☐ 汁物などの水分を適切に与えながら食べさせる
- ☐ 食事の提供中に驚かせない
- ☐ 床に足がつくように椅子の高さを調整し、食事中に眠くなっていないか注意する
- ☐ 正しく座っているか注意する

- ☐ 食事のたびにテーブルは清潔な台ふきんで水（湯）拭きする
- ☐ 衛生的な配膳・下膳を心がける
- ☐ スプーンやコップ等の食器は共用しない
- ☐ 食後は食べこぼしのないようテーブル、床等を清掃する

歯ブラシ

- ☐ 歯ブラシは個人専用とし、保管時は他児のものと接触させない
- ☐ 歯ブラシは水ですすぎ、ブラシを上にして乾燥させ清潔な場所で保管する

トイレ

- ☐ 日々の清掃、消毒で清潔を保つ（便器、汚物槽、ドア、ドアノブ、蛇口や水回り、床、窓、棚、トイレ用サンダル等）
- ☐ ドアノブ、手すり、照明のスイッチ等は水拭きの後に消毒を行う

※図中の茶色の囲みは安全面、灰色の囲みは保健面のポイントです。

3歳児の月案と資料

[執筆]
松山洋平

[資料提供・協力園]
愛育幼稚園（東京都）
港北幼稚園（神奈川県）
でんえん幼稚園（神奈川県）
町田自然幼稚園（東京都）

3歳児の年間計画

年間目標
- 園生活に慣れ親しみ、安心して過ごす。自分でできる喜びを感じ、自ら行おうとする。
- 新しい環境の中で自分を思い切り表現し、様々な事柄に興味・関心をもつ。
- 他者に気づき、かかわり合う喜びや楽しさを知る。

	Ⅰ期（4～5月）	Ⅱ期（6～8月）
子どもの姿	・新しい環境や生活に不安を抱き、戸惑ったり泣いたりする子どもがいる。 ・新しい環境に期待感をもって生活し、遊具などに興味をもってかかわる子どもがいる。 ・母親と離れることで不安になり、泣く子が見られる。	・自分のやりたいことが明確にある子どもが増えてきた。 ・クラスの一員であることがわかり、友だちや保育者と一緒に喜びを感じる姿が増える一方で、ものの取り合いや言い合いが増えてきた。 ・身近な虫に興味をもち、虫探しを楽しんでいる。
ねらい●	●好きな遊びを見つけ、園で遊ぶ楽しさを知る。 ●園生活の仕方を知る。 ●保育者や友だちと一緒に過ごす楽しさやうれしさを知る。 ●園生活に必要な生活習慣や生活の流れがわかる。 ●戸外で体を動かす心地よさを感じる。	●安心できる場所や好きな遊びを見つけ、くり返し遊ぶ。 ●自然の中で伸び伸びと体を動かす心地よさを感じる。 ●園生活に必要な生活習慣を知りやってみる。 ●夏の季節ならではの遊びや行事を楽しむ。
内容◆	◆自分で遊びを選んでする。[自立心] ◆保育者と話したり一緒に遊んだりして楽しむ。[社会][言葉] ◆園庭や保育室で保育者と一緒に、好きな遊びを楽しむ。[自然][思考力][感性・表現] ◆友だちや保育者のしていることに興味をもつ。[感性・表現] ◆新たな遊具やコーナーに興味をもって遊ぶ。[感性・表現][数量・図形・文字] ◆自分の生活の場所、遊び場を知る。[健康] ◆園庭や公園の草花や昆虫、飼育物に興味をもつ。[社会生活][自然]	◆のりやはさみを使って製作をする。[感性・表現] ◆セミなどの虫捕りを楽しむ。[自然][思考力] ◆気の合う友だちや保育者を誘って、一緒に遊ぶ。[社会生活][言葉] ◆その子なりに水にふれて楽しむ。[自然][感性・表現][数量・図形・文字] ◆必要に応じて自分で汗を拭いたり、着替えたりしようとする。[健康][自立心] ◆七夕、夕涼み、夏祭りなどに興味をもち、製作や踊り、集会などを楽しむ。[社会生活][自然]
環境構成★・保育者の配慮◎	★子どもが好きな遊びに没頭できるように、子どもの興味・関心に寄り添いながら、新たな工夫や展開ができるような素材や道具を準備し、様々なコーナーを配置し保育者も一緒に楽しんでいく。 ◎子どもの身支度や排泄場面などの様子をよく見て、自分でできない時、やってほしい時などに、保育者に態度や言葉で伝えられるように、子どもが安心感をもって表現できる援助を心がける。 ◎身近な動植物に興味をもち、自然物とのかかわりを楽しめるように援助する。	★好きな遊びを見つけて楽しめるようにコーナーを設置したり、イメージの世界でなりきれるような小道具を用意したりする。 ★子どもが直接ふれることのできる小動物や、じっくり観察できる水槽などを用意することを通して、子どもが発見を楽しめるようにする。 ◎熱中症や感染症など夏に起こりやすい病気に気をつけ、気温や室温、子どもの表情や体温などに気を配る。 ◎水のおもしろさを楽しめる様々な素材を用意し、子どものイメージを一緒に楽しみつつかかわる。
家庭や地域との連携	・保護者も進級や入園に緊張や不安を抱いていることに考慮して、家庭での様子を聞き、園での子どもの様子を伝えていく。 ・遠足では親子で楽しい時間を過ごせるように援助したり保護者同士がコミュニケーションを図ったりできるようにする。	・食欲が落ちるなど、体調の変化に留意して家庭との緊密な連携に努める。 ・お神輿や盆踊りなど、地域の人との事前の打ち合わせを密にし、子どもにとって無理なく参加できる形にする。
健康・安全・食育の配慮	・新しい園生活が展開されていることに留意し、子どもの心身の様子に気を配る。 ・お弁当や給食などを楽しく食べることに配慮する。 ・新たな場所や素材と出会うため、安全に気を配る。	・収穫した夏野菜を味わったり、様々な夏の食材にふれたりして、興味をもつ。 ・夏の病気や過ごし方についての話をし、子どもが健康で安全な生活を自ら送れるように配慮する。

「内容」は子どもの姿をもとに、3歳児の場合は5つの領域と芽生え始めた「幼児期の終わりまでに育ってほしい姿（10の姿）」を意識して作ります。10の姿のマークを入れました。[健康][自立心][協同性][道徳・規範][社会生活][思考力][自然・生命][数量・図形・文字][言葉][感性・表現] ※マークの詳細はP9を参照

Ⅲ期（9〜12月）	Ⅳ期（1〜3月）
・いろいろな遊びや他児のしていることに興味をもち、進んでかかわろうとする姿が見られる。 ・自分の思いを保育者や友だちに伝えようとする姿が見られる。 ・身近な自然を感じ、自然を取り入れた遊びを楽しんでいる。	・気の合った友だちと遊びが継続し、助け合ったり、交代して待ったりすることができるようになる。 ・遊びの中で、自分の思いや表現を相手に伝えている。 ・園生活の仕方に自信がつき、自分でできることは自分でしようとする姿が多く見られる
●体を動かして友だちと一緒に遊ぶ楽しさ味わう。 ●自分の思いを保育者や友だちに伝えようとする。 ●身近な自然を感じ、自然を取り入れて遊びを楽しむ。 ●友だちとイメージを共有しながら、ゲームや表現を楽しむ。	●自分の考えを言ったり、友だちの思いを聞いたりして、一緒に遊ぶことを楽しむ。 ●遊びの中で様々に表現していくことを楽しむ。 ●自然に興味をもって遊ぶおもしろさを感じる。 ●身の回りのことを自分で行う。
◆園庭でサッカーなどボールでの遊びを楽しむ。　道徳・規範　思考力　数量・図形・文字 ◆友だちと一緒に歌ったり音を合わせたりする楽しさを味わう。　感性・表現 ◆遊びに必要なものを作って遊ぶ。　思考力　感性・表現 ◆5歳児の姿などに刺激を受け、気づいたことを保育者や友だちに伝えようとする。　言葉　思考力 ◆遊びに必要なものを準備したり、片づけたりする。　自立心　社会生活 ◆伸び伸びと戸外遊びを楽しむ。　健康	◆ルールを共有しながら遊ぶ楽しさを味わう。　感性・表現　数量・図形・文字 ◆自分なりの表現方法で、伸び伸びと表現遊びや歌・合奏を楽しむ。　感性・表現 ◆物語の世界の中で、好きな役になりきって自分なりの表現を楽しむ。　感性・表現 ◆クラスみんなでする活動の楽しさを味わい、自分の思いをみんなに伝えようとする。　健康　言葉 ◆手洗いやうがい、衣服などの身の回りの始末を行う。　道徳・規範
★季節の自然物を取り入れて遊べるように意識的に材料を用意したり、わかりやすく分類して置いたりしておく。 ⦿誕生会や運動会などの4、5歳児の姿や自分たちの楽しんだことがくり返し楽しめるようにしていく。 ⦿なりきって表現することを楽しめるように小道具や場所などを工夫し、他児とイメージを共有できるようにする。 ⦿一人ひとりがやりたいことに向かう中で、友だちとのかかわりから刺激を受けたり興味を広げたりする姿を捉える。 ⦿天気のよい日に、戸外で体を動かすと気持ちよいことを伝えていく。	★子どもの発見や気づきに共感したり、見つけたものを一緒に調べたりしながら、冬の自然に対する興味・関心が深まるようにする。 ★子どもが環境を通して興味・関心をもって遊んでいる姿を捉え、試行錯誤できる場所・時間・情報などを用意する。 ★広い場を確保して、友だちと一緒に伸び伸びと表現できるようにする。 ⦿ごっこ遊びの延長として友だちと一緒に劇を楽しめるように好きな物語や主人公になることを大切にして劇遊びを進めていく。
・個人面談で個々の成長過程を伝え、今後の課題を家庭と共有し、協力を得る。 ・保護者に避難訓練での流れを伝えるとともに、地域との連携を図っていく。	・感染症などでの欠席状況を随時掲示して、感染予防への協力を呼びかける。 ・保護者会やおたよりなどで、遊びや生活を通しての育ちを具体的な事例で伝え、1年間の育ちを保護者と共有できるようにする。
・園庭やホールで会食し、みんな一緒に食べるうれしさや楽しさを味わえるようにする。 ・改めて道具や遊具の使い方について、子どもとその都度確認し、楽しく安全に生活できるように援助する。	・風邪やインフルエンザが流行する時期なので、手洗いやうがいの意味を確認し、丁寧に行うよう伝えていく。 ・クッキングやパーティーを行い、みんなで一緒に食べる楽しさを味わう。

「ねらい」は子どもの姿をもとに、資質・能力の3つの柱を意識して振り返りができるように作ります。本書では特に意識したいものに下線を入れています。「知識・技能の基礎」………、「思考力・判断力・表現力等の基礎」＿＿＿＿、「学びに向かう力・人間性等」_____　※下線の詳細はP9を参照

3歳児 4月の指導計画

4月当初の子どもの姿
- 新しい環境や生活に不安を抱き、戸惑ったり泣いたりする子どもがいる。
- 新しい環境に期待感をもって生活し、遊具などに興味をもってかかわる子どもがいる。
- 保護者と離れることで不安になり、泣く姿が見られる。

「楽しいね！」を味わえるように

入園当初は、泣かないで過ごすことを目標にするのではなく、少しの時間でも、遊びに向かえたり、保育者と笑い合えたりすることを目標にしましょう。「楽しいね！」と保育者と一緒に情動を共有できる場面が1日に1つもあれば、園生活への期待へとつながっていくのです。

保護者やほかの保育者からの情報を大切にしよう

新入園児と進級児との新しい関係の中では、保育者も手探りでかかわらなければならない状況です。日々、ほかの保育者や保護者との対話を心がけ、子どもが安心して生活を送れる環境の構成や保育者の配慮を考えていきましょう。

子どもの姿ベースのねらい●と内容◆

第1週
- ❶保育者に親しみをもつ。
- ◆保育者と話したり、一緒に遊んだりして楽しむ。 【言葉】【協同性】
- ❷身近な環境に関心をもち、かかわろうとする。
- ◆新たな遊具やおもちゃに興味をもって遊ぶ。 【社会生活】
- ◆園庭の草花や昆虫、飼育物に興味をもつ。 【自然・生命】
- ❸好きな遊びを見つけ、園で遊ぶ楽しさに気づく。
- ◆園庭で保育者と一緒に、好きな遊びを楽しむ。 【協同性】
- ❹園生活のルールに気づく。
- ◆自分の生活の場所、遊び場を知る。 【健康】【社会生活】
- ◆保育者と共に過ごしながら、保育室やトイレなどの場所に慣れていく。 【健康】

環境構成★・保育者の配慮◎

第1週

安心して過ごせる環境を
- ★個人ロッカーには、その子どものものとわかる目印をつける。園に行きたくなるような明るい雰囲気づくりをする。
- ◎子どもが普段使っているトイレと園のトイレの様式が違う可能性があるため、入園前の個々の状況を把握し、手伝いながら使い方を伝えていく。

心の動きに共感して受け止める
- ★周囲の様子が見渡せたり、静かにくつろいで過ごせたりする場所をつくり、絵本や粘土、製作道具、ブロックなどを用意する。
- ◎緊張感や不安感で泣いている子どもには、その気持ちを受け止めて情緒の安定を図る。落ち着けるような場所や遊び、信頼できる保育者を見つけて、安心できるようにする。

第2週

一緒に遊ぶことで安心感や信頼感を
- ◎保育者が一緒に遊び、楽しさを共有することで、生活の場に安心感をもったり、保育者への信頼感が増したりするように配慮する。
- ◎入園・進級当初は張り切って園生活を送っている子どもも、状況により不安を感じることがあるため個々の状況をよく見てかかわっていく。

室内に多様な遊びのコーナーを
- ★入園前や進級前に子どもが好きだった遊びの情報をもとにして、今まで楽しんできた遊びや、新たに興味をもちそうな遊びのコーナーを配置する。

個別配慮
- さとしくん：動物アレルギーがあるため、飼育しているウサギとのかかわりに配慮する。
- ゆうなちゃん：引越し直後のため、園での様子をよく観察し、保護者との連携を密にする。

家庭・地域・学校との連携
- 保護者が子どもの進級や入園に緊張や不安を抱いていることに配慮して、個人面談、保護者会、連絡帳などを通して、家庭での様子を聞き、園での子どもの様子を伝えていく。

「子どもの姿ベースのねらい●と内容◆」の「内容」は子どもの姿をもとに、3歳児の場合は5つの領域と芽生え始めた「幼児期の終わりまでに育ってほしい姿(10の姿)」を意識して作ります。10の姿のマークを入れました。【健康】【自立心】【協同性】【道徳・規範】【社会生活】【思考力】【自然・生命】【数量・図形・文字】【言葉】【感性・表現】　※マークの詳細はP9を参照

| 月のねらい | ❶保育者に親しみをもつ。
❷身近な環境に関心をもち、かかわろうとする。
❸好きな遊びを見つけ、園で遊ぶ楽しさに気づく。
❹園生活のルールに気づく。 | 健康・安全・食育の配慮 | ・昨年度から在籍している子どもと新入園児がいることに留意し、子どもの心身の様子に気を配る。
・お弁当や給食など、食べることに興味をもてるようにする。
・新たな場所や素材との出会いが多くなるため、使い方等の安全に気を配る。 | 行事 | ・始業式　・入園式
・クラス懇談会
・個人面談
・体位測定
・ぎょう虫卵、尿検査
・誕生会 |

第3週	第4週
◆担任やほかのクラスの保育者と様々な場面でかかわる。**協同性**	◆保育者と共に遊ぶ中で、他児の存在に気づく。**社会生活**
	◆散歩を楽しみにし、みんなで出かけることを楽しむ。**社会生活**
◆遊びの中で保育者や友だちと一緒に遊びを進めていくことを楽しむ。**協同性 社会生活**	
◆園生活の流れを知り、保育者と一緒に身の回りのことをしようとする。**健康 自立心**	

それぞれのペースや頑張りを認めて

◎自分の持ち物の整理や身支度などは、自分でやろうという気持ちを尊重し、寄り添って一緒に行う。

◎準備などに時間を要する子どもに対しては、その子のペースを大切にしてゆったりと見守り、張り切って過ごしている子どもに対しては頑張りを認め、それぞれの子どものペースに合わせて次の活動へと促していく。

友だちとかかわりをもつ

★同じ遊びに興味や関心を示す子ども同士が一緒に遊べるように、道具や素材を複数用意する。

◎保育者は子どもと一緒に遊び、子どもの楽しんでいるイメージを共有することで、子ども同士がかかわり合えるように遊びを進めていく。

生活のリズムを整えるように

◎園生活のリズムをつかみやすくするために、1日の流れや保育室内の環境を過度に変えないように心がける。

みんなで一緒に過ごすことを大切に

★集まる時間であることがわかるように、集まる場所にござを敷いたり、椅子を並べたりして視覚的にわかりやすくなるよう配慮する。

◎クラスの友だちの存在を感じたり、集団で過ごす楽しさを味わったりするために、みんなで何かをする時間も大切にする。

◎子どもの生活のリズムや状況などを踏まえて、無理に急がせたり集まることを強要したりしない。また、集まって取り組む時は、内容や時間の長さにも留意する。

| 評価
捉える視点・見通し
（子どもを） | ・園の身近な環境にかかわり、安心感や期待感をもって、園生活の楽しさに気づく姿が見られたか。
・園生活の流れや身支度の仕方を知ることができる環境構成がなされていたか。 | ・保育者に親しみをもち、かかわる姿が見られたか。 |

個々に応じて

入園・進級当初は、「さあ、皆さん」と集団に向かって呼びかけるより、個々の名前を呼んでかかわるほうがよい時期です。新しい園生活を始めるにあたり、経験や月齢などにより個人差が大きいことに配慮しましょう。保育者の援助方法も画一的ではなく、一人ひとりに応じて変えていきます。

子どもの視線の先や表情に注目

子どもは、一見ぼーっとしているように見えても、躍動的に動いていなくても、友だちの遊びや先生の言動をじっと見ていることがよくあります。そのような子どもの視線の先や表情に注目してみると、その子どもへの理解を深めていくことができるでしょう。

「月のねらい」は子どもの姿をもとに、資質・能力の3つの柱を意識して振り返りができるように作ります。本書では特に意識したいものに下線を入れています。「知識・技能の基礎」………、「思考力・判断力・表現力等の基礎」———、「学びに向かう力・人間性等」＿＿＿　※下線の詳細はP9を参照

3歳児

4月の資料

新入園児・進級児共に、登園を楽しみにし、保育者に親しみをもって過ごせるように、環境を整えたり、個々に応じた援助を心がけたりしましょう。

環境構成　新しい環境に慣れていく安心感

子どもたちは、周りの子どもや保育者の様子を見ながら、自分なりに園の生活習慣を理解しようとしています。保育者は、子どもが理解しやすいように環境を整えることと、不安になった時も共感的に受け止める姿勢をもつことが大切です。

園環境に慣れていく

「どこにタオルをかけるの？」「ここだよ」と、名前が書かれているところを教えてもらいながら、子どもたちは朝の支度をしていきます。大切なのは自分にとって必要なことだと理解することですから、この時期の支度は、無理に自分でさせるのではなく、子どものしたいことを十分させたうえで、個々の状況に応じて支度の必要性を伝えていく配慮をしていきましょう。

「ぼくの場所はここだね」。

「ごはんの前には、手を洗うんだよねー」。

手をつないで、道路を歩く

園外は子どもにとってワクワクする環境です。歩く時のきまりにも、歩き方にも徐々に慣れていきます。今日の散歩の目的や楽しみを明確にして、安心してみんなと過ごせるように心がけます。

園内探検

新しいクラスの場所以外にも園の中には魅力的な場所はたくさんあります。「さあ、ここは何をするところかな？」と、探検しながら園内環境への理解を促し、ほかの場所にも興味を広げていきます。

はじめての避難訓練

園内放送で地震の合図のベルが鳴ったら、先生の話を聞きながら部屋の中央に集まります。「頭を守る時にはダンゴムシのポーズになるんだよ」と、安心させつつも、大切なことを伝えます。

今月の保育教材

歌
「むすんでひらいて」「てをたたきましょう」
一緒に体を動かしながら楽しみます。

絵本
『たろうのひっこし』村山桂子／作、堀内誠一／絵、福音館書店
園環境に慣れるためには、「園に自分の居場所がある」と子ども自らが思えることがいちばんです。絵本では、主人公が"自分の部屋がほしい！"とじゅうたんを持ってお引越し。桜の木の下で友だちとお花見をするという、春の楽しさが感じられる内容です。絵本を読んだ後は、実際にじゅうたんなどを持って園内探索し、自分の好きな場所を見つけて広げてみるのもよいですね。

環境構成

遊びたくなる環境構成（室内）

新しい保育室、新しい環境に囲まれて、まだ戸惑いや緊張がある子どもたちが、
安心して遊ぶためには、その時々の子どもの姿に応じた環境の構成が必要となります。
日々の子どもの様子を捉えながら、新たな環境を用意していきます。

興味・関心をもてる環境構成

　新しい環境、新しい保育者との生活の中で、少しでも安心して過ごせるように、使い慣れたおもちゃや興味をもちそうな教材、様々な環境を用意して保育者も一緒に楽しみます。4月は探索行動が多く、遊びが継続することは多くはないと思いますが、次の環境構成に向けて、子どもたちが何に興味をもって楽しんでいるのか、個々の様子を捉える配慮が必要です。

子どもたちは、動植物とのかかわりや、お店屋さんごっこ、ダンスなどの遊びに興味・関心を示していました。

保育の可視化

園での様子を保護者と共有

子ども理解を深めていくために、保護者との連携は欠かせません。保護者理解も含め、
様々な対話が必要です。保護者会、保育参加、登園・降園時などに、園での様子を
伝えたり家庭での様子を聞いたりします。ドキュメンテーションも有効に活用しましょう。

積極的に開いていく

　誕生会には保護者を招き、子どものすてきなところや成長したところをみんなで喜び合います。保護者会では、今クラスではやっていること、子どもがおもしろがっている姿を積極的に発信していきます。
　保護者も、園で子どもが楽しんでいることや友だちとの関係が見えてくると、保育に関心をもち、積極的に園に協力してくれるようになります。

左／誕生会には保護者も参加。右／保護者会ではドキュメンテーションを活用して子どもたちの様子を伝えます。

3歳児 5月の指導計画

前月末の子どもの姿
- 保育者と砂場や固定遊具で遊んだり、室内でお面作りやままごとをしたりして楽しんでいる。
- 保育者と一緒に身支度ができるようになり、自ら進んでするようになる。
- 弁当開始により、喜ぶ姿も見られるが、降園時間が遅くなり疲れている様子も見られる。

室内環境の工夫を

4月から、子どもたちは新たな人と出会い、新たな環境とかかわってきました。5月の連休明けの姿をよく見て、もう一度個々の子どもに合った環境の構成を考えましょう。特に長時間過ごす室内環境は様々な過ごし方ができるように工夫するとよいでしょう。

季節を感じる自然とのかかわり

さわやかな季節ですから、戸外で遊べるように環境を工夫しましょう。新しい遊びを提案したり自然のもつおもしろさに気づいたりできるように援助していきます。新しい環境に緊張している子どもも、新たな場所を探索したり、戸外での解放感を感じたりします。

	第1週	第2週
子どもの姿ベースのねらい●と内容◆	❶好きな遊びを見つけ、くり返し楽しむ。 ◆室内でごっこ遊びや製作などを楽しむ。[思考力] ◆戸外で虫探しや乗り物やブランコなどを楽しむ。[感性・表現] ❷保育者や友だちと一緒に過ごす楽しさやうれしさを知る。 ◆保育者や友だちとかかわろうとする。[社会生活] ◆保育者とふれ合うことで安心して生活する。[社会生活][健康] ❹園の生活の流れがわかる。 ◆朝や帰りの準備、排泄、着替えなどを保育者と一緒にする。	◆公園への散歩を保育者や友だちと一緒に楽しむ。[社会生活] ❸春の自然にふれながら遊ぶ。 ◆園庭や公園で虫や草花に興味をもつ。[自然・生命][社会生活] ◆困ったことやしたいことを自分で伝えようとする。
環境構成★・保育者の配慮◎	**安心して生活できるように** ◎連休明けで不安がる子がいるため、泣いている時は寄り添って過ごしたり、一緒に遊んだりするなど、丁寧に対応していく。 **生活習慣や生活の流れを丁寧に見る** ◎身支度や排泄や片づけなど、一人ひとりができたことやわかったことを見逃さず、認めていくことで、自信につなげていく。 **外で体を動かす楽しさを感じて** ◎天気のよい日はできるだけ戸外で過ごし、自然物などとのかかわりが楽しめるように、虫かごや手作りバッグなどを準備する。	**友だちと一緒に過ごすことを楽しむ** ◎保育者や友だちと一緒に安心して過ごすために、遊びながら様々な会話を楽しめるようにする。保育者は遊びに加わり、必要な時にやりとりをつなぐなどして、遊びが盛り上がるようにしていく。 ◎友だちとうまくかかわることができない子どもには、保育者が子どもの気持ちを丁寧に聞き取ったり、仲立ちとなり一緒に遊びを楽しんだりする。
個別配慮	てっぺいくん：登園時に緊張して泣いている様子を把握し、何が不安なのか理解に努める。	
家庭・地域・学校との連携		・収穫や調理活動などで、保護者や地域の人々と連携し、子どもの生活を豊かにできるようにする。 ・遠足では親子で楽しい時間を過ごせるように援助し、保護者同士がコミュニケーションを図れるようにする。

「子どもの姿ベースのねらい●と内容◆」の「内容」は子どもの姿をもとに、3歳児の場合は5つの領域と芽生え始めた「幼児期の終わりまでに育ってほしい姿(10の姿)」を意識して作ります。10の姿のマークを入れました。[健康][自立心][協同性][道徳・規範][社会生活][思考力][自然・生命][数量・図形・文字][言葉][感性・表現] ※マークの詳細はP9を参照

月のねらい	❶好きな遊びを見つけ、くり返し楽しむ。 ❷保育者や友だちと一緒に過ごす楽しさやうれしさを知る。 ❸春の自然にふれながら遊ぶ。 ❹園の生活の流れがわかる。	健康・安全・食育の配慮	・自分たちで植えた野菜の栽培を通して、実際にふれてみたり、匂いをかいでみたりしながら食べ物に関心をもつ。 ・食事の環境に慣れ、楽しい雰囲気の中で様々な食べ物を食べる。	行事	・プレイデー ・歯科検診 ・身体測定 ・親子遠足 ・誕生会

第3週	第4週
	◆遠足で好きな遊びを親子で楽しむ。 社会生活 言葉
◆みんなで行く遠足を楽しみにする。 自然・生命	
◆クラスでハツカダイコンの種まきをする。 自然・生命 ◆梅の実採りをする。 自然・生命 ◆ダンゴムシなど身近な生き物に関心をもつ。 自然・生命 社会生活	◆ハツカダイコンが育つ様子に興味をもつ。 自然・生命

子どもの興味・関心を身近な素材で

子どもの姿から、どのようなことが好きなのか、何に興味や関心を示しているのかを把握します。子どもは身近な環境とのかかわりから発見や探究を楽しんでいることを意識し、援助を心がけましょう。遊ぶ素材は、扱いやすい身近なもので考えましょう。

子ども同士で遊べるように

★同じ遊びに興味・関心を示している子ども同士が一緒に楽しめるように、素材や道具を多く用意して、同じものを持ったり身につけたりできるように援助する。
★子どもたち同士で同じ遊びをくり返し進めている場合、その遊び場をほかの遊び場と区切って、展開を保障する。子ども同士で遊ぶ時間がより充実し、持続するような環境をつくっていくようにする。

みんなで一緒に

★遠足では、親子でクラスのみんなと一緒に楽しめる遊びや活動を用意する。
◎戸外で追いかけっこをしたり、動物になりきったりしてみんなで楽しむ。イメージのある遊びでは、保育者が友だちの思いを伝えたり、イメージが膨らむものを準備したりして一緒に過ごすことを楽しめるようにする。

自分の思いを伝えられるように

◎子どもの身支度や排泄の様子をよく見て、自分でできない時や手伝ってほしい時に、保育者に態度や言葉で伝えられるように、子どもが安心感をもって表現できる援助を心がける。

一緒に過ごす楽しさやうれしさを共有

園生活に慣れ、徐々に周囲の友だちとのかかわりも多くなってきます。一緒に楽しめる遊びや活動を取り入れて、友だちと一緒に楽しむ経験を増やしましょう。クラスみんなで一斉に活動するという考えではなく、おもしろいことを共有するという考えで取り組むとよいでしょう。

評価 捉える視点（子どもを捉える視点・見通し）	・好きな遊びを見つけ、楽しむことができているか。 ・保育者や友だちと過ごすことを喜ぶ姿があるか。 ・安心できる場所や人とのかかわりをもてているか。

「月のねらい」は子どもの姿をもとに、資質・能力の3つの柱を意識して振り返りができるように作ります。本書では特に意識したいものに下線を入れています。「知識・技能の基礎」............、「思考力・判断力・表現力等の基礎」_____、「学びに向かう力・人間性等」_____　※下線の詳細はP9を参照

3歳児

5月の資料

新しい環境にだんだんと慣れてきて、友だちとのかかわりが広がる時期。
子どもの興味・関心を大切にし、楽しいことが広がっていくための援助を考えましょう。

室内遊び　子どもの興味・関心を身近な素材で

新しい保育室、新しい環境に囲まれて、まだ戸惑いや緊張がある子どもたち。
連休明けは特に安心して遊んだり、じっくりと遊べるように環境を構成します。
子どもの興味・関心を大切に、身近な素材で遊ぶ楽しさを味わえるようにしましょう。

身近な動物や植物になってみよう

子どもたちの好きな歌の歌詞に出てくる、鳥や花や虫などになりきってみます。音やリズムに合わせ体を動かすことの楽しさが広がります。保育者は、チョウチョウになりきって、子どもの肩や頭の上にピタッと止まってみるなど、子どものイメージに合わせつつ一緒に楽しみます。

動物や植物になりきって、体を動かします。

今月の保育教材

歌
「ことりのうた」「シャボン玉」「こいのぼり」「ぞうさん」「ちょうちょ」
声を合わせて楽しく表現できる歌を。

絵本
『だいすきしぜん　だんごむし』布村昇／監修、寺越慶司／絵、フレーベル館
『もこ もこもこ』谷川俊太郎／作、元永定正／絵、文研出版
『もけらもけら』山下洋輔／文、元永定正／絵、中辻悦子／構成、福音館書店
『あおくんときいろちゃん』レオ・レオニ／作、藤田圭雄／訳、至光社
不思議さやおもしろさを感じる絵本です。

遊びに取り入れたい環境
サヤエンドウ・タンポポ・トマト・キュウリ・オタマジャクシ・アリ・ダンゴムシ・チョウチョウ

どんな音がするだろう？

音やリズムに興味がある子どもたち。新聞を叩いてみたり、こすってみたり、揺らしてみたりしながら、いろいろな音を発見しています。とうとう「新聞を破いてみよう！」とダイナミックな動きになりました。友だちとのかかわりから思わぬ発見が生まれることもあり、解放感のある遊びとなっていきます。

新聞紙は、どんな音がするかな？

最後は、家では経験できないダイナミックな動きに。全員で新聞紙を振ったり、大きく破いてみたり小さくちぎってみたりして、音の違いを感じていきました。

季節を感じる自然とのかかわり

自然栽培

5月は、自然と親しむのによい時期です。心地よい風を感じたり、花や野菜の栽培を始めたり、収穫を楽しんだりできる時期でもあります。
身近な自然を意識しつつ、戸外で体を動かす活動も取り入れながら遊びを展開していきます。

風を感じる

テラスや園庭の木などに、長いリボンを結びつけて自然の風を感じられるようにしました。すると、子どもたちは風が吹く方向に気づいたり、風の音に気づいたり。シャボン玉遊びでは、飛んでいく方向から風の向きや速度を感じています。3歳児では、シャボン玉を追いかけ始めたり、壊したり避けたりする戦いごっこになったりと、子ども独自のイメージで遊びが発展することも。風から連想し、風車を見たことがある子どもたちから、風車を作ってみたいという声があり、自分たちで考えて作りました。できた風車を持って、思いっきり園庭内を走り回る姿も見られました。

テラスにリボンを結びつけて。

手作りの風車を持つ子どもたち。

シャボン玉遊びが、自然の風を考えるツールになります。

梅の実を触ってみます。

調理員と連携して、梅干し作り。

地域の方に梅の実を採ってもらいました。

梅干し作り

梅の実や花を見たことのある子どももいますが、多くの子どもは梅の木を見るのははじめて。地域の方の協力で、落ちた梅を拾う梅の実採りを楽しみます。梅の実の匂いをかいで「すっぱい匂いがする」という子どもも。実際に触って、匂いをかいで、季節の収穫物を味わい、普段食べているものがどのようにできているか体験していきます。収穫や調理には地域の方や調理員との連携も大切です。

3歳児 6月の指導計画

前月末の子どもの姿
- 天気のよい日は多くの子どもたちが自分から戸外へ出て遊んでいた。
- 外から戻った時などに、自分で水分補給をするようになってきた。
- 好きな遊びを選んで遊び始める子どもが多いが、登園時に不安そうな表情を浮かべる子どももいた。
- クレヨンで絵を描いたり、はさみで切ったり、テープで留めたりなど、製作を楽しむ姿が見られた。

探究する姿勢に共感する

子どもが興味・関心をもって、ものや人や場所とかかわっている時は、次々とやりたいことが見つかったり、おもしろがったりする姿に出会います。「やってはいけないこと」ばかりに目を向けるのではなく、子どものしぐさや表情、つぶやきを拾って、一緒におもしろがる、探究する姿勢を大切にしましょう。

様々な素材や道具を使う楽しさを

探索活動が盛んなこの時期に、様々な素材や道具にふれられる環境を整えましょう。コーナーを作って、興味のありそうな子どもから順番に誘って、時間を決めて活動するなどの工夫をします。子どもが園生活のおもしろさを感じ、この先自ら工夫や挑戦をしていく布石になる大切な経験です。

	第1週	第2週
子どもの姿ベースのねらい●と内容◆	❶安心できる場所や好きな遊びを見つけ、くり返し遊ぶ。 ◆自分で遊びを選んでする。[思考力] ◆友だちや先生のしていることに興味をもつ。[社会生活] ❸自然の中で伸び伸びと体を動かす心地よさを感じる。 ◆色水遊びや泥遊びを楽しむ。 ◆キンギョ、メダカ、カメ、ダンゴムシなどの生き物に興味をもつ。[自然・生命] ❹園生活に必要な生活習慣を知り、やってみる。 ◆身の回りのことを自分でしようとする。[健康]	◆ゲームや歌などで、みんなで一緒に遊ぶ。[社会生活] ❷いろいろなものの使い方を知り、楽しむ。 ◆のりやはさみを使って製作をする。[感性・表現] ◆種まき、苗植えを楽しむ。[自然・生命] ◆水遊びや泥遊び前の着替えの仕方を知る。[健康] ◆自分で水分補給をする。[健康]
環境構成★・保育者の配慮◎	**それぞれのやりたいことが実現できるように** ◎子どもが好きな遊びに没頭できるように、子どもの興味・関心に寄り添いながら、新たな工夫や展開ができる素材や道具を準備し、保育者も一緒に楽しんでいく。 **新しい道具の使い方や使う楽しさを知る** ★絵の具やのりなどの素材との出会いを通して感触を味わったり、はさみやテープなどの道具を使って遊べるようにする。そのために遊びに必要なものを作ったり、七夕飾りなどを壁に飾って鑑賞したりし、子どもが興味や関心をもって継続して取り組めるようにする。	**水遊びや泥遊び** ◎色水遊びや泥遊びなどで、汚れることを嫌がる子どもには、エプロンを着けるほか、服のまま遊べるように配慮し、安心して参加できるように援助する。積極的に楽しむ子どもには、安全や周囲に配慮するように声をかけつつ、場所や時間を設けて十分に楽しめるようにする。 **好きな遊びの世界を広げていくために** ★好きな遊びを見つけて楽しめるように、コーナーを設置したり、イメージの世界でなりきれるような小道具を用意したりする。保育者も遊びに参加し、子どもたちの興味や関心に沿ったものを保育室に用意する。道具も複数用意しておき、友だちと一緒のものをもつ楽しさを感じられるようにする。
個別配慮	あやかちゃん：先月末から登園時に不安な表情を浮かべている様子に配慮し、一緒に遊んだり、かかわったりしながら好きな遊びを見つけていく。	
家庭・地域・学校との連携		・日々の気温の変化が大きいため、子どもが体調を崩しやすいので、連絡を密に取り合いながら体調管理をしていく。 ・水遊びや泥遊びや汗で衣服が汚れるので、その活動の大切さを伝えつつ、着替えを多めに用意するよう協力を依頼する。

「子どもの姿ベースのねらい●と内容◆」の「内容」は子どもの姿をもとに、3歳児の場合は5つの領域と芽生え始めた「幼児期の終わりまでに育ってほしい姿(10の姿)」を意識して作ります。10の姿のマークを入れました。[健康][自立心][協同性][道徳・規範][社会生活][思考力][自然・生命][数量・図形・文字][言葉][感性・表現] ※マークの詳細はP9を参照

			行事	
月のねらい	❶安心できる場所や好きな遊びを見つけ、くり返し遊ぶ。 ❷いろいろなものの使い方を知り、楽しむ。 ❸自然の中で伸び伸びと体を動かす心地よさを感じる。 ❹園生活に必要な生活習慣を知り、やってみる。	健康・安全・食育の配慮	・食事の前に、必ず手洗いを行い、梅雨時期の清潔と衛生に留意する。 ・種まきや苗植えを行い、植物の生長に目を向ける。	・内科健診 ・歯科健診 ・避難訓練 ・誕生会

第3週	第4週
◆みんなで楽しんだ遊びをくり返す。 感性・表現	→
◆タンバリンや鈴などで簡単なリズムを楽しむ。 感性・表現	◆七夕の笹飾りに興味をもつ。
◆栽培物の生長を楽しみにする。 自然・生命	→
◆使ったものを片づけたり整えたりしようとする。	→

生き物のいる生活を

★子どもが直接ふれることのできる小動物や、じっくり観察ができる水槽などを用意して、子どもが発見を楽しめるようにする。また、捕まえた虫を観察するための容器などを用意し、継続して生き物にかかわることのできる生活環境を整える。

水分補給のタイミングを

◉戸外で遊んだ後や、みんなで集まるタイミングなどで水分補給を意識的に促すようにする。保育者は個々の様子の把握に努め、活動状況に応じて自分で水分補給できるように声をかけるようにする。

身近な自然にふれる環境を

★子どもと一緒に種をまいたり苗を植えたりして、植物の生長を楽しめるようにする。畑やプランターの栽培物に興味をもち、水やりをしたり、虫を探したりすることで日々身近な自然とかかわれるようにする。また、子どもが摘んできた草花を、鑑賞できるように生ける。

身の回りの始末には丁寧にかかわる

◉子どもが生活を安心して送れるように、身の回りのことが自分でできる時はその姿を認め、難しい時には丁寧にかかわっていく。今まで自分で行えていたことも、状況や体調などによってできないこともあると理解してかかわるようにする。また、汚れた服を着替える時などは、個々の生活経験や発達の状況に合った対応を心がける。

評価 (子どもを捉える視点・見通し)	・保育者の用意した環境に自らかかわるなど、興味や関心をもって遊びに取り組む姿が見られたか。 ・自然とかかわったり、伸び伸びと体を動かしたりしていたか。 ・園生活に必要な生活習慣について、個々に応	じた援助を受けながら、意欲的に取り組む姿が見られたか。

動植物とのふれ合い

園内外の身近な動植物にふれられる工夫をしましょう。生き物では、飼育動物や昆虫、オタマジャクシなど、身近な場所で心を動かされるかかわりを計画しましょう。草花では、栽培活動や様々な花や実に目を向けたり、遊びに取り入れたりしましょう。手触り、色、匂いなど五感を通したかかわりを心がけましょう。

個々に応じる姿勢を忘れずに

行事や園外保育などみんなで行う活動も徐々に増えてきます。ものの取り合いや、やりたくない気持ちなど、様々な感情が表出されてきます。保育者が決めたクラスのきまりを諭すのではなく、個々の思いにふれ、その気持ちを受け止め、共により良い生活を創っていける関係を構築しましょう。

「月のねらい」は子どもの姿をもとに、資質・能力の3つの柱を意識して振り返りができるように作ります。本書では特に意識したいものに下線を入れています。
「知識・技能の基礎」………、「思考力・判断力・表現力等の基礎」＿＿＿＿、「学びに向かう力・人間性等」　　　　　※下線の詳細はP9を参照

3歳児 6月の資料

徐々に暑さが増し、生活や遊びにも変化が見られる時期です。
身近な環境のおもしろさを感じ、十分に探索・探究活動を楽しめるようにしましょう。

環境構成 いろいろな素材との出会いを

いろいろな素材との出会いを楽しめる環境構成に努めましょう。
遊び始めてもすぐに違うことを始めたり、「やりたくない」と言うこともありますが、
実際の体験や、友だちの様子を見ることが大切な時期であることを意識しましょう。

描いたり貼ったり切ったり

様々な描画材や素材との出会いを豊かにしていきます。個々の子どもの興味・関心を捉えて、落ち着いてじっくりと素材と向き合えるコーナーを用意することで、様々なイメージが誘発されたり、発見を楽しんだりすることができます。

落ち着けるコーナーを作って、じっくりとお絵描き。

ダイナミックな活動も

園生活に慣れて心も体も解放的になってくる時期です。家庭ではなかなかできないダイナミックな遊びも取り入れます。戸外では砂や土にふれる機会をつくり、泥遊びや水遊びなどを十分に楽しめる時間を大切にします。

作品を飾る工夫を

自分たちの保育室を自分たちで飾ることで、保育室に親しみが湧き、安心感が生まれます。画一的な装飾ではなく、子どもと一緒に楽しみながら子どもの作品で部屋を飾ってみましょう。

「気持ちいい！」「きれいな色だね」と子どもたち。

畑でのジャガイモ掘り。「おっきいジャガイモが掘れたよ」。

「ここに貼ろうかな」と染め紙を楽しんだ後に保育室の窓に貼りつけています。

環境構成 ## 探究したくなる姿を捉えて

子どもの興味・関心に応じて環境を用意しましょう。
そのために、子どもの「していること」「見ていること」を注意深く観察し、子どもの思いを捉えましょう。
遊びの中で探究すると次から次へと新たな「なんでだろう」「こうしてみたい」が生まれます。

どこまで流れるんだろう

　水を流すことを毎日のように楽しんでいる子どもたち。保育者はその様子から、水が流れるところが見えたほうがよいだろうと考えて、新たに中の見える透明のホースを用意しました。すると、いろいろな流し方を考えていきます。次第に水は上から下に流れていくこと、勢いが強いと流れやすいことを発見し、とうとう「あそこから流してみたい！」と2階のテラスから流すことに……。

「2階から流してみたい」の声に応じて、一緒に水の道を考えました。

透明のホースは水の流れがよく見えます。

転がる楽しさを味わう

　5歳児が雨樋に水を流して、ボールを転がしているのを発見！　水の流れている様子が好きな3歳児も一緒に参加します。5歳児の姿を見つつ、仕組みを考えて自分たちもやらせてもらいます。年齢を超えて、夕方の時間につながる遊びになりました。

雨樋を使った水遊び。

今月の保育教材

絵本
『ぞうくんのさんぽ』なかのひろたか／作、なかのまさたか／絵
友だちや水とのかかわりがユニークに描かれている絵本を通して、散歩や水遊びがより身近なものになるかもしれません。

3歳児 7月の指導計画

前月末の子どもの姿
・自分のやりたいことが明確にある子どもが増えてきた。
・子ども同士のかかわりが増え、言い合いやものの取り合いが増えてきた。
・クラスの一員であることがわかり、友だちや保育者と一緒に喜びを感じる姿がある。

水との多様なかかわりを

幼児期の水遊びは、水泳というより水のおもしろさを感じることが重要です。水は、勢いよく流れたり、溜まったり、水滴になったり、遠くまで細く飛んだり、冷たかったり、温かかったり、ミストのようになったりと、様々な状態になります。その不思議さにふれるためには、それらを楽しめるような場所や道具を用意して、保育者も一緒に楽しむことが必要です。

友だちと一緒に

子どもが好きな遊びにじっくりと取り組む時、保育者は子どものおもしろがっていることに共感し、遊びを展開したり周囲に知らせたりしながら、友だちのしていることに興味をもてるような環境構成をします。友だちの姿に刺激を受けて、遊びに意欲的になったり、友だちと一緒に遊ぶ楽しさを味わったりします。短い時間でも、一緒に楽しむことを大切にしましょう。

子どもの姿ベースのねらい●と内容◆

第1週
❶ 夏の生活の仕方を知り、必要なことを自分でしようとする。
◆自分から水分補給をしたり、汗をかいたらタオルで拭いたりする。 自立心 健康

❷ 友だちと一緒に遊ぶ楽しさを経験する。
◆園庭やホールなどで体を動かして遊ぶ。 感性・表現
◆好きな遊びを楽しむ中で他児とかかわる。 社会生活

第2週
◆水着への着替えの仕方を知る。 自立心 健康
◆排泄後や食事の前にはしっかり手洗いとうがいをする。 健康

◆七夕、夕涼み、夏祭りなどに興味をもち、製作や踊り、集会などを楽しむ。 社会生活 自然・生命

❸ 夏の開放的な遊びを楽しむ。
◆水遊びやプール遊びを通じて水に親しむ楽しさを味わう。 感性・表現 思考力 自然・生命 道徳・規範

環境構成★・保育者の配慮◎

水のおもしろさを伝えるために
◎水がかかることや汚れることに抵抗を感じる子どもには、何が嫌なのかを見極めつつ、水への親しみや解放感を感じられるように、楽しい雰囲気で援助していく。子どもの興味や関心に沿って遊びを展開する中で、水のおもしろさを感じられるような援助を心がける。
◎ジョウゴ、ホース、カップなど様々な素材を用意し、ジュース屋さんや消防士などの子どものイメージを一緒に楽しむ。

遊びの充実と安全の管理を
◎熱中症や感染症など夏に起こりやすい病気に気をつけ、気温や室温、子どもの表情や体温などに気を配る。

初めての経験を楽しむために
◎好きな遊びをしている時は話しかけず、子どもがしていることをよく見て、子どもの内面の理解に努める。遊びの様子から、必要なものを想像して準備したり、場所を確保したりする。困ったり不安なことがあったりした時に援助する。
◎子どもが不安そうな表情を浮かべている時は、自分の言葉で伝えられるように、質問をしたり、代弁をしたりする。子どもが自分で言えた時は「よく伝わった」という気持ちを表すようにする。

友だちとかかわる楽しさを感じられるように
★一人ひとりが自分の好きな遊びを楽しむ中で、友だちとのかかわりを楽しめるようイメージを共有したり、場所やものを十分に用意したりする。

個別配慮

ひろこちゃん：とびひの症状あり。プール遊びが多くなるので、健康状態に気をつけ、保護者と様子を伝え合う。

家庭・地域・学校との連携

・子どもの体調の変化をその都度知らせ、早めの対応を呼びかけるとともに、感染症の予防に努める。
・暑い時期の体調管理の大切さを共有し、園では子どもが自分で水分補給をしたり、休憩したりしていることを伝える。

「子どもの姿ベースのねらい●と内容◆」の「内容」は子どもの姿をもとに、3歳児の場合は5つの領域と芽生え始めた「幼児期の終わりまでに育ってほしい姿(10の姿)」を意識して作ります。10の姿のマークを入れました。 健康 自立心 協同性 道徳・規範 社会生活 思考力 自然・生命 数量・図形・文字 言葉 感性・表現 ※マークの詳細はP9を参照

月のねらい	❶夏の生活の仕方を知り、必要なことを自分でしようとする。 ❷友だちと一緒に遊ぶ楽しさを経験する。 ❸夏の開放的な遊びを楽しむ。 ❹夏休みを知り、期待をもつ。	健康・安全・食育の配慮	・栽培している野菜の生長に気づき、食べ物への興味・関心を高める。 ・水分補給の大切さを知り、のどが渇いた時は自分で水や麦茶などを飲む。	行事	・誕生会 ・避難訓練 ・プール開き ・夕涼み会 ・終業式

計画を超えて広がる遊びのおもしろさ

計画は、あくまで保育者の心づもりです。子どもの遊びは保育者の予想を超えて広がっていくことがよくあります。その広がりを保育者は捉えて、一緒に楽しみましょう。子どものしていることを、子どもの目線で見ることで、子どもの内面理解が進み、また新たな援助や計画が見えてくるでしょう。

第3週	第4週
◆疲れた時は休んだり、室内での遊びを選んだりする。 健康	→
◆友だちのしていることに興味をもち、自分もやってみようとする。 感性・表現 自然・生命	→
◆水や色水などのおもしろさを感じ、発見を楽しむ。 感性・表現 思考力 数量・図形・文字	❹夏休みを知り、期待をもつ。→ ◆保育室内を雑巾で掃除する。 自立心 健康 社会生活 道徳・規範 ◆終業式に参加する。 社会生活 自立心

季節の行事に興味をもつ
◉七夕の飾りやうちわの製作、ごっこ遊び、水遊びなど、子どもたちがこの季節ならではの遊びを楽しめるようにする。
◉夏祭りでは出店やゲームコーナー、浴衣など、夏の雰囲気を楽しめるように援助する。

体を動かす喜びを感じて
★雨の日も体を十分に動かせるように、ゲームや鬼ごっこなど集団で楽しめる遊びを考える。保育者がリードしつつ、子どもが友だちと同じイメージで遊びを進められるようにする。

保護者や地域の人とのかかわり
◉夏祭りの出店や花火、盆踊りなど、子どもが保護者や地域の人と交流できるように、事前連絡を密にして、保育中に子どもが経験する内容や配慮事項を共有し進めていく。

生活の流れがわかり、安心できるように
◉園で安全に過ごすためのきまりや生活習慣を身につけられるよう、くり返し丁寧に伝え、自信につなげていく。無理にやらせることはせずに、自分でやろうとする意欲的な姿が見られるまでは一緒に行う。

動植物の観察を楽しめるように
◉子どもと動植物のいる生活を楽しみ、その過程を観察して喜びを共感できるようにする。ダンゴムシやセミなどの虫を一緒に探し、発見した時の子どもの喜びや驚きに共感していく。また、観察を楽しみ、生き物の動きや不思議さを子どもたちが感じられるようにかかわる。
◉ミニトマトなどの夏野菜を収穫し、見たり、触ったり、描いたりなど、育つ過程を様々な表現で楽しむことができるようにする。

保護者や地域の力を活かす

七夕や夏祭り、夕涼みなどの行事は、保護者や地域の方々の力を活かして計画していきましょう。行事を通して子どもは様々な人と出会い、様々な特技や仕事があることを知ります。また、行事は、園がどのような保育をしているのかを多くの人に伝えるチャンスでもあります。保護者や地域の人と、しっかりと打ち合わせをしておくことがポイントです。

評価 （子どもを捉える視点・見通し）	・自分でできることをやってみようとしていたか。 ・好きな遊びを見つけて保育者や友だちと一緒に楽しむ姿が見られたか。

「月のねらい」は子どもの姿をもとに、資質・能力の3つの柱を意識して振り返りができるように作ります。本書では特に意識したいものに下線を入れています。「知識・技能の基礎」............、「思考力・判断力・表現力等の基礎」＿＿＿＿＿、「学びに向かう力・人間性等」＿＿＿＿＿　※下線の詳細はP9を参照

7月の資料

3歳児

水に親しみ、活発に体を動かすこの時期、
友だちのしていることにも関心をもって、同じ遊びをしたがることも増えてきます。

表現　「魚」からつながる遊びのプロセス

子どもは、園内の環境に自分からかかわることにより、いろいろな表現をしようとします。
特にこの時期は自分がしたいこと、やってみたいことが溢れ出てきます。子どもの発信を受け止め、
一緒におもしろがって遊ぶことにより、自信をもたせ、達成感を味わえるようにしましょう。

僕も作りたい

玄関の水槽には、どんな魚がいるのか写真カードが貼ってあります。Sくんは、それをまねしたいと、オリジナルの魚カードを作ることに。魚の写真を用意すると、好きな魚を描いて水槽に貼っていきます。

海にはどんな魚がいるかな？

魚カードを作っているうちに、「海には何がいるんだろう」という疑問が出てきました。水族館に行ったことのあるUちゃんから、マンタ、ジンベイザメなどの魚の名前が挙がりました。

ジンベイザメって何？

ジンベイザメを知らない子どもたちにUちゃんは、体の動きで表現します。「ゆっくりなんだね」とSくん。「うん、ゆっくりだよ」とUちゃん。みんながUちゃんのまねをして動きます。Tくんは、「僕は、ニモ。隠れてるんだよ」とみんなと違う動きをします。

ウツボも隠れてるよ！

外から帰ってきたYくんが、魚の話を聞いて「ウツボは隠れてるんだよ」と言いだしました。机を叩きながら、「♪ウッツボはカクレテル〜」とオリジナルソングを歌っています。みんなは笑いながら一緒に歌い出しました。

大きく作りたい！

「先生、ジンベイザメを作りたい」とUちゃん。「だって、すっごく大きいんだもん。大きい紙に描いて乗りたい！」。今までの経験がつながり、様々な表現が遊びの中から生まれてきます。

この時期は、協同的に同じテーマの遊びを深めていくことはありませんが、興味のあるテーマや友だちのしていることに関心をもって、遊びが"転がるように"展開していくことがあります。

玄関には大きな水槽を置いています。

「自分たちも、作りたい」とオリジナルのカードを表示。

「もっと、いろいろ描いてみよう」とお絵描きが始まりました。

今月の保育教材

絵本
『ゆうたはともだち』きたやまようこ／作、あかね書房
イヌとゆうたとのかかわりが、イヌの目線で軽快に味わい深く展開します。他者を好きになる思いを気持ちよく感じさせてくれるお話です。

自然 「水」とのいろいろなかかわり方

気温も上がり、水遊びが増えてきます。子どもの水とのかかわり方は多様です。今までの水遊びにとらわれ過ぎずに柔軟に考えて、子どもの興味や関心から、様々な場所やものを用意して、人の生活には欠かせない水とのかかわりの楽しさや奥深さを十分に味わえるようにしましょう。

水の音っていろいろ

雨の日に、軒先の水たまりで跳ねる水しぶきを発見。じっと見ていると「ぽちゃん」と音がしています。子どもたちは水や音に興味があるようだったので、タライや缶などを用意してどんな音がするのかを探究することにしました。水をすくったりかけたり、缶を叩きつけたり裏返しにしてみたりすると、音が変化することに気づき、何度も楽しみます。手でぱしゃぱしゃとする時とは違う音になることもわかりました。また水遊びの時には、すくったり、勢いよく流したり、口で吹いたりして、いろいろな水の音を楽しみました。

タライを使った水遊び。「今の音、おもしろかったね！」。

水の遊びっていろいろ

幼児にとっての水遊びは、水泳指導だけではありません。浮いたり泳いだりすることを楽しむ時期もありますが、様々な水とのふれ合いを通して、水への親しみを感じつつ、水の多様な性質に気づくことが大切なのです。様々な水とのふれ合い遊びを工夫し、計画してみましょう。

水を手ですくうとどんな音かな？

台風が去った後は……

台風が去った後は、いつもと違う体験ができます。大きな水たまりに、裸足になり入ってみることにしました。すると、子どもたちはあることに気がつきました。日陰のほうは水が冷たく、日なたのほうは温かい。自分の肌で感じながら気づき、「先生も裸足になって！」と呼んできました。保育者はすぐに裸足になって体験し、子どもたちの気持ちに共感しました。

「こっちの水のほうが温かいよ！」。

3歳児 8月の指導計画

前月末の子どもの姿
- 衣服の着脱やおもちゃの用意など、自分のことは自分でしようとする子が多くなってきた。
- 友だちと一緒に遊ぶ中で、自分の思いを友だちに伝えようとしている。
- 身近な虫に興味をもち、虫探しを楽しんでいる。

伝えたい気持ちを受け止めて

言葉の発達が著しいこの時期、子どもたちは保育者に夏休みに経験したことをいっぱい話したいと思って登園してきます。言葉で伝えることのうれしさを十分感じられるように、保育者はゆったりと話を聞きましょう。保護者から夏の様子を聞いたり、乗り物の写真などを掲示したりすることも有効です。

家庭での体験を保育に活かして

夏季休暇中、子どもたちは多様な体験をしてきます。夏に子どもたちが体験した事柄や出会った人、乗り物などを想定して、保育の中で、子どもがやりたい遊びを展開できるように環境を用意しましょう。乗り物ごっこや温泉ごっこ、キャンプごっこなど、これまでになかった遊びが生まれたり、共有できる体験によって、子ども同士が新たな関係で遊んだりする姿が見られます。

子どもの姿ベースのねらい●と内容◆

第1週

❶ 夏ならではの遊びや行事を楽しむ。
◆ その子なりに水にふれて楽しむ。 （自然・生命）（感性・表現）（数量・図形・文字）
◆ セミなどの虫捕りを楽しむ。 （自然・生命）（思考力）

❷ 異年齢児や担任以外の保育者、保護者や地域の人とのふれ合いを楽しむ。
◆ クラスの中で夏休みの子どもがいることを理解する。 （社会生活）
◆ ボランティアのお兄さん・お姉さんと遊ぶことを楽しむ。 （社会生活）

❸ 暑い夏の健康な過ごし方を知る。
◆ 自分で水分補給を行う。 （健康）（自立心）
◆ プール内での留意事項や安全について知る。 （道徳・規範）

第2週

◆ プールでの遊びを工夫し、楽しむ。 （自然・生命）（感性・表現）（数量・図形・文字）（思考力）
◆ 夏野菜の収穫を楽しむ。 （自然・生命）（社会生活）

◆ 買い物などの園外保育で地域の人とかかわる。 （社会生活）
◆ 好きな遊びを、保育者や友だちと一緒にする。 （社会生活）

◆ 必要に応じて自分で汗を拭いたり、着替えたりしようとする。 （健康）（自立心）

環境構成★・保育者の配慮◎

第1週

言葉で伝えたい気持ちを尊重して
◎ 家庭での夏の経験を伝えにくる子どもに対して、時間をとって丁寧に聞くようにする。みんなの前で話したり、同じような体験をした友だちに話したりし、言葉で思いを共有することのうれしさを感じられるようにする。

経験したことの再現遊びができるように
★ 夏の体験をごっこ遊びや工作などで表現しようとする子どもが多くいるため、その思いを汲み取って遊びを展開できるように教材などを準備しておく。
◎ 遊びのイメージが明確にあっても思い通りに再現できず気持ちがなえる場合もあるため、子どものイメージをよく聞いて一緒に楽しみながら遊びが進められるように援助していく。

第2週

快適に遊べるように
★ 気温や湿度に注意し、快適に過ごせるように環境を整える。過度な日焼けや紫外線を避け、熱中症を予防するための日よけを設置し、日陰に休息や水分補給ができるような場を用意する。

生き物とのかかわり
★ 生き物に興味・関心をもてるように、観賞しやすい場所に飼育ケースを置き、観察したり変化に気づいたりできるようにする。保育室には関連する本や写真などを集めたコーナーを設置し、夏の昆虫などの暮らしや生長や変態に興味をもてるように環境を整える。
◎ 生き物との愛着あるかかわりを通して、徐々に、昆虫などの命について考えられるように言葉をかけたり絵本を読んだりする。

個別配慮

こなつちゃん：転勤してきた新入園児のため、安心感をもって園生活を送れるようになるまで丁寧なかかわりを心がけ、本児の好きな遊びを継続できるようにする。

えりなちゃん：仲のよいりなちゃんがほとんど登園しないため、様子に留意する。

家庭・地域・学校との連携

- 食欲が落ちるなど、体調の変化に留意して家庭との緊密な連携に努める。
- お神輿や盆踊りなど、地域の人との事前の打ち合わせを密にし、子どもにとって無理なく参加できる形にする。

「子どもの姿ベースのねらい●と内容◆」の「内容」は子どもの姿をもとに、3歳児の場合は5つの領域と芽生え始めた「幼児期の終わりまでに育ってほしい姿(10の姿)」を意識して作ります。10の姿のマークを入れました。（健康）（自立心）（協同性）（道徳・規範）（社会生活）（思考力）（自然・生命）（数量・図形・文字）（言葉）（感性・表現） ※マークの詳細はP9を参照

		行事
月のねらい	❶夏ならではの遊びや行事を楽しむ。 ❷異年齢児や担任以外の保育者、保護者や地域の人とのふれ合いを楽しむ。 ❸暑い夏の健康な過ごし方を知る。	健康・安全・食育の配慮	・収穫した夏野菜を味わったり、様々な夏の食材にふれたりして、興味をもつ。 ・夏の病気や健康な過ごし方について話し、子どもが健康で安全な生活を自ら送れるように配慮する。	・誕生会 ・避難訓練 ・異年齢交流 ・地域交流

第3週	第4週
◆お神輿や盆踊りに興味をもつ。 社会生活 ◆収穫した野菜を食べる。 社会生活 自然・生命	◆経験したことを自分なりの言葉で伝えたり、再現して遊ぼうとしたりする。 言葉 思考力 自立心
◆他児の遊び方に刺激を受けて自分の遊びに取り入れてみようとする。 社会生活 思考力	◆気の合う友だちや保育者を誘って、一緒に遊ぶ。 社会生活 言葉 ◆かき氷作りやスイカ割りなどを、保育者や友だちと一緒に考えて行う。 数量・図形・文字
◆プール遊びの身支度や後始末を自分でしようとする。 健康 自立心	◆体を休めつつ楽しめる遊びを知り、やってみようとする。 健康 自立心

いろいろな友だちと遊べるように

◉夏は年齢の違う子どもが集団でいることを理解し、いろいろな友だちや保育者とかかわれるように、子どもが興味をもちそうな遊びを提案し、遊びに入りやすいように援助していく。

意欲的に着替えができる工夫や動線の確保

★子どもが無理なく意欲的に着替えられるように、衣服や水着やタオルの置き場所や置き方をわかりやすく工夫する。また、プール用の水遊び道具の置き場所を明確に示し、砂場の道具などと扱いが違うことがわかるように配慮する。楽しく水遊びができるよう、安全面や衛生面に配慮した環境を整える。

食への興味を深めるために

◉夏野菜に関心をもち、収穫を楽しめるようにする。野菜を洗ったり、切ったりなどの調理を楽しみ、味わうことで、味覚や匂い、切り口の色や形などの違いに気づけるようにする。また、友だちと一緒に楽しむことで体験を共有できるようにする。

かかわりやすい雰囲気を大切に

★夏休みの期間中は、普段とは違う保育室や人間関係の中での生活となるため、個々の子どもが安心できる雰囲気づくりに留意する。

◉普段かかわりの少ない子どももいるため、子どもの表情や様子を注意深く見るようにする。また、関係性によっては緊張して言葉でうまく伝えられないこともあるので、保育者から声をかけ、少しでも話しやすい雰囲気づくりを心がける。

評価 捉える視点（子どもを捉える・見通し）	・担任以外の保育者や異年齢児と安心して過ごせていたか。 ・夏の季節ならではの遊びや行事を楽しめたか。

広がりを意識した食育を

園で野菜を育てたり食べたりすることは、自然の不思議さやおもしろさを感じ、食への関心を高めることにつながります。子どもの興味・関心を捉えながら、買い物やクッキング、パーティーなどの活動内容を考えていきましょう。友だちや保育者と一緒に考えた活動はかけがえのない体験として子どもの心に残ります。

安心して過ごせる環境を

8月は、保育体制や、登園する子どもの人数が変わります。その環境を活かすためにも、個々の子どもに応じた丁寧な雰囲気づくりが大切です。落ち着いて過ごせる場所を用意したり、意図的にみんなが興味・関心をもてる遊びを提案したりするなどの工夫をしましょう。そのためには、保育者が密に連携し、子ども理解に努め、子どもの姿に沿った計画を立案していくことが重要です。

「月のねらい」は子どもの姿をもとに、資質・能力の3つの柱を意識して振り返りができるように作ります。本書では特に意識したいものに下線を入れています。
「知識・技能の基礎」.........、「思考力・判断力・表現力等の基礎」_ _ _ _ _、「学びに向かう力・人間性等」_____　※下線の詳細はP9を参照

8月の資料

3歳児

園での生活の仕方がわかり、身の回りのことや自分でできることをやろうとする時期です。園内でほかのクラスやほかの保育者とかかわりをもつ機会が増えます。

人間関係 クラス以外の場所で過ごす楽しさ

8月、子どもたちは、クラス以外の場所でも安心感をもって過ごしています。様々な保育者にも親しみをもち、普段とは違う流れの1日を過ごすこともできます。

安心して過ごせるように

夏の保育は、伸び伸びと過ごすことができる反面、新しい場所や関係性に戸惑ったり、体力面での疲労が大きくなったりすることも。その子のペースに応じた、時間や場所を用意し、関係性にも気をつけます。

好きなことに没頭できるのも夏の保育の特徴。

お気に入りの場所でのんびりと。

年齢の違う子ども同士のかかわりを

8月は、園を休む子どもも多く、普段の仲間とは違う新たな関係が見られるようになります。年齢の違う子どもたちと一緒に遊ぶことが増え、じっくり遊ぶ中での年齢を超えたかかわりが活かされるようにします。虫捕りや水遊び、工作や絵画などに取り組む5歳児の姿に刺激を受けて、3歳児なりに遊びに取り入れようとするなど、年齢の違う子どもが憧れの存在となります。

年上の子どもがいると、遊び方がダイナミックになります。

水や泥を使って、ダイナミックに夏ならではの遊びを展開しています。

今月の保育教材

絵本
『やさいのおなか』きうちかつ／作・絵、福音館書店
身近な野菜が形のおもしろさとすてきな言葉で表現されています。

遊びに取り入れたい環境
オシロイバナ・ハーブ・セミ・バッタ・カブトムシ

食育

植物の生長や収穫を楽しむ

育ててきた野菜の収穫や少人数で行うクッキングなど、春から夏にかけてのプロセスを異年齢が交わりつつ味わっていきます。自然の不思議さやありがたさを感じる機会です。

育てた夏野菜の成長を喜んで

スイカをいろいろな角度から"味わう"

　園内で育てたスイカを収穫して食べます。5歳児が図鑑で調べ、そろそろ食べ頃だとわかりました。「重いからどのように収穫して運ぶか」「中身が黄色いスイカもあるらしい」「スイカ割りがしたい」「どうやってみんなで食べるか」など様々な意見がありました。

調理員との連携を

　子どもの声を受けて、調理員と打ち合わせをして、様々なスイカの種類があること、実際に切り分ける方法、配膳の手順を子どもに伝えることにしました。子どもたちは、中身が何色か興味津々で、切り分けて赤いスイカだとわかると、歓声が！　スイカをいろいろな角度から感じ、興味を寄せる姿がありました。子どもたちが何に興味をもって楽しんでいるのか、個々の様子を捉える配慮が必要です。

収穫時、畑からリレー方式で運びだし、重さを量ってみると、なんと7.7kg！

スイカ割りを楽しみ、みんなで食べました。「おー、赤い！　おいしそう！」。

5歳児の意欲的な姿をまねて

給食の食材は、なんだろう……

　毎朝、給食室から「今日の食材」が示されます。5歳児が自主的に食材名を紙に書いて、食材の横に置いています。その姿をまねしたい3歳児もいて、食材を運ぶのを一緒に手伝っています。5歳児の意欲的な姿が、3歳児の「やってみたい」につながります。

5歳児の書いた紙と、今日の給食の食材を運びます。

昼食前、食材と給食が玄関前に置かれると、子ども同士、子どもと保育者の会話がはずみ、食への関心へとつながります。

3歳児 9月の指導計画

前月末の子どもの姿
・休み明けは、保護者と離れにくい子どもや生活に戸惑いを見せる子ども、生活リズムや体調を崩す子ども、不安定になる子どもがいる。
・いろいろな遊びや他児のしていることに興味をもち、進んでかかわろうとする姿が見られる。

行事では、日常の子どもの姿を発信する

3歳児は、日々意欲的に遊びに向かう姿を、運動会などの行事で表現することが大切です。運動会の競技では、なってほしい姿を目指して練習するのではなく、日々の遊びがつながっていくことを意識しましょう。そのためには普段から日常の保育の中での子どもの姿を発信することが重要です。

体を動かして遊ぶ楽しさを感じられるように

簡単なルールの鬼ごっこなどを保育者と一緒に楽しみながら、みんなと遊ぶ楽しさを共有できるようにしましょう。3歳児は、遊びの中のルールを、スポーツのルールのように捉えるのではなく、オオカミやライオンなど絵本のストーリーなどを基にしたごっこ遊びとして捉えています。このような表現も取り入れつつ遊ぶことを楽しみましょう。

子どもの姿ベースのねらい●と内容◆

第1週
❶生活のリズムを再確認し、自分のことを自分でやろうとする。
◆園での生活習慣を思い出し、自分でやろうとする。 自立心 健康
❷保育者や友だちと一緒に、いろいろな遊びを楽しむ。
◆今まで親しんできた遊具や道具で遊ぶ。 思考力 感性・表現
◆自分の好きな遊びを見つけてくり返し楽しむ。 思考力 感性・表現 自立心
❸体を動かす楽しさを知る。
◆ボール投げ、障害物競走などを楽しむ。 思考力 感性・表現

第2週
◆自分なりの言葉や表現で思いを伝えようとする。 言葉 感性・表現
◆自然物を取り入れて遊ぶ楽しさを味わう。 感性・表現 思考力
◆クラスのみんなとダンスやゲームを楽しむ。 感性・表現 道徳・規範 自立心

環境構成★・保育者の配慮◎

久しぶりの登園で不安な子どもには
◎久しぶりの登園で不安な子の気持ちに寄り添いながら、安心する場所やものや遊びを子どもと一緒に見つける。

体を動かして遊ぶ楽しさを感じられるように
★体を思い切り動かして遊ぶ心地よさを感じられるように、簡単なルールの鬼ごっこや登ったりくぐったりする遊びを用意し、保育者も一緒に体を動かすようにする。
◎やりたい遊びを十分に楽しみながら、周囲にも目を向け、友だちのしていることを一緒にやろうとする姿を捉え、子どもたちのイメージがつながり、遊びが広がっていくように援助する。
◎体操やリズム遊びは、みんなでするのではなく、やってみたいと思えるような雰囲気や環境づくりを心がける。

運動会ごっこを楽しめるように
◎4、5歳児が運動会に向けて楽しく取り組んでいる姿を意識的に見せ、興味をもてるようにする。ボール投げやかけっこなど、子どもの楽しんでいる姿を尊重しつつ、ルールややり方を伝え、楽しく取り組めるようにする。

自分のイメージや思いを表現できるように
◎一見わかりにくかったり、うまく言葉にできていなくても、その子どものイメージを受け止め、作りたいという気持ちを大切にする。

自分でしようと思えるように
★片づける場所などは、わかりやすく表示する。
◎持ち物の整理、手洗い、うがい、排泄、着替えなどが自分でできるように、その子どもに合わせた言葉をかけ、できたことを一緒に喜び、自信につなげていく。

個別配慮

うたちゃん：園生活のリズムがなかなか取り戻せないようなので、保護者との連絡を密にし、園での様子を伝えつつ、家庭での様子を聞き、安心して1日を過ごせるように連携する。

家庭・地域・学校との連携

・夏休み中の健康状態や生活、今後の生活リズムの重要性について保護者と共有していく。
・安全指導については、保護者に避難訓練での流れを伝えるとともに、地域との連携を図っていく。

「子どもの姿ベースのねらい●と内容◆」の「内容」は子どもの姿をもとに、3歳児の場合は5つの領域と芽生え始めた「幼児期の終わりまでに育ってほしい姿(10の姿)」を意識して作ります。10の姿のマークを入れました。 健康 自立心 協同性 道徳・規範 社会生活 思考力 自然・生命 数量・図形・文字 言葉 感性・表現 ※マークの詳細はP9を参照

		健康・安全・食育の配慮	・園庭やホールで会食し、みんなで一緒に食べるうれしさや楽しさを味わえるようにする。 ・道具や遊具の使い方について、子どもとその都度確認し、子どもが楽しく安全に生活できるように援助する。	行事	・始業式 ・敬老の日の集い ・健康診断 ・避難訓練 ・引き取り訓練 ・誕生会
月のねらい	❶生活のリズムを再確認し、自分のことを自分でやろうとする。 ❷保育者や友だちと一緒に、いろいろな遊びを楽しむ。 ❸体を動かす楽しさを知る。				

第3週	第4週
◆自分の体について知る。健康	
◆お年寄りに親しみをもち敬老の日の集いに参加する。社会生活 ◆白玉だんご作りを楽しむ。	◆友だちの姿に刺激を受けてやってみようとする。感性・表現 自立心
◆リレーやダンスなどに取り組む5歳児の姿に興味をもち、自分なりにやってみようとする。感性・表現 自立心	
お年寄りに親しみをもてるように ◎一人ひとりの祖父母との思い出や身近なお年寄りへの思いを大切に受け止めつつ、敬老の日について子どもなりにわかるように援助する。 **どの保育者の話でもよく聞けるように** ◎避難訓練など全園児で話を聞く時は、落ち着いて話を聞けるように配慮する。訓練では、近くの保育者のところに集まるなどの適切な行動を不安がらずに行えるようにする。 **作る楽しさを味わって** ★白玉だんご作りでは、準備や工程をわかりやすく示し、火を扱う場所などに留意して環境を構成する。 ◎白玉粉をこねたり丸める時の手順ややり方をあまり規制せずに、楽しみながら保育者や友だちと一緒に作れるように援助する。	**一人ひとりがやりたい遊びを楽しめるように** ★作りたいものをすぐに作れるように道具や材料のコーナーを準備しておく。常に補充し、いつでも使える環境を整える。 ★友だちと同じ動きをしたり、同じ場所で遊んだり、まねしたりできるように、ままごとやダンス用のスカートやエプロンなどの道具、仕切りやシートなどを準備しておく。 **行事に向かう園の雰囲気に留意して** ◎敬老の日の集いや運動会などの行事では、子どもが楽しみにできるように見通しを伝えたり、普段の生活とあまり変わらないように配慮したりする。特に、初めて経験する子どもには丁寧にかかわり、参加を無理強いしないように気持ちを受け止めつつ援助していく。

評価 捉える視点（子どもを・見通し）	・自分の好きな遊びを見つけて楽しめていたか。 ・園生活のリズムを取り戻し、自分なりにやってみようとしたり、体を動かす楽しさを味わえたりしていたか。

ごっこ遊びに広がりを

気の合う友だちができて、同じイメージで遊びを楽しむようになり、数人でごっこ遊びを展開していく姿が見られます。また、自分の考えを表現したり、友だちのアイデアを取り入れたりして遊ぶようになります。保育者は、子どもがアイデアを思いついた時に、すぐに必要なものを作れるように、製作コーナーなどの場所や廃材・文具などの教材・教具を準備しておきましょう。

雰囲気が変わることに留意する

行事の時は、普段の園生活と環境構成が変わったり、音楽が流れたりと、園の雰囲気が変わることがあります。今まで経験したことのないことですから、子どもは見通しがもてず、不安な気持ちが大きくなりがちです。みんなが行事を楽しめるように、個々への配慮や状況に応じた援助が必要になります。

「月のねらい」は子どもの姿をもとに、資質・能力の3つの柱を意識して振り返りができるように作ります。本書では特に意識したいものに下線を入れています。
「知識・技能の基礎」.........「思考力・判断力・表現力等の基礎」＿＿＿、「学びに向かう力・人間性等」＿＿＿　※下線の詳細はP9を参照

9月の資料

3歳児

安心して園生活を過ごせるような雰囲気を大切にしつつ、体を動かしたり自分のやりたいことにじっくり取り組んだりして、充実感を味わえるようにします。

ごっこ遊び やりたい遊びの広がり

一人ひとりがやりたい遊びを楽しみ、作りたいものを作れるように、道具や素材をすぐに取り出せるコーナーを準備しておき、常に補充し、いつでも使える環境を整えます。友だちのしていることに興味をもち、やり取りしながら遊ぶ楽しさを味わえるようにします。

ごっこ遊びの広がり

ドーナツ屋さんがしたい！

「どうしたらドーナツが作れるかな？」と子どもと考えて取り組みます。今までの経験を活かしたり、子どもの様子から保育者がアイデアを提案したり。子どもの「やってみたい」を大切にしながら実現していくと、他児も興味をもったり、友だちとのやり取りが生まれたりし、達成感や自信につながります。

紙をくるくる巻いて、テープで止めて。「やってみたいけど、うまくできないよ」「一緒にテープをつけよう」と子ども同士の交流が生まれています。「できたー」「本物みたい！」。

「いらっしゃいませ」「何がいいですか」と、ドーナツ屋さんが始まります。

イメージや思いをじっくりと表現する

アサガオに興味をもって

紫色やピンク色にきれいに咲いているアサガオ。春に色水遊びをした経験を活かして、つぶしたり揉んだりして色を出していきます。クラスの中であまり主張をしないKちゃんも、じっくり行う遊びは得意で、保育者や友だちに自分のイメージや思いを伝えています。子どものつぶやきを捉えてじっくりかかわることにより、その子のイメージが伝わってきます。

「絵の具みたいだね」「描いてみたいな」とお絵描きも始まりました。

園庭にアサガオが咲きました。

すりつぶして、「見て、色が出てきた」。

「スープみたいだよ。」「水を入れ過ぎると色が出ないみたい」。

体を動かす　体を動かして遊ぶ楽しさ

簡単なやりとりやルールのある遊びに保育者も入って、みんなと遊ぶ楽しさを共有します。体操や競技と捉えずに、子どもたちのイメージや表現を取り入れて、遊びとして楽しみます。

踊ったり、なりきったりして……

好きな曲でダンスを踊ったり、悪者役の保育者に向けてビームを撃ったり。友だちと同じものを身につけることや、同じイメージの世界を楽しむことにより、1人ではなく友だちと一緒に遊ぶ楽しさを味わっています。

今月の保育教材
絵本
「パパ、お月さまとって！」エリック・カール/作、もりひさし／訳、偕成社
秋の空を見上げて月や星に興味をもったり、自然の偉大さを感じたりできるファンタジーあふれる世界を楽しめます。

好きな曲でダンス。「また踊りたい」と何度も楽しみます。

悪者をやっつけろ！「ビーム！」「わー、やられたー！」と保育者。

簡単なルールのある遊びを楽しむ

かけっこ、折り返しリレー、障害物競走、鬼ごっこなどの簡単なルールのある遊び。やりたい子どもたちと始めたり、5歳児にも入ってもらったりしながら楽しみます。時にはクラスのみんなと一緒にやることも。

洞窟をくぐったり、ワニがいる橋を渡ったり。

ブランコまで競走です。「よーい、ドン」。

「一緒に走ろう！」「ちょっと待ってよー」と、友だちと一緒にフープリレー。

3歳児 10月の指導計画

前月末の子どもの姿
- 園生活の流れを確認して自分のことを自分でしようとしていた。
- 好きな遊びを楽しみ、体を動かして遊んだり、友だちを誘って遊んだりする姿が見られた。
- 敬老の日や運動会などの集会に意欲的に参加していた。
- 運動会の4、5歳児の様子を見て、体操や踊りなどを楽しんでいた。

くり返し楽しめるように

子どもがやってみたいと思う遊びや友だちと一緒に進めたいと思う遊びをくり返し楽しめるように、時間や場所を十分に用意しておきましょう。くり返すことで、自信をもって生活できるようになったり、工夫が生まれたり、友だちとのかかわりに変化が生まれたりします。

子どもの発見や対話を広げる環境の工夫を

個々の子どもが興味をもって取り組んでいることや、継続して遊んでいること、発見したことなどをほかの子どもたちにも伝わるように環境を工夫しましょう。例えば、遊びの途中経過のわかる製作物を飾ったり、発見した事柄の写真を撮って貼ったりなど、置き方や飾り方を工夫してみましょう。子ども同士の新たな対話が生まれることでしょう。

子どもの姿ベースのねらい●と内容◆

第1週
- ❶体を動かして友だちと一緒に遊ぶ楽しさを味わう。
- ◆簡単なルールを理解し、体を動かして遊ぶことを楽しむ。 健康 数量・図形・文字 思考力
- ◆運動会に参加する。 感性・表現 社会生活
- ❷自分の思いを保育者や友だちに伝えようとする。
- ◆してほしいことや困ったことなどを保育者や友だちに伝える。 感性・表現 言葉 道徳・規範
- ◆遊びの中で、自分の気持ちを言葉で相手に伝えようとする。 感性・表現 言葉 道徳・規範

第2週
- ◆運動会の遊戯やかけっこを友だちと一緒に楽しむ。 健康 社会生活
- ◆保育者や友だちに挨拶をしようとする。 道徳・規範 社会生活
- ❸身近な自然を感じ、自然を取り入れた遊びを楽しむ。
- ◆牛乳パックで作った虫かごを持って散歩に行き、秋の自然にふれる。 自然・生命 数量・図形・文字
- ◆イモ掘りを楽しみにする。 自然・生命

環境構成★・保育者の配慮◎

第1週

自分の気持ちを表現できるように
- ◎友だちと一緒に遊ぶことが楽しいと思えるようになり、子どもたちだけでイメージを伝え合い、遊びを進めていくことが多くなってきたので、保育者は、自分の思いを友だちに伝えることが苦手な子どもの気持ちを汲み取り、友だちに伝えられるようにその都度援助していく。

挨拶をしよう
- ◎「おはようございます」「さようなら」「ありがとう」「ごめんね」など状況に応じて言葉で伝えられるように、保育者が率先して挨拶を行うようにする。ペープサートや人形、ごっこ遊びなど遊びの中での関係性でも挨拶や感謝の言葉を意識的に使う。

第2週

好きな遊びを選べるように
- ★子どもが好きな遊びを選べるように、子どもの興味・関心に応じたコーナーを設置する。特に、ままごとやお店屋さんごっこなどは、遊びに使うものを作っていたり、互いに遊びにかかわり合ったりしているので、動線を考えて場所を設定する。
- ★製作コーナーには、作り方や工夫を促せるよう、見本をいくつか置く。
- ◎新たな道具や素材を提案する。

運動会後の取り組みの広がりを
- ★運動会の余韻を味わえるように、道具や小物などを用意しておく。
- ◎他クラスが取り組んだ競技やダンスを楽しめるように、一緒にしたり、教え合ったりなど、様々な形で子ども同士がかかわれるように援助していく。

個別配慮

はるかちゃん：友だちとイメージを共有して一緒に遊ぶことを楽しんでいるが、自分の気持ちをなかなか表現できず他児に押し切られている姿が見られる。保育者も一緒に遊んだり、様子をよく見たりし、思いを伝えられるように配慮する。

家庭・地域・学校との連携

- クラス懇談会では入園からの半年間の様子を伝えるとともに、この時期にお願いすることを伝えていく。保護者がゲームを楽しむ時間も設け、保護者同士がふれ合えるようにする。

「子どもの姿ベースのねらい●と内容◆」の「内容」は子どもの姿をもとに、3歳児の場合は5つの領域と芽生え始めた「幼児期の終わりまでに育ってほしい姿(10の姿)」を意識して作ります。10の姿のマークを入れました。 健康 自立心 協同性 道徳・規範 社会生活 思考力 自然・生命 数量・図形・文字 言葉 感性・表現 ※マークの詳細はP9を参照

月のねらい	❶体を動かして友だちと一緒に遊ぶ楽しさを味わう。 ❷自分の思いを保育者や友だちに伝えようとする。 ❸身近な自然を感じ、自然を取り入れた遊びを楽しむ。	健康・安全・食育の配慮	・サツマイモの生長と収穫を楽しむ。 ・伸び伸びと体を動かせるように、周囲の安全に配慮した環境を構成する。	行事	・イモ掘り ・運動会 ・誕生会 ・クラス懇談会

第3週	第4週
◆4、5歳児の競技に参加したり、ダンスをまねして踊ったりする。 社会生活 感性・表現	◆伸び伸びと戸外遊びを楽しむ。 健康
◆気づいたことや発見したことを保育者や友だちに伝える。 感性・表現	
◆畑の土にふれてイモ掘りをする。 自然・生命 数量・図形・文字 思考力 ◆自然の変化に気づき、遊びに取り入れようとする。 自然・生命 思考力 感性・表現	◆自分なりに自然物を用いて作ったり飾ったりして表現することを楽しむ。 感性・表現 自然・生命 数量・図形・文字 思考力

見たことやしたことをくり返し楽しめるように
◉誕生会や運動会などの4、5歳児の姿をまねたり、自分たちの楽しんだことをくり返し楽しめるようにしていく。自信をもって取り組んでいる姿を認めつつ援助していく。

自分たちで交通ルールを守れるように
★歩道の歩き方や横断歩道の渡り方などについて、事前にその理由を説明し、子ども自身が気づき、行動できるように援助する。
◉散歩中は、子どもたちの様子や周りの状況を把握しながら、安全に気をつけて歩けるように援助する。

やりたい遊びが充実するように
★やりたい遊びをやりたい時にじっくりとできるように、素材や道具などを揃えた環境を構成していく。
◉行動範囲が広がり、ほかのクラスが楽しんでいる活動にも関心をもつので、保育者が連携して子どもの遊びの充実に努めていく。

秋の自然を感じながら
★公園に出かけ、葉っぱや木の実などに興味をもてるようにする。また、集めた自然物は持ち帰り、ごっこ遊びや製作に使って、楽しめるようにする。

評価 捉える視点・見通し（子どもを）	・体を動かして友だちと一緒に楽しむ姿が見られたか。 ・自分の思いを保育者や友だちに伝えようとする姿が見られたか。

行動範囲が広がる

園での生活が充実してくると自分のやりたい遊びだけでなく、周囲の人がしていることにも目を向けるようになってきます。4、5歳児の遊びをじっくりと見たり、ほかの保育室での遊びや環境を自分たちも取り入れたりし始めます。保育者はその点を意識して、保育者同士が連携して、遊びがつながるようなアンテナをはっておきましょう。

秋の自然を様々な表現で味わう

秋の自然にふれたり、イモ掘りをすることは子どもたちにとって印象深い体験となります。その思いをいろいろな方法で表現しましょう。絵を描くことが多いかと思いますが、描き方も描画材も様々ですし、みんなで描くのか個々で描くのかもあります。表現には、「言葉」「リズム」「なってみること」「作ってみること」なども含まれます。子どもの状態に応じて、様々な表現を楽しんでみましょう。

「月のねらい」は子どもの姿をもとに、資質・能力の3つの柱を意識して振り返りができるように作ります。本書では特に意識したいものに下線を入れています。
「知識・技能の基礎」‥‥‥‥、「思考力・判断力・表現力等の基礎」ーーーー、「学びに向かう力・人間性等」＿＿＿　※下線の詳細はP9を参照

53

3歳児

10月の資料

1つの素材をきっかけに、子どもたちの発見や驚きが生まれ、その思いに友だちも気づき、活動が広がりを見せていきます。

科学遊び 子どもの発見から対話が広がる

個々の子どもが興味をもって取り組んでいることや、継続して遊んでいること、発見したことなどをほかの子どもたちにも伝わるように、子どもの声を拾います。子ども同士の新たな対話が生まれるように、保育者が場所やものを整えたり、伝える役割を担ったりしていきましょう。

白い砂と黒い砂、どっちが速い?

木の板を斜めに立てかけて砂を流してみると、砂の落ちる速度が、砂の種類により違うことに気づきました。「白い砂のほうが黒い砂より早く落ちるよ!」と発見を友だちに伝えながら遊びが展開していきます。

「白い砂のほうが早く落ちるよ」「じゃあ、黒い砂は?」「黒い砂は遅いよ」と子どもたち。

今月の保育教材

絵本
『どんぐりむし』藤丸篤夫／写真、有沢重雄／文、そうえん社
身近なドングリへの興味が湧き上がってきます。

遊びに取り入れたい環境
サツマイモ・カキ・ススキ・落ち葉・木の実

光っている

透明なプラスチックなどに色を塗って光を当てると、色つきの光が透けることを発見! 友だちと透明なプチプチシートに油性ペンで色を塗ってガラスに貼ってみます。透明なコップのふたにも色を塗ってみると、光を通します! 懐中電灯の光を色つきコップに当てて、「緑に光ったよ!」と発見を伝えます。

色を塗った透明シートを窓ガラスに貼って。「透けて見えるねー」「そっちは、どう?」。

色つきのペットボトルやカップに光を当てて、「カップも光るよ」「緑色になったね」。

「これも色つきの光になるかなあ」。

| 環境構成 | # 秋の自然を取り入れて |

身近な秋の自然に気づき、いつも楽しんでいるごっこ遊びや製作などに自然物を取り入れられるように、意識的に材料を準備します。すると、子どもたちから様々なアイデアが生まれ、探究する姿や友だちとかかわる姿が多く見られます。それぞれの思いを認めて展開していくように心がけましょう。

秋の自然との出会い

秋の自然をじっくり観察できる秋の収穫物コーナーを設置しました。子どもたちは、触ってみたり、匂いをかいでみたり。ほかにも、拾ってきた落ち葉や木の実をごっこ遊びや製作にも活用していました。

「匂いが違うね」。

「レストランに来ない？」。

ビニール袋を持って散歩へ。秋の自然を拾って、遊びに使います。

「きれいな色見つけた。葉っぱの花束だよ」と子どもたち。

葉っぱのジュースとドングリのスープができあがりました。

「くっつけるとおもしろいね」「色も塗っちゃおう」。

「どんぐりむしを見てみたい！」

絵本でどんぐりむしを知った子どもが、穴の開いたドングリを発見！ 「どんぐりむし、いるかも！」と、ドングリを半分に割ってみると、中からどんぐりむしが出てきました！ でも、どんぐりむしがあまりに小さくてびっくり。「戻してあげよう！」と土とドングリを虫かごに入れて、戻していました。

「どんぐりむし発見！」のお知らせも作り、掲示しました。

3歳児

11月の指導計画

前月末の子どもの姿
・他児の姿に関心をもち、戸外で思い切り体を動かして遊ぶ姿が見られる。 ・自分の思いを保育者や友だちに伝えようとする姿が見られる。 ・身近な自然を感じ、自然を取り入れた遊びを楽しんでいる。

子どもの遊びや生活から生まれる行事のあり方

年間行事は時期や内容が決まっていることが多いですが、そもそも行事は子どもの生活に変化や潤いを与えるものです。ぜひ、子どもの姿ベースで考えてみましょう。年間計画になくても、子どもの姿から遊びが展開し、行事につながっていく活動があることも意識しておきましょう。

遊びと遊びが緩やかにつながる環境を

夏以前は個々の探索活動が中心でしたが、徐々に今までの遊びの経験が活かされ、遊びに必要なものを取り入れたり、イメージを共有して遊びを展開したりするようになってきます。同じおうちごっこでも遊びの内容や関係性が変化し、遊びと遊びが緩やかにつながったり、ほかの遊びから刺激を受けたりすることも多くなります。保育者はそのような視点から環境を考えていきましょう。

		第1週	第2週
子どもの姿ベースのねらい●と内容◆		❶身近な素材で好きなものを作って遊ぶ。 ◆遊びに必要なものを作って遊ぶ。 `思考力` `感性・表現`	◆木の実などの自然物を遊びに取り入れる。 `自然・生命` `思考力` `感性・表現`

		❷保育者や友だちと一緒に遊ぶことを楽しむ。
		◆簡単なルールのある遊びを楽しむ。
		`自然・生命` `思考力` `社会生活` `言葉`
		◆遠足を楽しみにする。`社会生活`
		❸園での出来事に関心をもち、かかわりを広げる。
		◆焼きイモを楽しみにする。`自然・生命`
		◆落ち葉や枯れ枝を集める。`自然・生命` `思考力`
		❹進んで身の回りのことをする。
		◆身近な人に進んで挨拶をする。
		`自立心` `社会生活`
			◆木の実や落ち葉などの秋の自然にふれて楽しむ。`自然・生命` `社会生活` `感性・表現`
			
			◆5歳児の姿などに刺激を受け、気づいたことを保育者や友だちに伝えようとする。
			`言葉` `思考力`
			
			◆遊びに必要なものを準備したり、片づけたりする。`自立心` `社会生活`

環境構成★・保育者の配慮◎		**遊びと遊びが緩やかにつながるように** ★空き箱や、トイレットペーパーの芯、自然物、絵の具、粘土など様々な素材にふれ、遊びに必要なものを作ったり、見立てたりする楽しさを味わえるように環境を構成する。 ◎今まで楽しんできた遊びが盛り上がったり、遊びと遊びがつながったりする姿を大切にし、いろいろな人とかかわりながら一緒に遊ぶ楽しさを味わえるようにする。 **季節の行事を楽しむために** ★園の畑で育てたサツマイモを使って、4、5歳児が焼きイモパーティーをすることを知らせ、みんなで焼きイモに使う落ち葉を集めて、楽しみに待てるようにする。 ◎落ち葉を集めたり、サツマイモをアルミホイルに包んだりと、3歳児にもできることを取り入れながら、行事に期待感をもてるようにする。	**遊びの広がりをコーディネートする** ◎お店屋さんごっこなどの盛り上がっている遊びについて、子どもの実態に応じて保育者間で相談しながら次の計画を立てる。場所や時間を考えて、ほかのクラスと交流し、新たなかかわりや異年齢児からの刺激、達成感や満足感を味わえるように連携していく。 **焼きイモパーティーを楽しみに** ★たき火の周りの安全や動線に気を配りつつ、火の熱さを感じたり、焼けている状態を見たりできるようにする。 ◎焼きイモの作り方について、5歳児などの姿を見たり、やり方を説明してもらったりして興味をもてるようにする。 ◎保育者同士が連携し、風向きや火の粉に気をつけ、火の取り扱いに気を配る。
個別配慮		**なつみちゃん**:祖母の入院のため長時間保育となる日が多くなるので、園生活の様子を注意深く見守り、保護者と連携を密にする。	**家庭・地域・学校との連携** ・気温が下がり、インフルエンザや胃腸風邪が流行する時期のため、うがい、手洗いの重要さなどを伝え、協力をお願いする。 ・焼きイモをすることを地域の人に知らせ、協力を得る。 ・遠足のねらいや内容をお知らせする。

56　「子どもの姿ベースのねらい●と内容◆」の「内容」は子どもの姿をもとに、3歳児の場合は5つの領域と芽生え始めた「幼児期の終わりまでに育ってほしい姿(10の姿)」を意識して作ります。10の姿のマークを入れました。`健康` `自立心` `協同性` `道徳・規範` `社会生活` `思考力` `自然・生命` `数量・図形・文字` `言葉` `感性・表現`　　※マークの詳細はP9を参照

月のねらい	❶身近な素材で好きなものを作って遊ぶ。 ❷保育者や友だちと一緒に遊ぶことを楽しむ。 ❸園での出来事に関心をもち、かかわりを広げる。 ❹進んで身の回りのことをする。	健康・安全・食育の配慮	・鼻水が出たら自分でかめるようにする。 ・衛生面と安全面に気をつけつつ、個々の興味・関心に合わせて、焼きイモを楽しめるようにする。	行事	・秋の遠足 ・焼きイモ ・誕生会 ・避難訓練

第3週	第4週
◆作ったものを自分なりに身につけたり飾ったりして、納得するまでやり遂げる喜びを感じる。 [思考力] [感性・表現]	
◆ごっこ遊びなどを通してやり取りを楽しむ。 [社会生活] [感性・表現]	◆遠足で楽しかったことをみんなと共有する。 [社会生活] [感性・表現]
◆焼きイモの作り方を知り参加する。 [自然・生命] [社会生活] [感性・表現]	
◆食事の準備を自分から行い、友だちと楽しく食べる。[自立心] [道徳・規範]	

植物の成長に興味をもてるように

★チューリップやヒヤシンスの球根をクラスで植え、子どもたちが世話をすることで、自然に興味をもてるようにする。芽が出る様子や水栽培の根っこの様子などをおもしろがり、子どもなりの発言を大切にしつつ、今後への期待をもつ。

1人の思いからの広がりを捉えて

◉一人ひとりがやりたいことに向かう中で、友だちから刺激を受けたり、興味を広げたりする姿を捉え、かかわっていく。
◉集まりや遊びを通して、子どもたちの作品や遊びを紹介し、一人ひとりを知ることができる機会を積極的に設ける。
◉トラブル時などには、他児の思いを知ることができるように保育者が互いの気持ちを代弁し、丁寧に対応する。

ごっこ遊びがますます楽しくなるように

★電車ごっこやレストランごっこ、お店屋さんごっこで、子どもたちが工夫しやすいように段ボールや積み木などを用意する。
◉なりきって表現することを楽しめるように、小道具や場所などを一緒に作ったり、なりきっている子どものイメージを他児に伝えて共有できるようにしたりする。

進んで遊びの準備や片づけができるように

★見通しをもって遊びの続きができるようにするために、遊びの途中のものを整理し、収納や片づけ方を工夫する。

うがい・手洗いを習慣にするには

◆うがい・手洗いの必要性を知らせるとともに、毎回そばで見守り、できたことを大きく認め、継続できるように援助していく。

評価 (子どもを捉える視点・見通し)	・身支度や片づけなど生活に必要なことを自らしようとしていたか。 ・焼きイモや遠足などの園での出来事に関心をもち、周囲へのかかわりを広げていっていたか。

季節の移り変わりに気づけるように

徐々に寒さが増して、園の周辺の景色も移り変わります。園庭遊びや散歩や登降園時などに、子どもが自然の変化に気づけるようにしましょう。自然物を保育室に飾ったり、遊びに取り入れたり、絵本を読んだり、小さな発見を語り合ったりなどすると、子どもたちも季節の変化に興味・関心を示すことでしょう。

なりきって遊ぶ

絵本やごっこ遊びを題材に、緩やかなストーリーでつないだ劇ごっこを楽しむ時期です。個々の子どもが好きなものやなりたいものになりきって遊べるように、保育者も一緒に遊びましょう。保育者主導で、すぐにお面をつけたり、道具をもったり、ストーリーを固めたりすると、型にはまった表現になってしまいます。子どもの実態をよく見て、子どもの様子に応じて提案していくようにしましょう。

「月のねらい」は子どもの姿をもとに、資質・能力の3つの柱を意識して振り返りができるように作ります。本書では特に意識したいものに下線を入れています。「知識・技能の基礎」………、「思考力・判断力・表現力等の基礎」_____、「学びに向かう力・人間性等」_____　※下線の詳細はP9を参照

3歳児 11月の資料

子ども同士の関係性が深まり、友だちのしていることに興味を示したり、一緒に遊んだりすることを楽しむ時期です。季節の移り変わりを感じ、自然物を取り入れて遊びます。

環境　遊びと遊びが緩やかにつながる

自信と安心感をもって生活するようになると、園内での行動範囲が広がり、ほかの友だちや保育者、保護者などからも、声をかけられてやり取りが生まれることが多くなります。また、4、5歳児の遊ぶ姿などを見て、自分たちの遊びに取り入れようとします。

やってみたい・一緒にやろう

パトロールに行ってきます

Aちゃんが、紙で作った仮面をつけて、友だちと一緒に「パトロールに行ってきます！」と各クラスの見回りへ出て行きました。同じものを身につけて、友だちとイメージを共有しつつ一緒に楽しんでいます。いろいろな部屋を回って、パトロールします。

僕もポップコーン作りをしたい！

秋のバザーで保護者が作ってくれたポップコーン。ポップコーンを作る装置の仕組みに夢中だったMくんは、保育者と一緒に装置を再現。ままごとコーナーで遊んでいた子どもたちが、お客さんになって買いに来てくれました。

「この部屋は、異常ありませんか？パトロールです！」。

5歳児から「何になってるの？」と聞かれています。

「いらっしゃいませ、ポップコーン、いかがですか？」。

「私、ポップコーンを買ってくるね」「ポップコーンをください」。

憧れをもって

運動会で5歳児が行ったダンスに憧れの気持ちをもった子どもたち。運動会の時に5歳児が持っていたような旗を保育者と一緒に作りました。5歳児が遊戯室で踊っている姿を見て、周辺で一緒に踊ります。

運動会にて。「かっこいいな」「やってみたいね」。

旗を自分で作ってみました。

5歳児と一緒に踊ります。

今月の保育教材

絵本

『おばけでんしゃ』内田麟太郎／文、西村繁男／絵、童心社

『そらとぶパン』深見春夫／作・絵、PHP研究所

子どものイメージを身近な素材や乗り物で膨らませてくれる絵本です。

食育 # 栽培・収穫の楽しさを活かすかかわり

子どもは楽しいこと、やってみたいことには夢中になって取り組みます。いつの間にか子ども同士で相談して何かを始めていることも多くなってきます。保育者は友だちと何かを一緒に創り出す心地よさを味わえるように、期待感をもって一緒に取り組める計画を考えていきます。

自分たちでやってみよう

「収穫したサツマイモで何をしたい？」と子どもたちに聞いたところ、子どもたち同士で考えたり、ほかの先生にも聞いたりして、スイートポテトを作ることに決定しました。自分たちで収穫をした愛着あるサツマイモ。子どもたちは、自分たちで決めたことに夢中になっています。みんなで取り組むことの楽しさ、おいしさを味わいました。

「塊がなくなるまでつぶすんだって」「匂いがおいしいねえ」。

「まあるくまあるく、だよ」。　「これちょっと大きいねえ」。

落ち葉集め。「下の方は湿っているね」「乾いてないと燃えないんだよ」。

5歳児の姿に興味津々

5歳児が焼きイモ作りをする姿に興味津々。5歳児は、イモの数やクラスの人数を数えたり、チケットを作ったり、薪を集めたりしています。ある日、5歳児からイモの正しい包み方や乾いた葉っぱの集め方のレクチャーがあり、手伝いをすることになりました。子どもたちは、当日を楽しみに準備を進めていきました。

薪を集めたりイモの数を数えたりする年長児の姿に憧れのまなざしです。

5歳児からチケットをもらいました。「焼きイモ屋さんがあるのかな？」。

3歳児 12月の指導計画

前月末の子どもの姿
- 水が冷たくなり、手洗いがおろそかになる子がいた。
- 寒さからか、園庭に出ても縮こまって、遊びに消極的な姿が見られた。
- 友だちとのごっこ遊びで、なりきって楽しんでいる。
- 仲のよい友だちを誘って、戸外で一緒に遊ぶ姿が見られた。

ファンタジーの世界を大切に
物語の登場人物やサンタクロース、鬼など、子どもにとっては空想と現実の区別が曖昧な世界を旅する時間が大切です。保育者は固定観念にとらわれずに、「もしかしたら」と子どもの世界を一緒に楽しみましょう。豊かな感性のためには「当たり前」や「そうなっていること」を押しつけない姿勢がとても大切です。

戸外で楽しめる遊びを
寒い時季は、戸外で遊ぶ機会が減りがちです。園では、健康な心と体を養うためにも、戸外で遊ぶおもしろさを十分味わえるようにしましょう。園庭環境を工夫して道具を用意したり、様々な鬼ごっこやゲームを提案したり、子どもと創り出したりしましょう。木の実を集めたり、日差しの暖かい日は戸外に環境を用意したりするなどの工夫が必要です。

子どもの姿ベースのねらい●と内容◆

第1週
- ❶冬の訪れを感じ季節の変化に気づく。
- ◆散歩に出かけ、秋から冬への自然の変化に気づく。 〔自然・生命〕〔数量・図形・文字〕
- ❷体を十分に使い、戸外で元気に遊ぶ。
- ◆園庭でサッカーなどボール遊びを楽しむ。 〔道徳・規範〕〔思考力〕〔数量・図形・文字〕
- ❸友だちとイメージを共有しながら、ゲームや表現を楽しむ。
- ◆友だちと一緒にルールのある遊びをする。 〔思考力〕〔数量・図形・文字〕〔言葉〕

第2週
- ◆クラスみんなで一緒に遊びを楽しむ。 〔言葉〕〔道徳・規範〕〔協同性〕
- ◆ルールに変化をつけて遊ぶ。 〔道徳・規範〕〔思考力〕〔言葉〕
- ◆いろいろなものの使い方や作り方を知り、自分なりに工夫して表現することを楽しむ。 〔感性・表現〕〔思考力〕
- ❹年末年始の行事に関心や期待をもつ。
- ◆サンタクロースに関心をもち、イメージやファンタジーの世界を楽しむ。 〔感性・表現〕〔思考力〕

環境構成★・保育者の配慮◎

第1週

「もしかしたら……」をワクワクして考え、伝える機会を
◎子どもが自分の考えや思いを保育者や友だちに伝えられるように、子どものイメージを聞きながら丁寧に会話を進めていくようにする。それぞれの思いや発想のおもしろさを認め、一緒に味わっていく雰囲気を大切にする。

戸外で体を動かす気持ちよさを
◎天気のよい日には誘い合って外に出て、みんなで鬼ごっこなどをして体を動かすと気持ちよいということ、動くと体が温かくなることを伝えていく。

トラブルを育ちの機会に
◎子ども同士がかかわる中で生まれるトラブルを一緒に考え、相手の思いに気づけるように向き合っていく。

第2週

「いいこと考えた！」が生まれるように
◎ゲームや劇遊びなどをくり返す中から、新たなアイデアや表現が生み出されるように、子どもたちの様子を見ながら道具を用意したり行き詰まって困っていることを保育者も一緒に考えたりする。

一緒に遊ぶことを支えて
◎子ども同士で遊びを生み出し展開させていく姿を捉え、保育者も一緒におもしろがっていく。やりたいことができるように環境（道具や素材の提案、保育室のコーナーなど）を作っていく。

個別配慮
えいたくん：自己主張が強く、他児とのいざこざが増えてきたので、本人の思いを多様な視点で捉え、援助の仕方を工夫していく。

家庭・地域・学校との連携
- 個人面談で個々の成長過程を伝え、今後の課題を家庭と共有し、協力を得る。
- 職業体験の中学生の受け入れについて、綿密に中学の担当者と連携を行う。

「子どもの姿ベースのねらい●と内容◆」の「内容」は子どもの姿をもとに、3歳児の場合は5つの領域と芽生え始めた「幼児期の終わりまでに育ってほしい姿（10の姿）」を意識して作ります。10の姿のマークを入れました。〔健康〕〔自立心〕〔協同性〕〔道徳・規範〕〔社会生活〕〔思考力〕〔自然・生命〕〔数量・図形・文字〕〔言葉〕〔感性・表現〕　※マークの詳細はP9を参照

月のねらい	❶冬の訪れを感じ季節の変化に気づく。 ❷体を十分に使い、戸外で元気に遊ぶ。 ❸友だちとイメージを共有しながら、ゲームや表現を楽しむ。 ❹年末年始の行事に関心や期待をもつ。	健康・安全・食育の配慮	・個々の体調に目を配り、感染症の予防・早期発見を心がける。 ・冬の食材に関心をもち、一緒に食べることを楽しむ。	行事	・個人面談 ・職業体験受け入れ ・避難訓練 ・誕生会 ・終業式

第3週	第4週
◆冬休みを迎えることを知り、1年の節目を感じる。 協同性 自立心 社会生活	◆正月に関心をもつ。 社会生活
◆たこあげや風車などで風を感じ、風のおもしろさを知る。 自然・生命 数量・図形・文字	
◆友だちと一緒に歌ったり音を合わせたりする楽しさを味わう。 感性・表現	
◆年末年始の風習や遊びなどに興味をもってかかわる。 自然・生命 社会生活 ◆冬休みの過ごし方を知る。 社会生活 道徳・規範	◆大掃除や終業式に参加することで、1年を振り返り、自信や新年への期待をもつ。 社会生活 自立心

みんなで歌うと楽しい

子ども同士の関係性も深まり、みんなですることが楽しいこの時期。子どもたちは歌を歌ったりタンバリンや手作りの楽器などでリズムをとったり、曲に合わせて踊ったりすることを楽しみます。保育者は、みんなの歌や音やかけ声などがピタッと合った時の心地よさを子どもと共有し、1人では体験できない楽しさを伝えていきます。

自分たちでも自由にできるように

★音楽を流して自分たちでも始められるように楽器や歌などを用意し、好きに叩いたり踊ったり歌ったりできるようにしておく。子ども同士の関係性を見ながら、時には保育者がリードして、クラスみんなですることを提案する。

気持ちよさや満足感を

★掃除道具は子どもの扱いやすいものや、用途に合ったもの（スポンジなど）を準備しておく。特に雑巾は子どもが絞りやすい厚さや扱いやすい大きさに留意して準備する。

◉新しい年を迎えるにあたり、よく使ったものや楽しかった場所をきれいにするように伝え、自分で決めて意欲的に取り組めるように配慮する。掃除の後は、きれいになったことがわかるようにし、気持ちよさや満足感がもてるような雰囲気をつくる。

冬休みを楽しみにできるように

◉冬休みになることを話し、うがい・手洗いをする、車に気をつける、いろいろな人に挨拶をする、早く寝て早く起きるなどの約束をみんなで決めて、楽しく過ごせるようにする。また1月に行う行事などについて話し、期待がもてるようにする。

◉おせち料理、年賀状、もちつき、羽子板、たこあげ、カルタなど正月に関連した文化について、絵本を読んだり話をしたりして、休みや正月への興味や期待をもてるようにする。

いろいろなごっこ遊びを

ままごとコーナーだけではなく、病院、お店、温泉、恐竜、忍者など様々なテーマでごっこ遊びが楽しめるように環境を用意しましょう。子どものやりたい気持ちが叶えられるような素材、小道具（メニューなど）、写真などを子どもの姿をよく見て提供してみましょう。ごっこ遊びのテーマを共有することで、子ども同士が意欲的に必要なものを作ったり、主体的にかかわり合ったりする姿が生まれます。

評価 捉える視点（子どもを見通し）	・ごっこ遊びやクラスでの活動において、友だちとイメージを共有しながら遊ぶ楽しさを味わえたか。 ・寒さや景色の移り変わりなどを通して季節の変化に気づけたか。 ・1年の締めくくりであることを感じ、行事や催	しに参加できたか。

「月のねらい」は子どもの姿をもとに、資質・能力の3つの柱を意識して振り返りができるように作ります。本書では特に意識したいものに下線を入れています。
「知識・技能の基礎」..........「思考力・判断力・表現力等の基礎」_____「学びに向かう力・人間性等」　※下線の詳細はP9を参照

3歳児

12月の資料

友だちと一緒にすることが楽しくなる時期。相手の伝えたいことに耳を傾け、自分の思いを伝えて、遊びを進めていくことが楽しめるようにします。

表現　みんなですると楽しい

子ども同士の関係性も深まり、みんなですることが楽しいこの時期。子どもたちは歌を歌ったり、曲に合わせて踊ったりすることを楽しみます。園庭で、様々な鬼ごっこやゲームを保育者も一緒に楽しみます。1人では体験できない楽しさやおもしろさを伝えていくように心がけていきます。

ルールのある遊びの展開

大なわ跳び・ボール遊び・氷鬼・ひょうたん鬼・はないちもんめ・「おおかみさん今何時」など、様々なルールのあるゲームを行い、戸外で伸び伸びと体を動かして遊ぶことを楽しみます。何度も楽しんでいると、みんなでする楽しさを感じ始め、「今度は○○をやりたい！」と、みんなで一緒にしたい遊びを提案して進めていきます。

「かくれんぼしよう」「やりたい！」と、どんどん友だちが集まってきます。

1人1つのボールで遊んでいた時期から、一緒にボールを蹴り合う姿に。

ホールでもクラスみんなが参加するゲームを行います。いろいろな遊びを提案することで、一人ひとりの興味・関心に応じた遊びとなっていきます。

一緒に歌ったり踊ったり

夏までは、それぞれの興味・関心で楽しんでいたダンスやごっこ遊びなども、その楽しさを感じて友だちと一緒にすることが増えてきます。歌ったり踊ったり一緒に探究したりする中で、みんなの音やかけ声や気持ちがピタッと合った時の心地よさを子どもたちは感じています。1人では体験できない楽しさやおもしろさを十分に感じて遊んでいます。

「この曲が好きな人、一緒に踊ろう」と、好きな出番で踊っていますが、実はみんな踊れます。

一緒に探究 他児とのかかわりを楽しんで

子どものやりたい気持ちが叶えられるような素材、小道具（メニューなど）、写真などを子どもの姿をよく見て提供してみましょう。子どもがごっこ遊びのテーマを共有することで、子ども同士が意欲的に必要なものを作ったり、主体的に友だちとかかわり合ったりする姿が生まれます。

海賊ってなんだ？

Cくんが赤い布を頭に巻いていたら「なんか海賊みたい」という声が。なんだか楽しそうですが、「そもそも海賊って何？」と、疑問に思ったCくん。周囲の子も一緒に考えます。Eくんから「帽子をかぶってるんだよ」という意見が出て、帽子をかぶります。僕も、私も、帽子が欲しい、と同じものを身につけて、だんだん仲間が増えていきます。

「海賊は宝を探してるんだよ」「ドクロマークの船に乗ってるんだよ」といろいろな子から声が上がり、イメージが膨らみます。必要なものは友だちの姿のまねをしながら、自分たちで作っていきます。

ままごとで遊んでいた子どもから、「海賊に手紙が届いたよー」と手紙を手渡され、さらに新たな展開が。ほかにもサメが来たり、宝箱が現れたり……。様々な子どもが海賊ごっこにかかわっていきます。子ども同士で一緒に探究する姿があちらこちらで見られました。

「手紙が届いたぞ！」「地図で探しに行こう」。

「剣を持ってるよ。作ってみたい」。

今月の保育教材

絵本
『14ひきのもちつき』いわむらかずお／作・絵、童心社
『もう ぬげない』ヨシタケシンスケ／作、ブロンズ新社
『しんせつなともだち』方軼羣／作、村山知義／絵、君島久子／訳、福音館書店
ストーリーの展開を友だちと一緒に楽しめる絵本のおもしろさを。

歌
「あわてんぼうのサンタクロース」「おもちゃのチャチャチャ」
リズムに乗って踊ったり、楽器を叩いたりできる曲を。

「ドクロマークの船にしよう」。

船に乗って探検へ。Jくんが「サメが来たぞ〜」と叫ぶと、どこからかサメになった子がやってきます。乗組員が剣で戦います。

3歳児 1月の指導計画

前月末の子どもの姿
- 園生活の仕方に自信がつき、自分でできることは自分でしようとする姿が多く見られるようになった。
- 戸外の遊びやごっこ遊びなどで、自分の意見ややりたいことを、自分なりの言葉で友だちに伝えようとしていた。
- 友だちの思いも受け入れながら、一緒に遊びを進めていく姿も増えてきた。

知識と出会う環境

保育室には季節や子どもの興味・関心に応じた絵本や図鑑を用意しましょう。保育の中では子どもの「なんで」という気持ちを生み出す環境とその思いに応える環境が必要です。例えば「なんで氷ができるの」「なんでヒヤシンスが咲くの」などの知的な好奇心に応えられる環境です。時には専門書や専門家との出会いも必要かもしれません。

イメージを形にできる環境

子ども主体で製作ができる環境づくりを心がけましょう。子どもがイメージしたことをいつでも形にできるような素材、道具、空間を整え、子どもの姿や思いをよく感じ取りながら場をつくっていきます。その中で保育者も子どもの思いに寄り添いつつ、継続的に遊びが発展していくようにかかわっていきましょう。

子どもの姿ベースのねらい●と内容◆

第1週
- ❶生活リズムを整え、安心して過ごす。
- ◆冬休みの出来事を話したり聞いたりする。 [言葉][自立心][社会生活]
- ◆生活の仕方を思い出し、自ら進んで行う。 [健康][自立心]
- ❷自分の考えを言ったり、友だちの思いを聞いたりして、一緒に遊ぶことを楽しむ。
- ◆正月遊びにふれて自分で選んで遊ぶ。 [思考力][感性・表現]
- ❸目的をもって活動する中で、様々に表現していくことを楽しむ。
- ◆もちつきの流れや道具を知り、興味をもつ。 [思考力][社会生活]
- ◆もちつきに参加し、みんなでもちを食べる。 [言葉][数量・図形・文字]

第2週
- ◆朝の身支度や準備、帰りの支度を自分でする。 [健康][自立心][道徳・規範]
- ◆鬼ごっこ、楽器演奏、正月遊び、泥だんごなどやりたい遊びを選んで遊ぶ。 [自立心]
- ❹自然に興味をもって遊ぶおもしろさを感じる。
- ◆霜柱や氷、雪など、身近な自然現象に興味をもつ。 [自然・生命][数量・図形・文字]

環境構成★・保育者の配慮◎

第1週

期待感をもって生活できるように
◎始業式や新年の挨拶を通して、新しい年への喜びや期待感を一緒に感じるようにする。

冬季休暇の後は丁寧なかかわりを
◎生活習慣を保育者や友だちに確かめながら、自分でできるということを実感できるように援助していく。

もちつきを楽しめるように
★もち米や臼、杵にふれ、米を研いでつくことを体験することで、出来あがる喜びやおもしろさを一緒に感じられるようにする。
◎みんなで力を合わせてついたもちを、仲間と共に食べる楽しさを味わえるように援助する。
◎初めて口にする子どもや苦手な子どもに配慮し、危険のないように食べる姿に目を向ける。

第2週

伝承遊びを楽しめるように
★コマ、お手玉、竹ぽっくり、福笑いなどの伝承遊びに興味がもてるよう、コーナーを作り、子どもが選んで遊べるように環境を整える。
◎初めてのことにも友だちや4、5歳児から刺激を受け、やってみようと思えるように保育者も一緒に楽しむ。

絵本コーナーの充実
★季節の絵本や子どもの興味・関心に応じた絵本や図鑑を用意する。特に正月などの日本の文化や冬の自然などに関心をもてるようにする。
◎子どものごっこ遊びなどのテーマに応じて、友だちとイメージを共有したり、知識が広がるような資料、絵本、図鑑を用意する。

個別配慮

ゆうとくん：母親が今月第2子出産予定のため、祖父が送り迎えをする日が多くなるので、連絡帳でのやりとりや電話などで、本人の様子を保護者に伝えるようにする。

家庭・地域・学校との連携

- 冬季休暇中の話を聞きながら、子どもの体調や生活の様子を確認し、園での様子も伝えていく。
- 感染症などでの欠席状況を随時掲示して、感染予防への協力を呼びかける。

「子どもの姿ベースのねらい●と内容◆」の「内容」は子どもの姿をもとに、3歳児の場合は5つの領域と芽生え始めた「幼児期の終わりまでに育ってほしい姿（10の姿）」を意識して作ります。10の姿のマークを入れました。[健康][自立心][協同性][道徳・規範][社会生活][思考力][自然・生命][数量・図形・文字][言葉][感性・表現] ※マークの詳細はP9を参照

月のねらい	❶生活リズムを整え、安心して過ごす。 ❷自分の考えを言ったり、友だちの思いを聞いたりして、一緒に遊ぶことを楽しむ。 ❸目的をもって活動する中で、様々に表現していくことを楽しむ。 ❹自然に興味をもって遊ぶおもしろさを感じる。	健康・安全・食育の配慮	・もちつきでは、もち米がもちに変化していく様子に興味をもち、自分で杵を持ってもちをつく。 ・自分たちで作ったもちをよく噛んでおいしく食べる。 ・料理により箸で食べようとする。	行事	・始業式 ・身体測定 ・もちつき ・誕生会 ・保育参観

アイデアを活かした劇遊び

クラスで何度も読んだ絵本の物語などを基にして、子どもたちとイメージを膨らませて劇遊びを展開させましょう。原作のストーリー通りに進めるのではなく、子どもの表現のおもしろさを活かしつつ、劇の展開を楽しみます。見せることを意識せずに、保育者の固定観念を外して表現を楽しんでみましょう。

第3週	第4週
◆手洗いうがいの必要性を感じて行う。 社会生活 健康 自立心	◆身の回りのことは自分でしようとする。 健康 自立心
◆友だちと一緒に鬼ごっこなどをして、体を十分に動かす。健康 道徳・規範 言葉 ◆いろいろなコマの楽しみ方を伝え合う。 思考力 言葉 数量・図形・文字	◆クラスみんなでする活動の楽しさを味わい、自分の思いをみんなに伝えようとする。 健康 言葉
◆いろいろな話をみんなで聞く。社会生活 ◆今まで親しんできた曲に合わせ様々なリズムや音のおもしろさを感じる。感性・表現	◆いろいろなストーリーで劇遊びをする。 思考力 社会生活

様々な表現を楽しむ

◉ごっこ遊びの延長として友だちと一緒に劇を楽しめるように、好きな物語の主人公になる劇遊びを進めていく。基本は大切にしつつも、子どもの表現する様子をよく見てそのおもしろさを尊重した展開にするように心がける。くり返し遊ぶ場合は、そのストーリーで子どもたちがいちばんおもしろがっていることを捉えて活かしつつ、それぞれの表現を友だちと一緒にすることの楽しさを共有できるようにする。

冬の生活の仕方がわかるように

★子どもが自分から行動できるように、ロッカー周辺の環境を整え、着替える場所や防寒具の置き場所などをわかりやすくする。

それぞれの遊びが見えるように

◉保育者が提案した遊びだけでなく、子ども自身で遊びを発見できるように、遊びを工夫している子やおもしろい遊び方をしている子をみんなに紹介して認め、まねたり、新たな遊び方を考えたりするきっかけにする。

寒い日には園庭の自然に目を向けて

★寒い日には氷や霜柱などに気づけるように環境を用意する。
◉自然の不思議さや水の変化のおもしろさにふれ、氷のことを「ガラスみたい」と言った子どもの言葉を拾って、氷探しや氷作りなど探究できるようにかかわる。子どもの「なんでだろう」を共に考えられるよう心がける。

自然のおもしろさに興味をもつ

自然物を使ったり、日光や氷などの自然現象に気づいたりして、身近な自然に興味がもてるようにしましょう。食育や科学的な視点からもおもしろい発見ができるかもしれません。そのために保育者は、事前の計画通りに保育を進めるのではなく、生活の中での自然との出会いに丁寧に付き合い、未知性を共有していく姿勢が欠かせません。

評価 捉える視点（子どもを捉える視点・見通し）	・正月明けの生活リズムを整え、安心して過ごせたか。 ・ルールのある遊びを友だちと一緒に楽しめたか。 ・友だちに自分の思いやイメージを伝えながら、遊ぶ楽しさを味わえたか。

「月のねらい」は子どもの姿をもとに、資質・能力の3つの柱を意識して振り返りができるように作ります。本書では特に意識したいものに下線を入れています。「知識・技能の基礎」………、「思考力・判断力・表現力等の基礎」‒ ‒ ‒ ‒、「学びに向かう力・人間性等」_____ ※下線の詳細はP9を参照

1月の資料

3歳児

家庭での正月の経験を取り入れつつ、冬の自然にふれて遊びが展開していくように援助していきます。遊びのつながりを意識した場づくりが必要です。

遊びの展開　子どもの思いがつながる援助

春から様々な探索や探究を行ってきた経験を、自分なりに遊びの中に活かしていく姿が見られます。保育者は、個々の姿を捉えて、それぞれの思いが実現されていくように計画し、時期やタイミングを見計らって援助を行います。

子どものつぶやきから遊びの展開を

ラーメン屋さんごっこを楽しんでいた子どもたち。Oくんが「ぷっぷー、ラーメントラックでーす」と言いながら、ラーメンを持って歩いています。保育者がよく話を聞いてみると、屋台のラーメン屋さんのイメージだとわかりました。Oくんの思いが友だちに伝わるように、屋台ラーメンの写真を用意して一緒に見ていると、周囲の子どもたちもその遊びに興味をもって集まってきました。

はさみで切ることが好きだったKくんがもっと遊べるようにと用意した毛糸。10月からラーメン屋さんごっことして楽しんできました。

「ぷっぷー、ラーメントラックでーす」と1人でラーメンを持って歩くOくん。

「ラーメントラックってこれかー」。

1人の思いから遊びが広がります。「いらっしゃいませー」。

トラックに、のれんをつけることに。「僕、テープを貼るね」「私が押さえてるから」と、自然と役割分担が生まれます。

今月の保育教材

絵本
『だるまちゃんとてんぐちゃん』加古里子／作・絵、福音館書店
なんでもほしくなるだるまちゃんの子どもらしい姿に共感できる、ユーモアあふれる1冊。
『ばばばあちゃんのマフラー』さとうわきこ／作・絵、福音館書店
マフラーをめぐり、動物たちとの季節を巡るストーリー。

さあ、クラスを飛び出して歩きます。

いろいろな人とやりとりを楽しみ、すごいねと声をかけられ、満足感や達成感を味わいました。

自然・表現

自然物を使って遊ぶおもしろさ

自然にふれて興味をもち、子どもたちなりに遊びに取り入れることによって、
好奇心、思考力、表現力などが培われていきます。自然は、変化に富み、
その偉大さや不思議さや美しさにより、子どもの感情を解き放つことができる大切な環境です。

自然の不思議さ、偉大さ、美しさ

　雪の降った日、子どもたちはフワフワの雪の感触を楽しみ、だんごにしたりかき氷のようにしたりして遊びました。

　次の日には雪は溶けて固まり、カチカチに。ブランコの下に敷いたマットの上ではきれいな塊がたくさん採れました。

　シャベルで雪を削る子、押し車を持ってきて雪を運ぶ子、おうちのように積み上げる子。自然と役割分担が生まれます。

　「おうちみたいだね」と話しているとそこにかき氷で使っていた絵の具がついてしまいました。「色つきのおうちにしよう」とみんなで塗り始めます。「ペンキみたいだね」と壁を塗ったり、タライでシャーベットご飯を作ったり、イメージが膨らみ遊びが展開していきます。

「ふわふわだね」「お山を作ってるの」。

赤色の絵の具をシロップにして、「イチゴ味のかき氷だよ」。

「運んできたよ」「ここに積もう」。

「おうちみたいになってきた」「シャーベットご飯だね」。

絵の具で色を塗りながら、「ペンキみたい」「きれいな色のおうちにしよう」。

竹竿を立てて前日の雪の積もった高さの位置に印をつけて雪の減少を可視化。

溶けちゃうね。どれくらい溶けたんだろう

　雪かきで積まれた大きな雪山も、毎日少しずつ溶けていきます。「溶けちゃうね」「昨日より小さくなってる」と変化に気づいている子どもたち。保育者が雪山に竹竿を1本挿して、ビニールテープで印をつけて減っていく様子がわかるようにしました。登園の度に、前日の印より雪の量が減っていることを発見し、みんなに伝えていました。

3歳児 2月の指導計画

前月末の子どもの姿
- 寒い日が続くと室内遊びが多くなるが、保育者が誘うと三輪車や鬼ごっこなど体を動かして遊ぶ姿が見られる。
- 気の合った友だちとの遊びが継続し、助け合ったり、交代して待ったりすることができるようになる。
- 好きな物語のストーリーに沿って台詞のやりとりを楽しみ、いろいろな表現活動の中で、自分なりに気持ちを表現する姿が見られる。

その子の思いが共有できる環境

個々の興味・関心で始まった遊びが、周囲の子どもに伝わり、周囲を巻き込んで展開していくことが多くなってきます。保育者はその子どもの思いや発見をほかの子どもたちに伝えたり、共有したりできる環境を考えます。自分の思いを友だちにわかってもらえる経験は、子どもの自信につながり、関係性も広がっていきます。

保護者との育ちの共有を

今までの遊びを振り返って、「知識・技能の基礎」「思考力・判断力・表現力等の基礎」「学びに向かう力・人間性等」などのキーワードで子どもの育ちを見てみましょう。大切なことは具体的な個々のエピソードを振り返って成長の姿として捉えることです。保育者が捉えた育ちの姿を、保育参加や懇談会などで保護者と共有するようにしましょう。

	第1週	第2週
子どもの姿ベースのねらい●と内容◆	❶感染症を知り、健康に過ごす生活習慣を意識する。 ◆手洗い、うがいの大切さを知り、自分から行う。(健康)(自立心) ❷一人ひとりが自分の思いを表現し、充実した生活を送る。 ◆物語の世界の中で、好きな役になりきって自分なりの表現を楽しむ。(感性・表現) ❸仲間と表現する楽しさや達成感を味わう。 ◆豆まき集会に参加し、豆まきをしたり、年の数の豆を食べたりする。(社会生活)(思考力)	◆自分なりの表現方法で、伸び伸びと表現遊びや歌・合奏を楽しむ。(感性・表現) ◆鬼ごっこや伝承遊びなど簡単なルールのある遊びを保育者や友だちと一緒に、思い切り体を動かして楽しむ。(言葉)(社会生活)(道徳・規範)
環境構成★・保育者の配慮◎	**楽しんでいることを伝え合える場を** ◎一人ひとりが自分の思いを表現し、充実した生活ができるように、子どもが楽しんでいることや発見したことなどをクラスの仲間に伝えたり共有したりできるように機会を設けていく。 **冬の自然への気づきを** ◎子どもの発見や気づきに共感したり、見つけたものを一緒に調べたりしながら、冬の自然に対する興味・関心が深まるようにする。 **仲間と表現する楽しさを** ★広い場を確保して、友だちと一緒に伸び伸びと表現できるようにする。 ◎子どもが知っている歌やリズムのとりやすい曲を用意して、歌ったり踊ったりすることを楽しめるようにする。	**製作コーナーの充実** ★子どもがイメージしたものを形にしていけるように、製作コーナーに素材、道具、空間を整える。その際、個々の子どもの発達の過程やイメージをよく捉えて子どもの必要感に応じたものを準備するように心がける。 **なりきって遊べるように** ★ごっこ遊びの中で、様々な役になり、ストーリーを楽しめるように、空間や道具などを用意する。 **感染症に気をつける意識を** ◎食事前や排泄後などは、特に手洗い・うがいを確認し、意識的に丁寧に行えるように援助する。
個別配慮	まりんちゃん：身支度に不安を感じているようなので、園でのやり方を伝え、家庭と手順を合わせてもらう。保護者も、子どもを手伝ってもらうよう伝え、自信がもてるように援助していく。	
家庭・地域・学校との連携		・風邪やインフルエンザが流行する時期なので、家庭にも手洗いやうがいの重要性を丁寧に行うよう伝えていく。 ・保護者会やおたよりなどを通して、子どもの育ちを具体的に伝え、1年間の育ちを保護者と共有できるようにする。

「子どもの姿ベースのねらい●と内容◆」の「内容」は子どもの姿をもとに、3歳児の場合は5つの領域と芽生え始めた「幼児期の終わりまでに育ってほしい姿(10の姿)」を意識して作ります。10の姿のマークを入れました。(健康)(自立心)(協同性)(道徳・規範)(社会生活)(思考力)(自然・生命)(数量・図形・文字)(言葉)(感性・表現) ※マークの詳細はP9を参照

月のねらい	❶感染症を知り、健康に過ごす生活習慣を意識する。 ❷一人ひとりが自分の思いを表現し、充実した生活を送る。 ❸仲間と表現する楽しさや達成感を味わう。 ❹異年齢児と交流し、親しみや憧れをもつ。	健康・安全・食育の配慮	・風邪やインフルエンザが流行する時期なので、手洗いやうがいの意味を確認し、丁寧に行うよう伝えていく。	行事	・豆まき ・生活発表会 ・誕生会 ・保護者会 ・入園児保護者説明会

第3週	第4週
◆歌を歌うことを楽しむ。感性・表現 言葉	◆「ひなまつり」について知る。社会生活 思考力
◆自分たちが楽しんでいる劇を演じる。 感性・表現 思考力	
❹異年齢児と交流し、親しみや憧れをもつ。 ◆ほかのクラスの劇などの表現を見る。 社会生活	◆誕生会に参加する。社会生活 道徳・規範
表現を見ることを大切にして ★楽器や踊りなどに子どもが興味・関心をもち、まねしたり、遊びに取り入れたりできるように準備しておく。 ◎ほかの学年や地域の人や保護者の発表などを見る機会を大切にして、子どもがどのように見たり感じたりしているのかを捉える。 **試行錯誤できるように** ★子どもが興味・関心をもって遊んでいる姿を捉え、試行錯誤できる場所・時間・情報などを用意する。探究する姿が周囲から見えるよう工夫し、対話しながら継続的に試行錯誤が行える環境を考えていく。	**いろいろな行事を楽しんで** ◎誕生会では、全園児が1つの部屋に集まり、お話や歌や紙芝居などを、みんなで集中して見たり聞いたりできるように、落ち着いた雰囲気をつくる。 ◎節分では、絵本や素話などにより節分の由来をわかりやすく伝え、子どもが鬼へのイメージを膨らませたり、喜んで豆まきに参加したりできるように援助する。 ◎ひなまつりでは、製作だけにとらわれず、子どもがどのような点に興味・関心をもっているのかを捉え援助する。雛人形、雛飾り、着物、昔の生活、歌など様々な要素から子どもの姿を捉えつつ文化を味わえるようにする。
評価 捉える視点（子どもを捉える視点・見通し） ・劇や歌を心から楽しみ、安心して自分なりの表現ができるような環境づくりや援助ができたか。 ・発表会を通して、一人ひとりの自信につながる声かけや家庭への連絡ができたか。	

集会の意味を考える

園では様々な集会が開かれます。例えば、誕生会などは子どもが何度も経験する行事。誕生日を迎える子どもにとってもお祝いをする子どもにとっても、時期によってねらいは異なるはず。子どもにとってふさわしい行事のあり方や内容を毎回振り返り、吟味していくことが必要です。

試行錯誤が許される環境構成

「もう1回」「やり直し」「試してみる」など、子どもが試行錯誤しながら、継続的に遊べる環境が必要です。保育者は子どもがどのようなことに熱中しているのかをよく理解しようとし、作ったものを飾ったり、保管したり、途中経過を写真に撮ったりして、子どもの試行錯誤の過程と発見が他者にも見えてくるようにしましょう。

「月のねらい」は子どもの姿をもとに、資質・能力の3つの柱を意識して振り返りができるように作ります。本書では特に意識したいものに下線を入れています。「知識・技能の基礎」………、「思考力・判断力・表現力等の基礎」＿＿＿＿、「学びに向かう力・人間性等」＿＿＿＿　※下線の詳細はP9を参照

2月の資料

3歳児

寒さに負けずに健康な生活を心がける2月。子ども同士のかかわりが増えて、今までの経験を活かして共に遊びを進める姿が増えてきます。

科学的な遊び　試行錯誤できる環境で

子どもの遊びには物理学・生物学・化学など様々な要素の学びが含まれています。
その不思議さやおもしろさを活かした遊びを発展していくには、子どもの姿を捉えた魅力的な環境構成が必要です。特に発見を共有したり、継続的に取り組める環境を用意することが大切です。

泥だんごで試行錯誤

水と土を混ぜて、トロトロの状態にして楽しんでいた子どもたち。4、5歳児の遊ぶ様子を見ながら、次第にだんご作りに興味をもち始め、子ども同士で話し合いながら泥だんごへの探究が始まりました。棚を用意し、遊び込める環境を作ったことで遊びが継続しました。
「どうして割れちゃうのかな」「丸くなってきた！」「きなこ砂で作るとスベスベになるよ！」など、個々の工夫が周囲の友だちにも伝わり、一緒に試行錯誤していきます。

秘密の泥だんご工場「ここの泥がいいよ！」。

「サラサラの砂のほうが丸くなる」。

完成した泥だんごは、自分の赤ちゃんのように大切にしています。

「これ、僕がつくったやつだよ」と棚に並べます。継続できる環境が重要です。

保護者と共有　保護者と保育の内容を共有する

1年間を振り返り、子どもの成長への喜びや進級への期待を保護者と共有します。
今まで伝えてきたことも、具体的な子どもの姿をベースにして、改めて伝える工夫が大切です。

保護者とグループワーク

保護者会では保護者がグループに分かれ、1年間を通して"成長したなと思うこと""遊びの中でおもしろいなと感心させられたこと"などをテーマに、それぞれが付箋に書いて発表し合います。保育者は、保育中の遊んでいる子どもの写真を示し、育ちを伝えていくように心がけます。

保護者がグループに分かれて話し合います。

探究・対話 　対話と探究を楽しむ

1人の子どもが始めた名もない遊びが、他者とのかかわりによって広がり、より一層おもしろくなったり新たな発見へとつながっていったりします。一緒に遊び、対話し、探究することが、遊びを通した学びを深めていきます。そのような姿を記録して次の計画に活かしていきましょう。

コロコロで対話と探究

様々なものを転がすことが好きな子どもたち。ある時Aくんが積み木を立てかけていると、Bくんが積み木の上でガムテープを転がしました。そこから様々なものを転がす遊びが始まり、障害物ができたり、点数表ができたり、新たな転がすところを探したりと、遊びが展開していきました。おもしろさがつながり、いろいろな声が遊びを発展させていきます。

転がす遊びは、斜めに組み立てた積み木がきっかけでした。

板をまっすぐにしたらどうなるかを試すと、「転がった!」。

的を作る子が現れました。「的に当たるかな」。

点数表を作る子が現れました。

「足の間を通してみよう」。

さらに様々な"転がる"が探究され、「ここでも転がるよ!」と窓のレールに大喜び。

ストローをつなげて、自分たちでコースを作っていきます。

今月の保育教材

絵本
『とんことり』筒井頼子／作、林 明子／絵、福音館書店
『てぶくろ』エウゲーニー・M・ラチョフ／絵、内田莉莎子／訳、福音館書店
『やったね! へんてこライオン』長新太／作・絵、小学館
『かいじゅうたちのいるところ』モーリス・センダック／作、じんぐうてるお／訳、冨山房
ユーモアやウィットに富んだお話をみんなで笑い合って楽しみます。

3歳児 3月の指導計画

前月末の子どもの姿
- 自分なりのイメージをもって役になりきり、ごっこ遊びを楽しむ姿が見られる。
- 今まで経験してきた遊びを友だちと一緒に楽しむようになる。
- いろいろな行事に参加したり、話を聞いたりすることで、進級することを楽しみに待つ。
- 生活習慣が身につき、自分でできることに喜びを感じている。

進級に期待が高まる一方で不安も

大きくなることをうれしく思う一方で、新しい環境が想像できずに、4月からの生活に不安を感じる子どももいます。子どもの姿に留意して、「自分でやらないといけない」などプレッシャーとなるような言葉に気をつけましょう。

個別性と集団性を活かして

3歳児クラスでは、自分のやりたいことに没頭して遊びを進め、探究や発見を楽しんできました。そして次第に友だちがしていることに目を向けて、共に遊ぶ楽しさを味わってきました。この時期は、クラスの関係性の深まりを基にして、個々の楽しんでいることがクラスの友だちにも伝わり、一緒に遊ぶ楽しさを十分に味わえるようにしましょう。

子どもの姿ベースのねらい●と内容◆

第1週
- ❶基本的生活習慣が身につき、身の回りのことを自分で行う。
- ◆手洗いやうがい、衣服などの身の回りのことを進んで行う。[道徳・規範]
- ❷みんなで生活することの楽しさを味わう。
- ◆いろいろなところに散歩に出かけて楽しむ。[社会生活]
- ◆ひなまつりの会食を楽しむ。[社会生活]
- ❸進級への喜びと期待をもつ。
- ◆進級への期待をもち、年下の子との交流を楽しむ。[自立心]
- ❹春の訪れを感じながら、暖かい日差しの中で伸び伸びと遊ぶ。
- ◆戸外で遊び、開花や芽吹きを感じる。[健康]

第2週
- ◆ルールを共有しながら遊ぶ楽しさを味わう。[感性・表現][数量・図形・文字]
- ◆友だちと一緒に遊びを継続していく。[社会生活][協同性]
- ◆4歳児との交流を楽しむ。[社会生活]
- ◆5歳児と一緒に、ゲームや体を使ったふれ合い遊びをする。[感性・表現]

環境構成★・保育者の配慮◎

第1週

みんなで生活することの楽しさを知る
- ◎気の合う友だちと一緒に遊びを進める中で、互いに意見を出し合ったりストーリーを考えたりして遊びを進められるように援助する。
- ◎子ども一人ひとりの表現する姿を認め、子どもが主体的に取り組み、周囲に認められるなど、満足感や達成感を味わえるようにしていく。

自信をもって行動できる姿を認めて
- ◎身の回りのことを進んで行ったり、友だちのことを気遣ったり、活動に意欲的に取り組んだりする姿を認める。援助が必要な子どもには自信をもって行動できるように援助していく。

第2週

友だちの様子に気づけるように
- ◎遊びや生活を通して友だちと思いが食い違い、けんかが起きた時は、相手の気持ちを知って、それぞれ違う思いがあることに気づける雰囲気を心がける。

新しい生活への安心感を
- ◎進級することはうれしいものの、新しい環境に対する不安感がある子どもには、個別に話してどのようなことが不安なのかを理解し、4月からの生活について具体的に伝え、安心できるように援助する。
- ◎異年齢や大勢の子どもたちで集まる機会が増えるので、その雰囲気に戸惑う子どもへの配慮を丁寧に行っていく。

個別配慮

けんたくん：保護者が周囲の子どもと比べて身支度などがゆっくりであることを気にして、進級に対して不安を抱いている。送迎時などにけんたくんの成長と今後の見通しや課題を具体的に伝え、焦らないように援助していく。

家庭・地域・学校との連携

- 子どもたちが期待と自信をもって進級できるように、温かく見守ってほしいことを伝える。

「子どもの姿ベースのねらい●と内容◆」の「内容」は子どもの姿をもとに、3歳児の場合は5つの領域と芽生え始めた「幼児期の終わりまでに育ってほしい姿(10の姿)」を意識して作ります。10の姿のマークを入れました。[健康][自立心][協同性][道徳・規範][社会生活][思考力][自然・生命][数量・図形・文字][言葉][感性・表現] ※マークの詳細はP9を参照

月のねらい	❶基本的生活習慣が身につき、身の回りのことを自分で行う。 ❷みんなで生活することの楽しさを味わう。 ❸進級への喜びと期待をもつ。 ❹春の訪れを感じながら、暖かい日差しの中で伸び伸びと遊ぶ。	健康・安全・食育の配慮	・クッキングやパーティーを行い、みんなで一緒に食べる楽しさを味わう。 ・遊具の点検や道具の使い方など、安全な生活について再度確認する。	行事	・ひなまつり　・お別れ会 ・来年度入園児1日入園 ・誕生会　　・身体測定 ・避難訓練　・卒園式 ・終業式

第3週	第4週
◆気温の変化に合わせて衣服を調節する。 健康 自立心	◆1年間過ごした保育室を掃除する。 健康 道徳・規範
◆友だちと一緒に遊びを楽しみながら、相手の思いに気づく。思考力 感性・表現	
◆4歳児の保育室で遊ぶ。社会生活	◆終業式に参加する。社会生活
◆暖かい日は戸外で昼食を食べる。 健康 社会生活	

やりたいことをやる充実感
◎「○○を食べたい」「○○に行きたい」「○○したい」など、やりたいことを提案し合い、今まで楽しんできたことや挑戦してみたいことを、みんなでできるように計画し、充実感を得られるようにしていく。

遊びに必要な情報を持ち寄って
★ラーメン屋さんや警察官などのごっこ遊びの発展の過程で、どのような道具や材料が必要か援助を計画する。その際、ごっこ遊び自体が園外の実社会とつながりがある活動であることを考慮し、遊びが広がるような地域資源の活かし方を考えるようにする。

進級に期待感を
★4月からの生活に期待がもてるように、4歳児の保育室で過ごしたり、新たな遊具にふれたりする機会を設ける。
◎1年間使用した場所やものを掃除しながら、きれいに整えていく喜びを味わえるように援助する。また、自分たちの保育室を次の3歳児が使うことを伝え、進級への期待につなげていく。

自分で調節できるように
◎気温の変化に気を配り、子どもの体調に気をつける。暑い時は衣服を調節したり、汗を拭いたり、水分補給をしたりできるように援助する。

評価（子どもを捉える視点・見通し）	・保育者が介入し過ぎず、子どもたちのかかわり方を見守って、その場に応じた援助ができたか。 ・進級に向けて、意欲や喜びを育てられたか。

子どもも自分の成長を喜べるように

1年間の作品や遊びの写真などを子どもたちと見ながら、園生活で楽しかったことを振り返りましょう。一人ひとりの姿を取り上げて成長を認め、友だちの理解にもつなげていきましょう。ありのままの自分の存在が周囲に認められる経験や、多様な個性が認められる集団の豊かさを子どもと共に保育者も喜びましょう。

その遊びの意味やおもしろさを認めて

ごっこ遊びや表現遊び、科学遊びなど、子どもたちが主体的に取り組んでいる遊びは、実社会の生活とつながっています。そのような視点で遊びを見ると、称賛・賛美する活動として評価できるでしょう。その遊びの背後にある意味や価値を認めてかかわるように心がけましょう。

「月のねらい」は子どもの姿をもとに、資質・能力の3つの柱を意識して振り返りができるように作ります。本書では特に意識したいものに下線を入れています。
「知識・技能の基礎」………、「思考力・判断力・表現力等の基礎」＿＿＿、「学びに向かう力・人間性等」＿＿＿　※下線の詳細はP9を参照

3月の資料

春の訪れを感じ始める3月、多くの人とのかかわりが生まれてきます。一人ひとりが充実した生活を送れるように心がけます。

子ども主体の計画　遊びの発展と行事

この時期になると友だちとのつながりが増して、1年間楽しんできた遊びを、みんなと一緒にすることが楽しくなってきます。関係性が深まると遊びが盛り上がり、みんなでやりたいことが増えてきます。子どもたちの姿をベースにして、遊びの展開を計画するようにしましょう。

遊びの盛り上がりから

くり返し歌ったり踊ったりしてきた大好きな曲「夢をかなえてドラえもん」。空き箱を叩いてリズムをとる子どもが現れ、手作り太鼓で合奏を楽しんでいました。次第に手作り太鼓の音では物足りなくなり、4歳児クラスの合奏を見た経験も重なって、本物の楽器を叩くことに。みんなで様々な楽器を思い思いに演奏して楽しみました。叩き方を考えたり、友だちと揃えて叩くところを決めたりする姿が見られます。

ドラムセットのイメージで楽器を組み立てて、大好きな曲に合わせて叩きます。

遊びの発展から発表会へ

楽器が得意な保護者に来てもらいました

正しい叩き方を知りたくなり、楽器演奏が得意な保護者に来てもらいました。思わず体が動いてしまう、すてきなリズムにびっくり！　初めて出会うトランペットにも興味津々です。

演奏会を催します！

さらに合奏が盛り上がり、演奏会を開催することになりました。日にちを決めて、ほかのクラスの子どもを招待したり、保護者にも演奏会のお知らせを出して来てもらい、満足感や達成感を味わいました。

みんなも興味をもってかかわり、合奏へと発展。

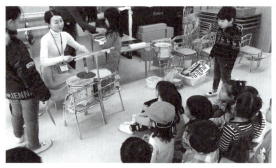

保護者の演奏に酔いしれます。

個と集団

友だちと遊ぶことを楽しむ

1年間を通して自分のやりたい遊びに不安なく向き合い、友だちがしていることに目を向けて、一緒に遊ぶ楽しさを味わってきました。
一層、個々の育ちと、仲間との関係の中での育ちを活かした展開が必要です。

自分の好きなことも友だちと一緒ならもっと楽しい

　園庭に、フライパン、なべ、おたまなど本物のキッチン道具と、いろいろな大きさの木の板などを用意して、イメージを膨らませたり、遊びを工夫したりできるようにしました。ものとの対話をじっくりとすることももちろん大切ですが、友だちに自分の発見を伝えたくなったり、友だちが興味をもって遊びに入っていったりすることが増えてきます。

なべやおたまを使って、本格的なごっこ遊び。

「わー、持ち上がった！」「シーソーになってる！」。

みんなでメニューを決めて調理する

　クラスごとに作りたいメニューを決めて、ピザパーティーやホットケーキ作りなどに取り組みました。みんなで取り組むことの楽しみを十分に感じていました。このように、自分たちでできた充実感をもって3月を締めくくることができました。「大きくなる」ことに対して、期待感がもてるような活動も取り入れていくことが大切です。

今月の保育教材

絵本
『図鑑ナチュラ　はるなつあきふゆ』無藤隆／監修・総監修、フレーベル館
『どろだんご』たなかよしゆき／作、のさかゆうさく／絵、福音館書店
調べたり、興味をもってやってみたりしたくなる絵本。

トマトを切ってピザに乗せて、みんなで食べます。

5歳児のお別れパーティーや進級お祝いのパーティーでは、自分たちで考えた献立を作ります。

3歳児の遊びの環境
大切にしたいポイント

「子どもの姿ベース」の指導計画と保育を進めていくために、大切にしたい遊びの環境のポイントを見ていきましょう。関東学院六浦こども園の園長・根津美英子先生と副園長・鈴木直江先生にお話をうかがいました。3歳児クラスの保育室の環境から、いろいろな工夫の一例を紹介します。

安心できる環境

3歳児クラスになった初めの頃は、子どもたちがまだ園や新しいクラスに慣れていなくて不安が多い時期です。安心して落ち着ける場となるように環境を工夫しましょう。

新年度の配慮

年度開始からしばらくは、新入園児がいたり、階の移動などで環境が大きく変わったりするので、まずは一人ひとりが自分の居場所を見つけられるよう配慮します。上手に部屋を区切ってみたり、安心できる閉じた空間となるようにしてみたりしましょう。また、子どもが好きな小動物の写真などが貼ってあると心を開くきっかけになります。前年度や家庭で子どもが好きだったおもちゃを準備するのもよいでしょう。

静かにじっくりと好きな活動に取り組めるスペース。

オープンスペースをパーティションで区切ることで、落ち着いて継続的な活動ができます。パーティションは保護者にも協力してもらい、手作りされています。

一人で集中したい子のために、パーティションで小さなスペースをつくっておきます。

1人でほっとできるような空間があることで、安心感が得られます。ゆるやかなコーナーを作りましょう。

なりきって遊べる環境

3歳児のごっこ遊びでは、シンプルな道具を準備します。子どもがじっくり遊べるように、ごっこ遊びなどに使う道具、素材は出しすぎず、子どもの様子を見ながら足したり、入れ替えたりしていきましょう。

木製の器、ランチョンマット、おもちゃの鍋など、3歳児が使いやすいような道具を考えて揃えています。

ごっこ遊び用のドレスもあると遊びが盛り上がります。

「おうちごっこの屋根が作りたい」と子どもたち。ビニールシートで屋根を作り、お気に入りの場所に。

テーブルにはレストランのメニューを置いておくと、ごっこ遊びが始まるきっかけになります。

ままごと用の様々な素材
紙粘土、木のリング、小さなお手玉（赤、緑、白）、毛糸、輪切りの木、フェルト、ひもなど

子どもたちの発想でいろいろなものに見立てられるような素材を準備します。

なりきれるような道具や素材があるとごっこ遊びのイメージが膨らみます。ままごとコーナーを豊かにしましょう。

家庭にもあるおもちゃを備えた環境

3歳児の構成遊びコーナーには、ピースの大きなパズルやあまり複雑でないブロック、シンプルな積み木などを準備するとよいでしょう。

電車と車のコーナー。マットが道路になっていて、思わず遊びたくなります。

おもちゃ箱は、ふたを開けておくと、遊び出しやすくなるでしょう。

遊び出しやすくなる工夫

3歳児の初めの時期は、子どもたちもまだ環境に馴染んでいません。何か1つでも興味をもって遊び出せるように、おもちゃをわざといくつか出しておいたり、パズルやブロックを途中まで作っておいたりするとよいでしょう。

家庭でも遊ぶ機会の多いブロックなら安心して遊べます。

ブロックなどは家にもあって安心して遊べるおもちゃ。構成遊びができる環境は、1人でも、友だちとも、じっくり取り組むことを促します。

自然にふれる環境

子どもたちが自然にふれることができるよう、保育室に観葉植物を置いたり、生き物を飼ったりします。
園庭では、砂遊びや水遊びに取り組みやすくし、遊びに使える草花や木も植えるとよいでしょう。
野菜作りにもかかわれるよう、園庭の一部に畑があると活動が広がります。

子どもは、自然物にふれることで安心感がもてることが多くあります。室内にも生き物や植物を用意しましょう。外では砂や水にたくさんふれられるようにします。

保育室に観葉植物があることで、家庭的な心地よい空間になります。

イモムシ、カエル、チョウチョウ、トカゲなどを飼育。図鑑で種類を調べる活動にもつながります。

園庭ではいつも砂遊び、水遊びなどが楽しめます。雨樋を使って水を流します。

3歳児クラスの人気者のカメ。

ゆっくり絵本を読める環境

絵本コーナーでは、ちょっとほっとできたり、寝そべって見たりしてもいいのです。クッションや観葉植物を置くなど、隠れ家的で子どもたちがリラックスできる場所になるよう、構成してみましょう。

ぐるりと絵本に囲まれた絵本コーナー。手に取ってみたくなるように、1冊ずつ表紙を見せて並べておきます。奥のロフトにもクッションが置かれ、静かに絵本を楽しむことができる空間になっています。

年齢に合った絵本のほかに、大人向けの本も入っています。写真や美術など本物の精緻な世界を味わう体験も大切です。

保育室にも、子どもたちの興味・関心に合った絵本を写真と一緒に置きます。

保育室の一角に畳のマットを敷き、ゆったり絵本が楽しめるスペースに。

絵本から遊びがもっと盛り上がるように

絵本コーナー以外にも、子どもたちの興味・関心に合わせて、絵本を準備しましょう。保育者が特に紹介したい本はスタンドに立てかけておきます。このクラスでは、相撲がブーム。本格的な相撲になるよう、絵本や力士の写真を準備しました。紙を切って作った塩をまいて、子どもたちはしこを踏みます。家でも相撲の話題が出るように、ドキュメンテーションで保護者に伝えます。

豊かな絵本環境があることで、物語への関心、言葉のおもしろさへの関心を高めます。クラスで読んだ絵本や、その時期や季節に合った絵本を取り出せるようにしましょう。

4歳児の月案と資料

[執筆]
三谷大紀

[資料提供・協力園]
江東区立元加賀幼稚園（東京都）
港北幼稚園（神奈川県）
白梅学園大学附属白梅幼稚園（東京都）
仁慈保幼園（鳥取県）
墨田区立八広幼稚園（東京都）
世田谷仁慈保幼園（東京都）
ベネッセ日吉保育園（神奈川県）
門司保育所（みどり園）（福岡県）
ゆうゆうのもり幼保園（神奈川県）

4歳児の年間計画

年間目標
- 自分自身に対して肯定的な感情をもち、安心して自己発揮し、園生活を楽しむ。
- 自分がやりたいことを見つけ、夢中になって遊び込む。
- 保育者や友だちに親しみをもち、他者と共に遊んだり、生活したりすることに喜びや楽しみを見出す。

	Ⅰ期（4～5月）	Ⅱ期（6～8月）
子どもの姿	・進級したことを喜び、様々なことに意欲的に取り組む姿が見られる一方で、新しい環境に戸惑う姿も見られる。 ・自分の好きな遊びを、気の合う友だちと楽しむ。 ・身近な春の自然に興味・関心をもち、遊びに取り入れる姿が見られる。	・1日の流れに見通しをもち、身の回りのことや自分のやりたい遊びに積極的に取り組む姿が見られる。 ・栽培する野菜や身近な生き物に興味・関心をもつ姿が見られる。 ・砂場やプールなどで、ダイナミックに水を使った遊びを楽しむ姿が見られる。
ねらい●	●新しい環境に慣れ親しみ、自分の思いを発揮し、身の回りのことを意欲的に取り組む。 ●好きな遊びを見つけ、じっくり遊ぶことを楽しむ。 ●生活や遊びを通して保育者や友だちに親しみをもつ。	●友だちがしていることに興味・関心をもち、一緒に遊ぶ楽しさやおもしろさを感じる。 ●夏の遊びや自然、行事を楽しみ、友だちと共有し、喜びを味わう。 ●飼育や栽培を通して身近な生き物にふれ、興味・関心をもつ。
内容◆	◆新たな生活リズムや環境に自らかかわり、身の回りのことを自分で行う。 健康 自立心 ◆友だちや保育者と一緒に遊ぶことを楽しみ、その喜びを共有する。 協同性 言葉 ◆遊びの内容に応じて、道具や素材を自由に選び、活用する。 感性・表現 思考力	◆自分で作ったものを遊びに取り入れたり、室内で作ったものを、戸外に持ち出して遊びに活かす。 思考力 感性・表現 ◆様々な水遊びを楽しみながら、水のおもしろさや感触を味わう。 自然・生命 感性・表現 ◆夏の自然（生き物、植物、天気など）に興味・関心をもち、自分たちなりに調べることを楽しむ。 自然・生命 思考力
環境構成★・保育者の配慮◎	★保育室の棚などに、写真やイラストを貼り、ものの置き場所がわかりやすいようにする。 ★子どもの興味・関心をもとに、遊びの拠点（コーナー）を、保育室や園庭に作る。 ★遊びに必要な素材や道具を準備し、どこに、どんなものが置いてあるのかがわかるように掲示を工夫する。 ◎一人ひとりの子どもが安心して生活できるように、信頼関係を築くようにする。 ◎一人ひとりの長所や好きなことをかかわりながら捉えていく。 ◎初めて使う道具や素材などは、集まりなどの場で随時伝えていく。 ◎保育者も子どもと共に一緒に遊ぶことを楽しむ。	★保育室内の環境構成を、子どもの興味・関心に応じて見直し、再構成する。 ★栽培物や飼育している生き物の世話を、子どもたち自身がやりたい時にできるように、道具や図鑑などを用意し、コーナーを子どもと共に作る。 ★プール遊びでは、いろいろな遊び方、参加の仕方が可能になるようにする。 ◎室内で作ったものを外に持ち出せるように、製作コーナーを園庭の近くに移動し、テラスに修理のためのコーナーを設置する。 ◎育てている野菜の生長や飼育している生き物の成長を保育者も楽しみながら一緒に行う。 ◎それぞれの子どもがどんなことに興味をもち、どんな発見や問いを生み出しているか温かい関心を寄せながら一緒に遊ぶ。
家庭や地域との連携	・進級に伴う保護者の不安を受け止め、子どもたちの姿を送迎時やドキュメンテーションなどで発信していく。 ・園外で出会う人との挨拶やコミュニケーションを大切にする。	・プール遊びの際、健康状態を把握できるように、プールカードの取り扱い方を伝え、記入のお願いをする。 ・夏休みなどで欠席が続いた後は、家庭での様子、園での様子を互いに伝え合い、それぞれの生活に活かせるようにする。
健康・安全・食育の配慮	・楽しんで食事をするとともに、食事のマナーへの関心を高める。 ・手洗い・うがいを丁寧に行う。	・暑い時季を心地よく、安全に過ごすために、着替えや水分補給などを自ら行えるようにする。 ・安全に楽しめるよう、水遊びやプール遊びのルールを共有する。

「内容」は子どもの姿をもとに「幼児期の終わりまでに育ってほしい姿（10の姿）」を意識して作ります。10の姿のマークを入れました。 健康 自立心 協同性 道徳・規範 社会生活 思考力 自然・生命 数量・図形・文字 言葉 感性・表現 ※マークの詳細はP9を参照

- 遊びや生活の中で、「もっとこうしたい」「これをやりたい」という気持ちを育むとともに、問いや課題に向けて創意工夫し、挑戦する。
- 身近な自然や文字や数に興味・関心を抱き、親しむ。
- 5歳児の姿に影響や刺激を受けながら、進級への期待を育む。

Ⅲ期（9〜12月）	Ⅳ期（1〜3月）
・個々の夏の経験を遊びの中に活かそうとする姿が見られる。 ・友だちと共有した目標やイメージに向かって協力して取り組む姿が見られる。 ・季節の変化に応じて、それぞれの時期特有の気候の変化や行事を、遊びの中に取り入れる姿が見られる。	・子ども同士で、思いや考えを出し合い、互いの表現やアイデアを認め合う姿が見られる。 ・この時期ならではの遊びや行事を楽しむ姿が見られる。 ・5歳児クラスになることに期待をもち、様々なことに意欲的に取り組んでいる。
●夏の経験を友だちや保育者と再現し、共有しながら楽しむ。 ●自分の思いを伝えたり、友だちの思いを聞いたりしながら、目標やイメージを共有して遊び、達成感を得る。 ●季節の移り変わりやそれぞれの時期特有の自然や気候に親しむ。	●1つのテーマを共有し、友だちと協力し、意見を出し合って遊ぶことを楽しむ。 ●日本の伝統文化に親しみをもち、楽しむ。 ●進級することへの喜びと期待をもつ。
◆夏に経験したことを友だちに自分の言葉で説明し、友だちや保育者と共有して、再現する。 言葉 協同性 感性・表現 ◆友だちと協力して遊ぶことの楽しさを実感し、遊び込むことで達成感を得る。 協同性 感性・表現 自立心 ◆気温の変化やそれに伴う自然の変化に気づき、遊びに取り入れる。 自然・生命 数量・図形・文字 思考力	◆5歳児の姿に刺激を受け、一緒に遊んだり、自分たちの遊びに取り入れたりする。 協同性 道徳・規範 自立心 ◆正月遊びや冬ならではの事象を堪能する。 社会生活 自然・生命 ◆遊びを通して、文字や数への興味・関心が高まる。 数量・図形・文字 ◆1年間を振り返り、今の自分に自信をもち、進級に期待をもつ。 自立心 社会生活
★夏の思い出を発表する時間を設けたり、夏休み帳の思い出ページを見やすい場所に掲示し、友だちや保育者との話題になるようにする。 ★子どもたちが話し合いの場をつくれるように、道具や環境を整える。ホワイトボードなどを用意し、自由に書き込めるようにする。 ★発見した季節の変化などを自由に発表し合う場や調べることができるコーナーを作る。 ◎個々の夏の経験が、新たな遊びの創出につながることを予想し、それぞれの経験を丁寧に聞き、思いを受け止めていく。 ◎子どもたちがやってみようとする姿を見守りながら、様子に応じて一緒に話し合いに参加したり、考えたりし、子どもたちのアイデアやイメージを形にできるようにしていく。 ◎個々の子どもたちが「自分はこうしたい」という気持ちを安心して表現できるように配慮する。	★遊びや生活の中で、友だちとアイデアを出し合う機会をつくる。 ★子どもたちの興味・関心に合わせて、新たな素材や道具も加えながら、製作コーナーを充実させていく。 ★5歳児にモデルになってもらう機会をつくり、一緒に遊んだり、教えてもらったりする中で、文化が継承できるようにする。 ◎自分の考えや気持ちを表す姿に共感したり、認めていくことで、自信がもてるようにする。 ◎年長児への思いや憧れを丁寧に受け止めていく。 ◎保育者自身が冬ならではの身近な事象を敏感に受け止め、子どもたちが興味をもてるように声をかける。 ◎この1年間を振り返り、楽しかったことやおもしろかったことを共有し、実際にやってみたりしながら、進級することに期待がもてるように援助する。
・夏休み帳の思い出ページに写真などを貼って、提出してもらう。 ・運動会などの行事では、園だよりやドキュメンテーションなどで、ねらいやそこへ向かっていく過程を伝え、主旨や子どもの姿を共有した上で当日を迎えるようにする。	・保育参加を通して、子どもたちの今の姿を見てもらい、子どもの育ちや園生活を知ってもらう。 ・1年間の子どもの成長を共に喜び、様々な場面での保護者の協力に感謝する。 ・地域の人に防災訓練に参加してもらい、地域の防災意識を高める。
・遊びがダイナミックになってきている頃なので、遊具や道具の使い方に注意を払い、必要に応じてルールやきまりを再確認する。 ・公共の場に出る時は、ルールやマナーがあることを丁寧に知らせていく。	・寒い時期は、急な運動は避け、準備運動への意識を高める。 ・行事食を食べ、日本の伝統文化や食を楽しむ。 ・感染症や風邪などの予防のため、手洗い・うがいの意味を丁寧に伝え、主体的にできるようにする。

「ねらい」は子どもの姿をもとに、資質・能力の3つの柱を意識して振り返りができるように作ります。本書では特に意識したいものに下線を入れています。
「知識・技能の基礎」........、「思考力・判断力・表現力等の基礎」_ _ _ _ _、「学びに向かう力・人間性等」_____　※下線の詳細はP9を参照

4歳児 4月の指導計画

4月当初の子どもの姿
・進級した喜びが見られる一方、新しい環境に戸惑う姿もある。
・3歳児クラスから継続した遊びで、お店屋さんごっこや積み木を友だちと楽しむ姿が見られる。
・園庭に植えてある花や植物に興味を示し、遊びに取り入れる。

表示や掲示物を工夫しよう
1日の生活の流れや、ロッカーの使い方、道具や素材などの置き場所を、イラストや写真でわかりやすく表示することで、新しい生活の流れを理解し、安心して過ごすことができます。

個々に応じた丁寧なかかわりを
まずは「大きい組になってうれしいね」「新しい生活楽しみだね」、そんな気持ちがもてるよう、個々に応じた丁寧なかかわりを心がけましょう。また、3歳児の後半で盛り上がっていた遊びを用意すると子どもも安心して遊び込めます。

	第1週	第2週
子どもの姿ベースのねらい●と内容◆	●新しい環境に慣れ、安心して過ごし、園生活を楽しめるようになる。 ◆担任や友だちとかかわり、自分のクラスに親しみをもつ。 健康 社会生活 ◆保育者や友だちに親しみをもち、好きな遊びを楽しむ。 言葉 協同性 感性・表現 ◆園庭で砂や泥の感触を楽しんだり、泥だんごを作ったりして遊ぶ。 自然・生命 思考力 ●新しい生活の流れを知ろうとし、自分でできることを試そうとする。 ◆生活や遊びの中での簡単な約束事やルールを知る。 自立心 道徳・規範 ◆生活の流れに関心をもち、自分で身の回りのことをする。 健康 自立心	◆積み木遊びを通して、それぞれが実現したいことにじっくり取り組んだり、友だちと協同したりすることを楽しむ。 健康 協同性 ◆ごっこ遊びを通して共通のイメージをもち、作ったり、演じたりすることを楽しむ。 感性・表現 言葉 思考力 ◆新しい生活リズムや環境に慣れ、見通しをもって過ごす。 自立心 健康
環境構成★・保育者の配慮◎	**安心して過ごせる配慮と環境を** ★道具や素材等をどこに片づければよいかわかるように、写真を貼る。個々の衣服の着脱や持ち物の片づけの時は声をかけて手伝い、安心して覚えられるようにする。 ★ままごと・積み木など、コーナーの環境を整え、子どもたちの興味が向くようにする。 ◎一人ひとりを温かく親しみをもって名前で呼び、挨拶をしたり、ふれ合い遊びをしたりしながらコミュニケーションを取り、安心感をもてるようにする。 ◎新しいクラスに戸惑ったり、遊びが見つからない子どもの思いを受け止め、丁寧にかかわり、一緒に遊ぶ。 ◎はさみなどの道具、素材、場所等の使い方を確認する。	**子どもの興味・関心に即して環境構成しよう** ★子どもの動線や、遊びの種類（静と動など）をもとに、ゆるやかなコーナーを作り、それぞれがじっくりと遊び込めるようにする。 ★積み木遊びでは、自分の身長より高く積み上げることに挑戦する子ども、友だちと協力して動物園や町などを作る子どもなど、それぞれの楽しみ方があるので、スペースを広めに取る。 ★子どもが作りたいと思っているものは、子どものつぶやきなどをもとに、その写真などの資料を掲示する。 ◎ごっこ遊びでは、子どもの様子を見ながら一緒に遊び、何かになりきったり、表現したりすることの楽しさを味わい、他者とイメージを共有する楽しさを言葉や態度で伝える。
個別配慮	ゆあちゃん：新入園児なので、新しい環境に早く慣れるよう、保護者と連携を取りながらかかわっていく。	
家庭・地域・学校との連携		・進級に伴う保護者の不安を受け止め、日々の子どもの様子を送迎時やクラスだよりなどで伝えていく。 ・近隣の公園などに出かけた際、行き交う地域の方との挨拶や会話を楽しむ。

「子どもの姿ベースのねらい●と内容◆」の「内容」は子どもの姿をもとに「幼児期の終わりまでに育ってほしい姿(10の姿)」を意識して作ります。10の姿のマークを入れました。 健康 自立心 協同性 道徳・規範 社会生活 思考力 自然・生命 数量・図形・文字 言葉 感性・表現 ※マークの詳細はP9を参照

| 月のねらい | ❶ 新しい環境に慣れ、安心して過ごし、園生活を楽しめるようになる。
❷ 新しい生活の流れを知ろうとし、自分でできることを試そうとする。
❸ 春の自然とふれ合い、興味をもってかかわる。 | 健康・安全・食育の配慮 | ・進級した喜びを感じられるようにする。
・新しい場所や遊具の使い方、生活の仕方などを、子どもと一緒に考えたり、確かめたりしながら、子どもと共に園生活をつくっていく。
・一人ひとりの様子や生活リズムや体調に配慮する。 | 行事 | ・始業式
・保護者会
・避難訓練
・誕生会 |

第3週	第4週
◆廃材や素材を組み合わせてイメージしたものを作ることを楽しむ。 感性・表現 健康 思考力	◆園庭で、鬼ごっこやごっこ遊びを楽しむ。
❸春の自然とふれ合い、興味をもってかかわる。 ◆園庭の草花や春の生き物に親しみをもつ。 自然・生命 思考力 ◆園庭の草花を、遊びに取り入れる。 自然・生命 思考力	◆自分の思いを表現し、みんなに伝える喜びを味わう。 ◆1日の中で楽しかったことや新たに気がついたことを発表したり、聞いたりすることを楽しむ。 言葉 感性・表現 社会生活
子どもの興味・関心や問いに目を向けよう ★草花や昆虫について調べられるように図鑑などを用意する。 ★翌日も遊びの続きが楽しめるよう、衣装や小道具、製作途中のものなどの置き場所を準備する。 ◎子どもが粘り強く虫を捕まえようとする姿を支え、捕まえた喜びに共感する。「この生き物は何を食べるのかな？」と子どもに問いかけたり、図鑑で一緒に調べたりすることを楽しむ。 ◎子どもたちの気づきや発見、不思議に思ったことなどに共感する。 ◎子どもと図鑑の写真を見て、図鑑の内容を伝えることで、物事を探究する楽しさを味わえるようにする。	**新しい仲間や遊びと出会うきっかけをつくろう** ★園庭に、遊びの種類（鬼ごっこなど体を動かすことができる空間と、図鑑や絵本でじっくり調べられる空間）ごとに、ゆるやかにコーナーを設ける。 ◎集まりの時に、子どもたちが今楽しんでいることなどをそれぞれ紹介し合い、共有する時間をつくる。 ◎子どもたちが互いの表情や仕草に自然に関心が向けられるよう、円陣やコの字になって集まり、「伝えたい」「聞きたい」という雰囲気づくりを大切にする。
評価（子どもを捉える視点・見通し） ・進級した喜びを様々な場面で感じ、活動することができたか。 ・新しい環境の中で、クラスの友だちや保育者とのつながりを感じて過ごせたか。 ・自分のやりたい遊びを見つけ、楽しむことができたか。	・室内でのごっこ遊びを園庭でも展開するなど、室内と外での遊びが連動するような環境を子どもの興味・関心に合わせて構成していく。

集まりの時間を工夫しよう

出席を取ったり、1日の流れを確認したりするだけでなく、今、自分が何に取り組んでいるかを紹介し合ってみましょう。友だちの新たなよさに気づいたり、やってみたい遊びが生まれるきっかけになります。

子どもの興味・関心に目を向けよう

子どもの興味・関心や「つぶやき」をもとに環境を再構成してみましょう。子どもたちの「もっと、こうしたい」とか「○○があればいいんだけど……」といった声を拾っていき、環境を再構成していくと遊びが深まり、広がっていきます。

「月のねらい」は子どもの姿をもとに、資質・能力の3つの柱を意識して振り返りができるように作ります。本書では特に意識したいものに下線を入れています。「知識・技能の基礎」..........、「思考力・判断力・表現力等の基礎」_____、「学びに向かう力・人間性等」_____　※下線の詳細はP9を参照

4歳児

4月の資料

新年度、新しい環境や仲間との出会いの中で、子どもたちが安心して生活し、遊び込むための工夫を考えてみましょう。

環境構成 「遊び込む」ための道具と素材を準備しよう

子どもたちが遊び込むためには、道具と素材が必要です。
そしてできる限り、子どもたちが必要な時に自由に選べるように
それらを配置することが重要です。

写真やイラストを使って可視化しよう

どこにどんな道具や素材が置いてあるのかがわかるように、ケースや箱に写真やイラストを添えます。可視化することで、子どもたち自身が選択できるようになり、整理もしやすくなります。

楽器などは、子どもたちが使いたい時に使いたいものを使えるように置き方を工夫しています。

段ボールに画用紙を貼り、その上に廃材の写真を貼ります。どんな材料が入っているか一目瞭然。

外で使う遊具もワゴンに入れて、どこに何をしまうかをわかるようにすると、使いたい時にすぐに手に取れます。

今月の保育教材

絵本

『はじめまして（たんぽぽえほんシリーズ）』新沢としひこ／作、大和田美鈴／絵、鈴木出版
新しいクラス、仲間との出会いを喜び、緊張や不安を和らげ、これからの生活を一緒に楽しみたくなる雰囲気づくりに役立つ絵本。

『もぐらバス』佐藤雅彦／原案、うちのますみ／文・絵、偕成社
ある町の地面の下には、不思議なバス停がいっぱい——。園庭で春の自然にふれ、草花や生き物に親しみをもつ活動をした子どもたちなら、見えない園庭の下の世界を一緒に想像してワクワクし、遊びが広がるかも……。

話し合い 集まりの時間を工夫してみよう

1日の園生活の中には、クラス全員で集まる時間があるはずです。いつ集まりますか？ なんのために集まりますか？ 出席を取ったり、1日の流れを説明するためだけでなく、子どもたち自身が園生活の担い手になっていくために、集まる時間と内容を工夫してみましょう。

仲間のよさを発見できる場に

子どもたち自身が遊んだ内容を紹介する時間や、保育者自身が感動したすてきな出来事を話す時間を設けてみましょう。一人ひとりのよさを発見し合い、同時多発的に起きている遊びを共有できる時間になります。そこから、クラスでの新しい仲間関係も生まれてきます。

個々が楽しんでいること、発見したことなどをクラスのみんなで共有することで、遊びは深まり、広がります。

どんな意見が出ているか、何が決まったかを、みんなで見られるように紙に書き出すなど工夫してみましょう。

話したいけど、ドキドキする。そんなこともあって当然です。保育者と一緒に話したり、保育者が代わりに話してあげてもいいでしょう。

様々な集まり方を試してみよう

輪になる、スクール形式で集まるなど、話す話題によって集まり方を変えてみましょう。また、何かを決める際には、今どんな意見が出ているかを、紙やホワイトボードなどに書いて「見える化」することによって、子どもたちが参加しやすくなります。

4歳児 5月の指導計画

前月末の子どもの姿
- 新しい生活に対する不安や緊張が少し解けて、それぞれが自分の思いを発揮できるようになってきている。
- 新しい仲間に積極的にかかわっていく一方で、受け入れられない姿や言葉が足りずにトラブルになる姿も見られる。
- 園庭でごっこ遊びや虫捕り、色水遊びなどを楽しむ姿が見られる。

遊びを深めるためには、素材と道具が必要
子どもたちが遊び込むためには、様々な種類の素材や道具が必要になってきます。廃材コーナーを作り、できる限り子どもたちが自由に選び、手に取れるようにしていくと、素材からも遊びが発展していきます。

子どもの興味・関心を「見える化」してみよう
友だちが今どんなことに興味・関心をもち、どんな遊びに取り組んでいるのか、写真を掲示したりコーナーを作ったりして「見える化」してみましょう。それぞれが取り組んでいることやイメージを共有でき、新たな仲間関係や遊びが生まれます。

子どもの姿ベースのねらい●と内容◆

第1週
- ❶好きな遊びを見つけてじっくりと楽しむ。
- ◆おうちごっこ、積み木、虫捕り、基地作り、色水遊び、レストランごっこなどを楽しむ。【自立心】【健康】
- ◆見つけた草花や実をすり鉢ですりつぶし、水に入れて色水遊びを楽しむ。【自立心】【健康】
- ❷友だちと同じことをしてみたり、取り込んだりする。
- ◆友だちの遊んでいる姿や作っているものを見たり、掲示物や集まりでの話を聞いたりして、それらをまねて新たに挑戦する。【協同性】【思考力】
- ❸生活や遊びを通して友だちに親しみをもつ。
- ◆わからないところを友だちに聞いたり、助けてもらったりする。【道徳・規範】【協同性】
- ◆協力して作ったり、一緒に考えたりする。

第2週
- ◆容器の中に実を入れたらどうなるかなど、観察したり、実験したりする。【自立心】【健康】
- ◆遊びに必要なものを考え、身近な素材で作り、遊びに取り入れる。
- ◆新たな遊び、道具や素材、そして友だちに関心をもつ。

環境構成★・保育者の配慮◎

第1週
園庭にも遊びの拠点（コーナー）を作ってみよう
- ★園庭の草花を使って、色水遊びやフロッタージュを楽しめるよう、すり鉢やペットボトル、色鉛筆、紙などの素材や道具を用意し、園庭の一角に遊びの拠点となるコーナーを作る。
- ◎草花の匂いや色への興味・関心など、それぞれの子どもにどんな気づきが芽生えているかに注目する。
- ◎色の変化や不思議さを一緒に楽しむ。

子どもたちの作品や取り組んでいることを「見える化」しよう
- ★子どもたちが継続的に取り組んだり、互いに影響を与え合えるように、取り組んでいる遊びや作品を写真に収めたり、飾ったりする。

第2週
遊びに必要な道具や素材を準備しよう
- ★廃材や素材、道具（ガムテープ、布、輪ゴムなど）を子どもたちが自由に選び、手に取れるようなコーナーを作る。
- ★園庭で、ごっこ遊びが展開できるように布や段ボール、ござやロープなどを用意し、子どもが自由に選び、手に取れるようにする。
- ◎素材や道具の特徴や使い方を一緒に考える。
- ◎うまくいかない、失敗するなどの経験を大切にし、新しいものを作り出す喜びや難しさを一緒に味わっていく。

個別配慮
ゆうきくん：自分から遊びに入っていくことに抵抗がある様子が見られる。彼の好きなことを一緒に楽しんだりして、遊ぶ機会をつくるようにする。

家庭・地域・学校との連携
- 子どもたちの興味・関心やクラスとして取り組んでいる畑づくりの話し合いの様子を発信、共有し、協力を呼びかける。
- 買い物に行く園芸店に事前に連絡し、子どもたちの様子や質問を伝える。

「子どもの姿ベースのねらい●と内容◆」の「内容」は子どもの姿をもとに「幼児期の終わりまでに育ってほしい姿(10の姿)」を意識して作ります。10の姿のマークを入れました。
【健康】【自立心】【協同性】【道徳・規範】【社会生活】【思考力】【自然・生命】【数量・図形・文字】【言葉】【感性・表現】　※マークの詳細はP9を参照

| 月のねらい | ❶好きな遊びを見つけてじっくりと楽しむ。
❷友だちと同じことをしてみたり、取り込んだりする。
❸生活や遊びを通して友だちに親しみをもつ。
❹クラスとしての仲間意識を育む。 | 健康・安全・食育の配慮 | ・気温差が出てくるので、その日の気温に応じて自ら衣服を調節できるように言葉をかける。
・野菜の栽培を通して、食に対して興味・関心をもてるようにする。
・園外に出る時の交通ルールなどを再確認する。 | 行事 | ・畑づくり
・身体測定
・親子遠足
・誕生会
・避難訓練 |

第3週	第4週
→ → ◆色水遊びとレストランごっこなど、複数の遊びが影響を与え合い、新たな遊びや友だち関係が生まれる。 ❹クラスとしての仲間意識を育む。──→ ◆畑にどんな野菜の苗を植えるかを話し合う。 `言葉` `協同性` ◆野菜を育てるために必要なものを話し合う。 `言葉` `協同性`	◆植える野菜の苗を決める。`言葉` `協同性` ◆園芸店に苗を買いに行く。`言葉` `協同性` ◆栽培する野菜の生長に興味や関心をもち、責任をもって世話をしようとする。`言葉` `協同性` ◆看板やカラス除けネットなど、必要なものを考えて作り始める。`言葉` `協同性`
子どもたちの意見がほかの子にもわかるように ★話し合いの時は、どんな案が出ているのかわかりやすくするために、意見が出るたびに、紙に簡単なイラストや文字で書いて壁に貼る。 ◉決めることを急がないで、様々な意見が出るように配慮する。 **家庭と子どもの姿を共有しよう** ★子どもたちが今どんなことに取り組んでいるのかを保護者に伝えるために、おたよりやドキュメンテーションなどで発信する。 ◉廃材などを家庭から提供してもらう時は、子どもに、何が必要か保護者に相談してみるように伝える。	**子どもと物事のおもしろさや不思議さを味わおう** ◉子どもたちから出てきた意見をできる限り尊重する。 ◉子どもと一緒に遊びや野菜の世話を楽しみながら、子どもたちに目を向け、この後どのように遊びや興味・関心が広がっていくかに注目する。

話し合う時にも「見える化」が大事

何かについて話し合ったり、決めたりする時、、どんな意見が出ているのか、どこまで決まったのか、続きはどこからやるのかなどをホワイトボードや紙に書いて掲示すると、話し合いがより活発になります。

| 評価（子どもを捉える視点・見通し） | ・好きな遊びを見つけ、じっくりと遊び込むことができていたか。
・新しい遊びや素材などに出会い、新たな仲間関係が生まれているか。
・遊びの中で新たに生まれた興味・関心や問いをもとに環境を再構成しているか。 |

「月のねらい」は子どもの姿をもとに、資質・能力の3つの柱を意識して振り返りができるように作ります。本書では特に意識したいものに下線を入れています。
「知識・技能の基礎」.........、「思考力・判断力・表現力等の基礎」_ _ _ _ _ 、「学びに向かう力・人間性等」_____　※下線の詳細はP9を参照

5月の資料

4歳児

様々なことを試したり、発見したりできる場をつくり、その経過や結果を共有できる環境を工夫してみましょう。

戸外遊び 草花を使った色水遊び

ポスターカラーを水に溶いて色水を作ることもできますが、草花を使って色水遊びをすることもできます。草花は、種類によってつぶす感触や匂いが違い、様々な発見があります。
草花を使った色水遊びの過程で子どもたちの新たな発見や出会いを一緒に楽しんでみましょう。

園庭に色水遊び用のコーナーを作る

園庭やテラスの一角に、色水遊び用のコーナーを作ってみましょう。遊びの拠点となる場所を作ると、じっくり遊ぶことができます。

草花を使った色水遊びに必要なもの

- 色水を作る場所（机などを用意）
- ビニール袋やプラスチック皿など（草花や実を採取するために使用。ビニール袋に採取した花や実を入れて、揉んでいるだけでも色水はできます。）
- すり鉢　┐
- すりこぎ　│　草花や実から
- 割りばし　│　汁を採るのに使用
- おろし器　┘
- スプーン
- ペットボトルやビン、プラスチック容器（色水の保存に使用）

色水遊びに使える草花

オシロイバナ、ヨウシュヤマゴボウ、アサガオ、サルスベリ、ツユクサなど。もちろん、これ以外でも色水は作れます。また、ムクゲなどつぶすとドロドロ、ネバネバになるものもあります。どんな草花から、どんな色や変化が生まれるか、子どもと一緒に楽しんでみましょう。きっと様々な発見や問いが生まれます。

※草花には毒性の強いものもあります。事前に毒性について調べ、口に含まないこと、使った後の手洗いを十分にすることなどを子どもたちに伝え、十分注意して取り扱いましょう。

すり鉢で草花をすりつぶし、ペットボトルに移して色水を作ります。保育者は手を出さず見守ります。

すり鉢・すりこぎセットは100円ショップで、手に入ります。

色水遊び用の草花を摘む子どもたち。

今月の保育教材

絵本

『うーら うらら はるまつり くさばなおみせやさんごっこ』長谷川摂子／文、沼野正子／絵、福音館書店
身近な草花を使った遊びがたくさん出てきます。

『知って たのしい みて なるほど 野の草なまえノート』いさわゆうこ／作、文化出版局
身近な草花が写真とイラストでたくさん紹介されています。

環境構成　子どもの発見や対話を広げる工夫

クラスの壁面に、クラス全員で取り組んでいることや、
子どもたちが興味・関心をもっていることを掲示すると、遊びが広がったり、
新たな仲間関係が生まれたりします。

掲示物や表示を工夫する

育てている野菜とそこに集まる虫などに関する掲示コーナー。子どもが描いたものと保育者がまとめたものを同じ場所に掲示することで、クラスの一体感が生まれます。

置き場所がバラバラだった色水の入ったペットボトル。そこで、作った色水をどこに置くかを子どもたちと話し合って置き場所をつくりました。子どもたち自身がルールを作ったことで、意欲的に生活ができるようになりました。

子どもたちと共に収集した育てている野菜やその生長の過程、天敵となるカラスや虫に関する掲示コーナー。情報を日々更新していきます。

子どもの発見を可視化しよう

ダンゴムシやカタツムリに興味をもっている男の子たちと保育者による実験コーナー。結果を掲示することで、いろいろな子どもたちとの出会いが生まれます。

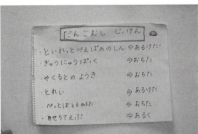

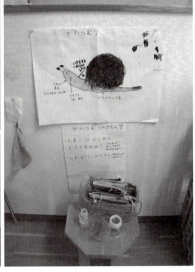

試したことや、発見したことをその都度書き込めるようにしておくことで、いろいろな子どもたちが参加できるようになります。

4歳児 6月の指導計画

前月末の子どもの姿
- 室内や園庭で、色水遊びや基地作りなど様々な遊びを楽しむ姿が見られる。
- クラスで栽培する野菜の生長に興味・関心が高まっている。
- 自分で作ったものを遊びに取り入れる姿が見られる。
- 砂場などで、ダイナミックに水を使った遊びを楽しむ姿が見られる。

遊びから生まれる発想は子どもによって様々

同じ遊びをしていても楽しみ方は様々。そして、そこから生まれる発想や新たな遊びがあります。個々の子どもが今何を楽しんでいるのかを考えてみましょう。

子どもの姿に合わせて室内環境を見直してみよう

6月に入り、子どもたちもクラスに慣れ、それぞれの遊びが充実し始めている頃。今の子どもたちの興味・関心に応じて室内環境を見直してみましょう。

子どもの姿ベースのねらい●と内容◆

第1週
- ❶友だちがしていることに興味をもち、一緒に遊ぶ楽しさやおもしろさを感じる。
- ◆自分で作ったものを遊びに取り入れる。 [思考力][自立心]
- ◆室内で作った動物のお面をかぶって園庭で動物になりきって楽しむ。 [思考力][感性・表現][健康]
- ◆動物村作りや忍者ごっこを楽しむ。 [協同性][思考力][感性・表現]

第2週
- ❷飼育や栽培を通して生き物にふれ、興味・関心をもつ。
- ◆カイコの世話を通して、生態や成長していくおもしろさを感じる。 [自然・生命][健康]
- ◆カイコのえさである桑の葉を探しに散歩に出かけ、様々な葉っぱの種類があることに気づく。 [自然・生命][思考力]
- ❸様々な水遊びを楽しみながら、水のおもしろさや感触を味わう。
- ◆牛乳パックなどの廃材で船を作り、実際に浮かべたり、砂場に船のための川や海を作ったりすることを楽しむ。 [思考力][感性・表現]

環境構成★・保育者の配慮◎

第1週：室内環境を再構成してみよう
- ★保育室内に好きな遊びをゆっくり楽しめるようにいくつかのコーナーを設置する。
- ◎室内で作ったお面や船などを外に持ち出して遊べるように、製作コーナーを園庭の近くに移動し、園庭のテラスにも修理のための簡単な工作コーナーを設置する。
- ◎自分なりに作りたいもののイメージがあるが、どのように作ってよいか戸惑う子どもには、一緒に素材を選び、一緒に作る。

第2週：飼育や栽培に関するコーナーを作ろう
- ★栽培物に好きな時に水やりができるように、カップや小さなペットボトル、ジョウロなどをプランターの近くに用意しておく。
- ★カイコの成長を感じられるように、カイコのうんちや脱皮した皮を紙に貼って掲示するなど、カイココーナーを子どもと作る。
- ◎育てている野菜の生長に気づくように言葉かけをし、保育者も一緒に水やりを楽しむ。
- ◎カイコにやる桑の葉を採りに行く中で、ほかにもいろいろな植物があることを知り、桑の実などにもふれ、興味を抱けるようにしていく。

個別配慮

第1週
とおるくん：水に抵抗感を示すので、保護者と共有しながら無理のない取り組みをしていく。

家庭・地域・学校との連携

第2週
- 体調が悪くてプールに入れない時は、プールカードに理由を記入してもらうようお願いする。

「子どもの姿ベースのねらい●と内容◆」の「内容」は子どもの姿をもとに「幼児期の終わりまでに育ってほしい姿(10の姿)」を意識して作ります。10の姿のマークを入れました。

[健康][自立心][協同性][道徳・規範][社会生活][思考力][自然・生命][数量・図形・文字][言葉][感性・表現] ※マークの詳細はP9を参照

| 月のねらい | ❶友だちがしていることに興味をもち、一緒に遊ぶ楽しさやおもしろさを感じる。
❷飼育や栽培を通して生き物にふれ、興味・関心をもつ。
❸様々な水遊びを楽しみながら、水のおもしろさや感触を味わう。 | 健康・安全・食育の配慮 | ・栽培を通して、育てている野菜に興味をもつ。
・水分補給を自らできるよう声をかける。
・梅雨時の傘の扱い方、道の歩き方を確認する。 | 行事 | ・プール開き
・保育参加（参観）
・安全指導
・誕生会 |

第3週	第4週
◆栽培物の生長や変化に気づく。 自然・生命 ◆収穫して食べる。 健康	◆栽培物がなくなっている原因を話し合う。 自然・生命 言葉 ◆カッパ（カラス）除けを作る。 思考力 協同性
◆水を使った様々な遊びやプール遊びを楽しむ。 健康 道徳・規範	◆雨の日に、雨水にふれたり、観察したりする。 自然・生命 数量・図形・文字
個々の経験の違いやペースを保障する環境をつくろう ★プールでは、いろいろな水の楽しみ方ができるよう、様々な大きさのカップ、フープ、ボールなどを用意し、自由に楽しめるようにする。 ★プール遊びに抵抗のある子には、小さなビニールプールなど、ゆったりとそれぞれのペースで水にふれられるコーナーを用意する。 ◎水遊び、プール遊びの準備や片づけの手順をわかりやすく説明し、自分でしようとする意欲を支える。	**自ら試したり、気づける工夫をしてみよう** ★雨でも外遊びが楽しめるようにシートで屋根を張り、雨水が流れ落ちるところにカップを置いたり、雨水がたれる場所から雨樋をつないで雨水が流れていく様子を観察できるようにする。 ★戸外から帰ってきたら、自分で水分補給ができるように、水筒を取りやすい場所に置いておく。

> **実際の子どもの姿を大切に、予測や計画を見直す**
>
> 栽培物をカラスに取られているのを発見する子どもたち。こうした事件は、子どもたち同士で話し合ったり、対策を考えたりするチャンスになります。そこから、どんな活動や発想が生まれるかは、子どもたちに委ねることが大切です。

| 評価 (子どもを捉える視点・見通し) | ・友だちと一緒に遊んだり、友だちの姿から影響を受け合ったりしながら、共に遊ぶ楽しさやおもしろさを感じられているか。
・身近な自然に興味・関心をもってかかわっているか。 |

「月のねらい」は子どもの姿をもとに、資質・能力の3つの柱を意識して振り返りができるように作ります。本書では特に意識したいものに下線を入れています。
「知識・技能の基礎」………、「思考力・判断力・表現力等の基礎」―――、「学びに向かう力・人間性等」―――　※下線の詳細はP9を参照

6月の資料

4歳児

室内遊びと外遊び。飼育や栽培。それらは、それぞれで完結するわけではありません。子どもの興味・関心に注目すると、様々に広がりが見えてきます。

室内遊び　室内遊びと戸外遊びの連動

作ったもので遊ぶ。作ったものを戸外へ持ち出して遊ぶ。
その過程では、様々な楽しみ方や発見があり、
新たな遊びや友だち関係が生まれていきます。

動物ごっこから動物村作りへ

室内で盛り上がっていた、手作りお面をかぶっての動物ごっこ。子どもたちは、お面をつけて鳥になりきって園庭へ飛び出していきました。そして、「鳥の巣を作りたい」という声から、動物村作りへ発展していきます。

段ボールや布、枝など、様々な素材を用いて村を作っていく子どもたち。何が必要か、なんのために必要なのかを子どもたちと一緒に考えながら作っていきます。

段ボール、布などは、保護者に呼びかけ、集めました。

素材を自分たちの遊びに活かし、遊びのイメージが広がります。

船を作って、浮かべてみよう

保育室で船作りをし、戸外で浮かべてみました。ただ作るだけでなく、それを使って遊びたい。その過程では、どうしたら浮くのか、どうやったら進むのかなど、様々な問いが生まれ、子どもたちは相談し合います。そうした問いを探究するために必要な道具や場所は、子どもと一緒に整えていきます。

まずは、見た目にこだわる子どもたち。

浮かべてみたら、沈んでしまう。どうしてだろうと問いが生まれます。

もっと広いところで、やってみよう、ということで砂場へ。子ども同士で話し合い、イメージを共有していきます。

飼育・栽培 飼育・栽培から広がる興味・関心の世界

飼育や栽培を通して、子どもたちは様々なことを発見していきます。
その興味のもち方はそれぞれ異なりますし、いろいろなことにつながっていきます。
子どもたちがどんなことに興味・関心をもっているか、一緒にかかわりながら、捉えていきましょう。

カイコの飼育をめぐって

虫や生き物が大好きな子、触るのは嫌だけど興味がある子、とにかく苦手な子。子どもの思いは様々です。そんなそれぞれの思いに気がついたり、いろいろなかかわり方を生み出す工夫をすることで、子どもの興味・関心が広がっていきます。

子どもの興味のもち方は様々。えさを探しにいく子、カイコが何分で葉っぱを食べ終わるか時間を計る子、カイコについて調べ、観察する子など、いろいろなかかわり方があります。

カイコをかわいがり、飼育箱を掃除する子どもたち。

中には苦手な子も。「なんかくさそう」。でも、かいでみたら、くさくない。

今月の保育教材

光る廃材・素材
不必要になったCD-ROMやモールなど、カラス除けを子どもたちが作り出すことを想定して準備します。

図鑑
『図解 おもしろ子ども菜園 ―教室、ベランダ、軒先で』
竹村久生／著、橋本洋子／イラスト、農山漁村文化協会
子どもと一緒に身近にあるものを利用して楽しく野菜を育てるヒントが満載です。イラストを見ているだけでも楽しめます。

水やりに行ったら、キュウリが食べられている！ 一体だれに？ 話し合った結果、犯人は、カッパかカラスということに。

野菜の栽培をめぐって

野菜の栽培では、うまく育たないことも大事な経験。なぜうまくいかないのかを話し合い、家庭も巻き込んでアイデアを募り、試行錯誤しながら子どもたちなりに対策を考えていきます。

カラスの苦手なものを考え、作る子どもたち。

カラスにキュウリを食べてはいけないことを絵で伝えたい！ キュウリのイラストの横に×印を、ミミズのイラストに〇印を描いたポスター作り。

4歳児 7月の指導計画

前月末の子どもの姿

- キュウリの栽培を通して、野菜の生長に関心をもつとともに、カラス除けなどを作ることにも関心をもつ。
- 水遊びやプール遊びを楽しむ。
- 友だちとイメージを共有し、役割分担などを自分たちで考えて遊ぶ姿が見られる。

いざこざの経験も大切

遊びが盛り上がってくると、イメージのずれや意見の相違で子どもたち同士がぶつかり合うこともあるでしょう。ただ仲裁するのではなく、それぞれが自分の考えや思いを表現できるように配慮しましょう。

子どもの姿ベースのねらい●と内容◆

第1週
- ❶ 友だちと思いや意見を伝え合い、遊びを進めようとする。
- ◆ お店屋さんごっこなどに必要なものを自分たちで作り、イメージを共有して遊ぶことを楽しむ。 協同性 社会生活 感性・表現
- ❸ この時期ならではの水遊びやプール遊び、虫捕りを楽しむ。
- ◆ 水を使った様々な遊びやプール遊びを楽しむ。 自然・生命
- ◆ 遊びながら、ものの貸し借りの仕方や順番などを知る。 道徳・規範 協同性

第2週
- ❷ 季節の行事に興味・関心をもって参加する。
- ◆ 友だちと保育者と一緒に盆踊りの練習を楽しみ、夕涼み会当日を楽しみにする。 自立心 協同性

環境構成★・保育者の配慮◎

第1週 個々の興味・関心、状況を把握しよう
- ★ 先月に続き、プール遊びでは、いろいろな遊び方、参加の仕方が可能になるようにする。
- ★ プールに慣れてきたので、子どもと一緒に、約束事をより丁寧に確認する時間をつくる。
- ◎ 子どもと一緒に遊びながら、それぞれの子どもがどんなことに興味をもち、どんな発見や問いを生み出しているのかということに関心を寄せる。
- ◎ 道具を共有して使うことができるよう、ものの貸し借りや順番などについて子どもと一緒に考え、待つことや譲ることの意味を丁寧に伝える。

第2週 自分たちでやりたい時にできる環境構成を
- ★ 遊びの中で、盆踊りを踊る機会をつくる。
- ★ 踊りたい時に自由に自分たちで踊れるようにCDプレーヤーを用意し、スペースを確保する。
- ◎ 友だちがやっていることに気がつけるような声かけをしたり、保育者も一緒に踊って楽しい雰囲気をつくる。

個別配慮

さとしくん：友だちへの関心が増しているが、言葉が足りず、トラブルにつながりやすいため、一緒に遊びながら思いを伝える援助をする。

家庭・地域・学校との連携

- 夕涼み会は地域の人にも来てもらえるようにポスターを掲示し、ホームページなどでも告知する。

| 月のねらい | ❶友だちと思いや意見を伝え合い、遊びを進めようとする。
❷季節の行事に興味・関心をもって参加する。
❸この時期ならではの水遊びやプール遊び、虫捕りを楽しむ。 | 健康・安全・食育の配慮 | ・汗をかいた時は着替えをし、こまめに水分補給をする。
・水遊びやプール遊びにおける約束事を子どもと共に確認し合う。
・自分たちで育てた野菜などを収穫して喜びを味わう。 | 行事 | ・夕涼み会
・スイカ割り
・大掃除
・誕生会 |

第3週	第4週
	◆友だちや保育者と一緒に、保育室や身の回りの整理や掃除をする。協同性 道徳・規範 社会生活
◆夕涼み会当日は、模擬店で買い物を楽しむ。社会生活 ◆浴衣や甚平などを着て、夕涼み会の雰囲気を楽しむ。社会生活 ◆夕涼み会の模擬店を再現し、品物や店に必要なものを作ることを楽しむ。社会生活 言葉 数量・図形・文字 協同性	
	◆虫などの生き物に興味をもち、虫探しをする。自然・生命 協同性 ◆捕まえた生き物を観察し、図鑑などで調べる。自然・生命 言葉
行事での経験を活かした環境構成を ★夕涼み会の模擬店を再現するために子どもが使いそうな素材や道具を準備しておく。 ★友だちのやっている遊びを見て、自分もやってみようと思い、遊びのイメージが膨らむよう、子どもたちから見やすい場所に「夕涼み会コーナー」を設置する。 ◎夕涼み会当日は、保育者も子どもたちと一緒に盆踊りを踊り、雰囲気を楽しむ。 ◎夕涼み会で楽しかったことについて話し合い、一緒に思い出を振り返る。 ◎子どもたちのつぶやきや会話を拾い、興味のある模擬店や品物を一緒に製作し、夕涼み会のお店を再現して楽しめるようにする。	**身近な生き物とかかわる機会をつくろう** ★図鑑や虫に関する絵本などを用意し、捕まえた虫を調べられるようにする。 ◎捕まえた生き物をどうするか子どもと相談する。育てる場合は育て方を図鑑などで調べ、生き物に最適な環境を子どもと一緒に考え、つくっていくようにする。 ◎生き物にあまり興味のない子も、気が向いた時に観察できるようにし、帰りの会などで、クラス全員で観察する機会をつくる。
評価（子どもを捉える視点・見通し）	・夕涼み会などの共通の体験をその後の個々の遊びにつなげ、友だちと共有して遊びを深め、楽しむことができたか。 ・水や生き物などとのふれ合いを通して、興味・関心を深めていたか。

行事から遊びが生まれることも

夕涼み会などの後には、子どもたちが行事を再現する姿が見られます。行事の準備だけでなく、終わった後の子どもの興味・関心にも注目してみましょう。

テーマごとにコーナーを作る

絵本コーナーとは別に、飼育ケースの側に図鑑や虫に関する絵本を用意することで、ただ虫に触るだけでなく、多様なかかわりが生まれやすくなります。

「月のねらい」は子どもの姿をもとに、資質・能力の3つの柱を意識して振り返りができるように作ります。本書では特に意識したいものに下線を入れています。「知識・技能の基礎」………、「思考力・判断力・表現力等の基礎」────、「学びに向かう力・人間性等」──── ※下線の詳細はP9を参照

7月の資料

4歳児

子どもたちが経験したことを子どもや保護者と共有していくことで、新たな遊びや関係が生まれます。

行事と遊び

行事から遊びが生まれる

行事に向かうプロセスはもちろん大切ですが、終わった後の取り組みも大切です。
行事を体験したことで様々な遊びが広がっていきます。
それぞれの子どもの興味・関心の違いも大切にしていきましょう。

夕涼み会の余韻から

保育者、保護者、地域の人たちと共に楽しんだ夕涼み会。その余韻から、様々なお店屋さんごっこが始まりました。特に盛り上がっているのは、焼きそば屋さんです。

夕涼み会という同じ「体験」をしても、何が心に残るかは、子どもによって違います。互いに影響を与え合いながら、自分が心に残ったものを、遊びの中で再現していく姿が見られました。そこには、その子らしさが表れています。それぞれの興味・関心を子どもたちと共有することが、互いの「よさ」を発見し合い、新たな関係や遊びが生まれるきっかけになります。

買い物をしたり、ゲームをしたり、一緒に踊ったりと楽しいひと時を過ごした夕涼み会。

子どもたちに特に人気だったのが「おやじの会」(父親の会)特製の焼きそば。

父親たちがしていたハチマキも再現。焼きそばを作ります。

子どもたちの印象に残ったのが、焼きそばを焼く大きな鉄板。まずは鉄板を作ります。

今月の保育教材

絵本

『空の絵本』長田弘／作、荒井良二／絵、講談社
雨が降り、激しくなり、そして止む。そんな当たり前の風景の中に、自然の様々な表情や素晴らしさがあることを垣間見ることができます。新たな子どもの探究を生み出すきっかけになるかもしれません。

フランクフルト屋さん、綿菓子屋さんなど、ほかにも様々なお店が登場します。

2歳児クラスなど年下の子どもたちが買いに来てくれました。

保育の可視化
園での様子を発信し、それぞれの生活に活かす

園で起きていることは、外からは意外と見えにくいものです。見えにくいのは、子どもの姿だけでなく、保育者の思いも同じです。写真やそれに文章を添えて、園内の出来事や子どもたちの姿（学び）を「見える化」し、保護者と共に子どもの育ちや学びを喜び、支え合う関係をつくってみましょう。

ドキュメンテーション作り

子どもたちが、今、何に興味・関心をもち、どんなことに取り組み、どんな育ちが見て取れるのか、写真に文章を添えたドキュメンテーションで「見える化」してみましょう。

保護者は、子どもたちの活動のプロセスやそこで子どもが経験していること（「学び」や「育ち」）を知ることで、保育者の意図を理解し、活動へ興味が高まり、積極的に保育に参加するようになります。また、家庭でも活動内容が話題になったり、休日、活動に関連する場所に外出するなど、園と家庭との生活が連動していきます。

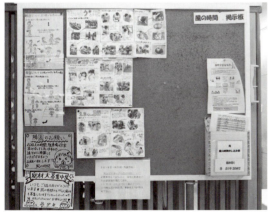

保護者が送迎時に見やすい場所に掲示しています。また、内容に関連して、廃材を募集するなど、保護者と共に子どもの遊びや育ちを支える仕組みの1つになっています。

上記のドキュメンテーションは、先月から続いている「キュウリが食べられちゃった事件」の様子を伝えるもの。

親子で見たり、子ども同士で見たり、それぞれの生活に活かす姿が見られます。

4歳児 8月の指導計画

前月末の子どもの姿
- 友だちと思いや意見を伝え合い、遊びを進めようとする姿が見られる。
- 水遊びやプール遊び、虫捕りを楽しんでいる。
- 自分のやりたいことや言いたいことが伝わらず、友だちとぶつかることがある。

夏季保育だからこそできることを

いつもと違うメンバー、人数だからこそできる遊びがあります。夏季保育は、子どもたちの新たな出会いの時とし、一緒に遊ぶことを楽しむ工夫をしてみましょう。

散歩の行き先を子どもたちが決める

子どもの興味・関心に即して、散歩でどこに出かけるか子どもたちと話し合って決め、子どもたち自身が目的をもって散歩に出かけられる工夫をしてみましょう。

子どもの姿ベースのねらい●と内容◆

第1週

❶ 夏の自然に興味・関心をもち、自分たちなりに調べることを楽しむ。
◆ カマキリやセミ、クワガタやカブトムシなどの虫捕りと飼育を通して、生き物の生態に興味・関心をもつ。 [自然・生命] [思考力]
◆ クワガタやカブトムシを捕るための仕掛けを作る。 [自然・生命] [思考力] [協同性]

第2週

❷ 少人数や異年齢でのかかわりを楽しみ、友だちと一緒に遊ぶ楽しさを味わう。
◆ 自分の知っていることを伝え合い、わからないことは聞き合いながら、一緒に遊ぶことを楽しむ。 [言葉]
◆ 少人数だからこそできる遊びを、友だちや保育者とじっくりと楽しむ。 [協同性] [自立心]
◆ 全身を使ってダイナミックにプールで遊び、いかだ作り、水路作りを楽しむ。 [思考力] [協同性]

環境構成★・保育者の配慮◎

第1週：散歩や集まりの内容を子どもの興味・関心に即したものに
★ 近所の公園や草むらに、虫探しに行く機会をつくる。
◎ 生き物にあまり興味のない子も、気が向いた時に観察できるようにし、帰りの会などで、クラス全体でも見たり、観察する機会をつくったりする。
◎ 生き物の死に直面した時、お墓などを作り、命についてふれ、大切さを共有する。

第2週：子ども同士が影響を与え合える工夫をしよう
★ これまでの経験を活かして様々な遊びが展開できるよう、素材や廃材を準備する。
◎ 園外で経験したことを、子ども同士が安心して伝え合うことができるように配慮する。
◎ 普段とは違う仲間関係や遊びに、戸惑う様子が見られる子どもに配慮する。

個別配慮

ゆかちゃん：虫などの生き物に興味はあるものの、ふれたり近くで見ることに不安がある様子。無理強いせず、ゆかちゃんのペースでかかわるように配慮する。

家庭・地域・学校との連携

・夏休みなどで欠席が続いた後は、家庭での様子、園での様子を互いに伝え合い、それぞれでの生活に活かせるようにしていく。

100　「子どもの姿ベースのねらい●と内容◆」の「内容」は子どもの姿をもとに「幼児期の終わりまでに育ってほしい姿(10の姿)」を意識して作ります。10の姿のマークを入れました。
[健康] [自立心] [協同性] [道徳・規範] [社会生活] [思考力] [自然・生命] [数量・図形・文字] [言葉] [感性・表現]　※マークの詳細はP9を参照

月のねらい	❶夏の自然に興味・関心をもち、自分たちなりに調べることを楽しむ。 ❷少人数や異年齢でのかかわりを楽しみ、友だちと一緒に遊ぶ楽しさを味わう。 ❸友だちと喜びを共有することを楽しむ。	健康・安全・食育の配慮 ・室内外を問わず、熱中症が起こりうることに留意し、暑さや紫外線対策をするとともに、十分な休息と水分補給をする。 ・水に慣れてダイナミックに遊ぶ姿が見られるので、けがや事故が起こらないようルールを確認し、安全に楽しめるようにする。	行事 ・夏季保育 ・誕生会

第3週	第4週	夏休みの経験から遊びが生まれる
◆星座を調べたり、絵に描いたりすることを楽しむ。 自然・生命 感性・表現 ◆夏に見える星座を図鑑で調べ、星に名前があることを知る。 思考力 言葉 ◆台風や夕立など、夏の自然現象に興味をもち、疑問に思ったことや見たことを調べて楽しむ。 自然・生命 協同性	❸友だちと喜びを共有することを楽しむ。 ◆夏休み中の楽しかった経験を、友だちや保育者と伝え合うことを楽しむ。 言葉 ◆夏休み中に経験したことをもとに、新たな遊びを生み出そうとする。 思考力 社会生活	それぞれの夏休みの経験が、園内での遊びにも活きてきます。子どもたちのつぶやきや子どもたち自身が伝え合う機会をつくってみましょう。
子どもたちの「やりたい」「知りたい」を大事にしよう ★星座や宇宙について詳しく調べられるよう図鑑や、星座早見表を用意する。 ★子どもたちと話し合いながら、描いた星座を飾る。暗い空間を作るための素材を準備しつつ、子どもたちに委ねる。 ◎自分たちが「やりたい」遊びを実現していくために、必要なものを考える機会を保障する。	**集まりの内容を工夫してみよう** ★夏の思い出を振り返って、発表する時間を設ける。 ◎夏休みの経験が、新たな遊びに発展することを予想し、それぞれの経験を丁寧に聞き、思いを受け止めていく。	

評価（子どもを捉える視点・見通し）
・夏の自然に興味・関心をもち、自分たちなりに調べることを楽しめたか。
・少人数や異年齢でのかかわりを楽しみ、友だちと一緒に遊ぶ楽しさを味わえたか。

「月のねらい」は子どもの姿をもとに、資質・能力の3つの柱を意識して振り返りができるように作ります。本書では特に意識したいものに下線を入れています。
「知識・技能の基礎」・・・・・・、「思考力・判断力・表現力等の基礎」― ― ―、「学びに向かう力・人間性等」＿＿＿　　※下線の詳細はP9を参照

8月の資料

4歳児

夏季保育や1つの学期が終わったこの時期だからこそ、できることがあります。季節の遊びを取り入れたり、これまでの子どもの様子や育ちを職員間で振り返ってみましょう。

季節 夏ならではの遊びを楽しむ

この時期だからこそできること、生まれる遊びがあります。
そのいくつかを紹介します。

夏の味覚を味わうスイカ割り

　園で育てたスイカを収穫し、いつも水遊びに使っているビニールプールにスイカを浮かべ、冷えるのを心待ちにする子どもたち。そして、スイカ割り。自分たちで育て、自分たちで割ることを楽しみ、そして食べる。その味は格別です。
　スイカを冷やすことに興味をもつ子。割ることや割り方を楽しむ子。食べることを楽しむ子。いろいろな楽しみ方がありました。そして、自分たちで廃材を使ってスイカを作り、スイカ割りごっこも始まりました。

いつもは遊びに使っているビニールプールにスイカを浮かべると、「早く食べた〜い」「スイカ水族館」など、いろいろなつぶやきが聞こえてきます。

「もうちょっと前」「そこそこ」などいろいろな応援の声が飛びます。

みんなで力を合わせて割ったスイカの味は、もちろん美味。

水・泥遊び

　夕涼み会で使ったやぐらを残しておくと、雨樋を使って、水路を作ることを楽しみ始めた子どもたち。微妙な角度調整をしたり、流れてきた水を汲み上げるための滑車を作ったり、それをシャワーにしたりと、夏ならではの水・泥遊びを楽しみます。

泥の感触を味わう時は、いつもと違った表情を見せてくれます。

虫捕りと飼育

　どんなところにどんな虫がいるか、その虫を飼育するためには何が必要か、子どもたち同士で相談していきます。

虫を見つけると、触れない子は、触れる友だちを呼びに行きます。

図鑑を参考に、バッタの家作り。

ドキュメンテーション
子どもの姿を振り返り、予測しよう

4月から始まった新年度もあっという間に4か月が過ぎました。子どもたちがどんな経験をしてきて、どんな能力を育んでいるのかを保育者同士で振り返り、今後の保育に活かします。

日常の記録物（ドキュメンテーション）などをもとに子どもの姿を振り返る

「10の姿」は、遊びや生活の中の、一見見えにくい育ちや学びを発信するツールであり、子どもの育ちや学びを振り返る視点です。そして、仲間と共に振り返る際には、対話を促進するツールにもなります。期ごとにまとめて子どもの育ちや学びを仲間と共に振り返ることで、子どもの姿から計画を立案することが可能になり、具体的な援助や環境構成などについてのアイデアを創出することが可能になります。

どこにどんな育ちを見取ったか、10の姿を書いた付箋を貼ったり、振り返ったりすることで、同じ場面でも、違った育ちを見取ることが可能になり、より多角的に子どもの姿を捉え、援助を考えることができます。

新たに資料を用意するのではなく、保育者が日々記してきた記録物をもとに話し合うことで、負担感を減らすことができます。

保育ウェブなどを用いて、子どもの興味・関心から今後どんな遊びが展開されそうか予測し、必要な環境構成などを考えていきます。

記録物をコピーして、大判のスケッチブックに貼って話し合いを進めることで、このスケッチブックそのものに、自分たちの研修や会議の履歴が残り、その都度参照しやすくなります。

今後どのように遊びが展開されるかを予測し、援助や環境構成などのポイントを簡潔にまとめます。聞いている人が代わる代わる書き込んでいきます。

今月の保育教材

図鑑
『昆虫 学研の図鑑ライブポケット』
岡島秀治／監修、学研プラス

身近によく見られる昆虫を写真で掲載したポケットサイズの昆虫図鑑。特徴や近似種との見分け方などもわかりやすく解説されています。持ち運びしやすいので、図鑑を持って散歩に出かけてみては。

4歳児 9月の指導計画

前月末の子どもの姿
・夏の自然に興味・関心をもち、自分たちなりに調べることを楽しんでいる姿が見られる。
・少人数や異年齢でのかかわりを楽しみ、新たな友だち関係が生まれている。
・友だちと喜びを共有することを楽しむ姿が見られる。

子どもの友だちを見る目を感じる

友だちが経験したことや、友だちが楽しんでいる遊びへの興味の示し方は、子どもによって違います。子どもの「おもしろそう」「やってみたい」という思いを大事にしながら、その子のペースでかかわれるようにしていくことが大切です。

どんな経験を、遊びに活かしているかに注目する

遊びはふとしたことがきっかけとなって、盛り上がったり、再燃したりするものです。子どもたちは以前に自分が経験したことを、遊びに取り入れていきます。どのような経験を遊びに活かしているのかに注目することで、援助や環境構成のポイントが見えてきます。

子どもの姿ベースのねらい●と内容◆

第1週
❶やりたい遊び、遊びたい仲間を見つけながら、園生活のリズムを取り戻す。
◆友だちや保育者と一緒に好きな遊びを見つけ、楽しむ。 (自立心)(思考力)
◆集まりの時間に楽しさを感じる。 (道徳・規範)(協同性)
❷夏に経験したことを友だちや保育者と再現し、共有しながら楽しむ。
◆夏に経験したことを自分の言葉で話したり、聞いたりすることを楽しむ。 (言葉)(協同性)

第2週
◆夏の経験から、興味・関心のあることを再現して遊ぶ(テント作り、プラネタリウム作り、化石発掘・博物館ごっこなど)。 (感性・表現)(思考力)(協同性)

環境構成★・保育者の配慮◎

第1週：個々の夏の経験を活かして工夫しよう
★夏の思い出を振り返って発表する時間を設けたり、夏休み帳の思い出のページを子どもの目線の高さに飾り、友だちや保育者との話題になるようにする。
★8月後半から始まった星座や宇宙への興味・関心を深め、広げるコーナーを作る。
◎夏休みの経験が、新たな遊びに発展することを予想し、それぞれの経験を丁寧に聞き、思いを受け止めていく。
◎久しぶりの登園に緊張している子どもがいるので、夏休みの話を聞いたり、その子の成長を受けとめたりして、子どもたちが安心して園生活のリズムを取り戻せるようにする。
◎友だちと一緒に遊ぶ中で、子どもたちが何に興味を示しているか丁寧に見ていく。

第2週：子どもの取り組みを可視化しよう
★子どもたちの遊びに関連する写真や作品などを子どもの目線の高さに掲示する。
◎テントやプラネタリウムなど、子どもが経験したことのないことは、イメージをもちやすくし、遊びに参加しやすい環境を整える。

個別配慮

りょうたくん：夏休み明けから、登園を渋る姿が見られる。安心して園生活のリズムを取り戻せるよう個別に丁寧にかかわるようにする。

家庭・学校・地域との連携

・夏休み帳の思い出ページに写真などを貼って、提出してもらう。

月のねらい	❶やりたい遊び、遊びたい仲間を見つけながら、園生活のリズムを取り戻す。 ❷夏に経験したことを友だちや保育者と再現し、共有しながら楽しむ。 ❸季節の移り変わりを感じながら、秋の自然や気候に親しむ。
健康・安全・食育の配慮	・お月見の由来を知り、お月見だんごを実際に作って食べたり、飾ったりする。 ・夏の疲れ、寒暖の差などによって体調を崩す子どももいるので、体調の変化に配慮する。 ・戸外遊びなどで、遊び方がダイナミックになってきているので、遊具の使い方に注意を払い、安全に遊べるようにする。
行事	・お月見 ・敬老の日 ・誕生会

第3週	第4週
◆友だちや保育者と協力しながら、自分のイメージを伝え合い、再現することを楽しむ。 言葉 思考力 協同性	◆友だちと協力して遊ぶことの楽しさを実感し、遊び込むことで達成感を得る。 自立心 健康 ❸季節の移り変わりを感じながら、秋の自然や気候に親しむ。 ◆戸外で遊ぶ中で、気温の変化や木の実や葉っぱの色の変化に気づき、落ち葉を集めたり、拾ったりする。 自然・生命 思考力
結果だけでなく、過程を可視化しよう ★ホワイトボードなどを設置し、子どもたちが相談したことを書き込み、共有できるようにする。 ◎子どもがやってみようとする姿を見守りながらも、子どもが援助を求めた際には、一緒に考え、子どもたちのアイデアやイメージを形にできるようにする。	**子ども同士で考え、決める機会をつくろう** ★運動会で行う種目をめぐって話し合いの機会をもつ。 ★目的をもって散歩に出かけ、様々な発見を楽しみながら秋を感じられるようにする。 ◎クラスで行う種目の内容を理解し、作戦を立てて種目を楽しめるようにする。 ◎近隣の公園の地図を用意し、どのルートを歩くのか、どんなものを探したいのかなどを話し合って決める。散歩に地図を持参し、歩いたルートを書き込んだり、発見したことを記録できるようにする。 ◎秋の訪れを感じられるよう、子どもの目線やペースに合わせて歩き、興味のある場所でじっくり観察できるようにする。

保育者自身も発見を楽しむ

散歩に出かける前に、保育者自身も秋の植物や虫などについて調べておくとよいでしょう。調べるのは、事前にすべて把握し、子どもの問いに答えるためではありません。子どもたちがどんなことに問いをもち、どんな発見を楽しみそうかを予測し、一緒に発見を楽しむための準備です。

評価（子どもを捉える視点・見通し）	・やりたい遊び、遊びたい仲間を見つけ、夏に経験したことを友だちや保育者と再現し、共有しながら楽しむことができたか。 ・季節の移り変わりを感じながら、秋の自然や気候に親しむことができたか。

4歳児 9月の資料

子ども一人ひとりが夏休みに経験したことを掲示すると、それに関する遊びが、クラスに広がっていきます。そのための工夫をいくつか紹介します。

環境構成　子どもの取り組んでいることを可視化する

壁面に子どもの作品を飾るスペースをつくるなど、子どもの興味・関心に合わせて環境を再構成すると、遊びがより深まり、広がっていきます。

子どもの遊びを支える壁面の工夫

子どもたちが取り組んでいることを写真などを用いて可視化することで、友だちとの「対話」が生まれるきっかけになります。友だちの遊びへの気づきが生まれ、新たな興味につながります。

また、掲示すると、取り組んでいる本人たちも、内容を確認したり、その履歴をたどることができ、活動への興味・関心を支えたり、新たな問いを生み出すことにつながります。

夏休みにキャンプに行った子どもの話から始まったテント作り。写真を掲示することで、キャンプに行ったことがない子どもでもイメージしやすくなります。

クラスで話題になっていることを可視化

クラスで話題になっていることをまとめて貼り出します。可視化することで、クラスに一体感が生まれます。

触っていい虫と触ると危険な虫をまとめて掲示。「ミミズみたいだけど、ちょっと違う」「どこが違う？」。そんな問いや情報を可視化して共有します。

八百屋さんに散歩に出かけた際のドキュメンテーション。ドキュメンテーションは、子どもにとって遊びの資源になります。

家庭から持ち寄った「夏休み帳」を掲示。家庭からのドキュメンテーションとも言え、これをきっかけにして、化石発掘ごっこ（右ページ参照）が始まります。

散歩 — 遊びに即して散歩に出かける

子どもたちが興味をもっている遊びに即して、散歩の行き先や目的を子どもたちと一緒に考えることで、新たな遊びが生まれたり、遊びをより充実させることにつながります。

化石を探しに出かけてみたら

1人の子が夏休みに家族で恐竜博物館に行って化石発掘を体験したことがきっかけで、化石探しをしたいということに。そこで、公園に探しに行きました。拾ってきた石や枝を素材として博物館ごっこが始まります。

公園から戻ったら、早速展示物を作り始める子どもたち。1人の子どもの経験が、友だちに広がり、そのイメージを実現するきっかけになったのが散歩でした。さらに必要なものを集めるためにどこに散歩に行くかを話し合い、遊びに活かしていきます。

近隣の公園での遊びをまとめたお散歩マップ。保護者にも好評です。

夏休み中に化石発掘に出かけた友だちのアドバイスをもとに、様々な石を集めます。

化石発掘から、博物館に行ったことのある子どもが触発され、イメージが湧き、はく製や骨の標本作りも始まります。

枝と廃材を組み合わせ、トナカイのはく製作り。

拾った石や木片を化石に見立てて展示します。

博物館コーナーを部屋の一角に設けることで、チケットを作る子どもや看板を作る子どもなどいろいろな参加が可能になりました。

今月の保育教材

図鑑

『ほんとのおおきさ恐竜博』真鍋 真／監修、Tyler Keillor・徳川広和／造形、いずもり・よう／絵、川嶋隆義／写真、寒竹孝子／文、学研プラス

「実物大」の恐竜が目の前に広がり、その大きさを実感できる大胆でユニークな図鑑。実物大の恐竜の骨格を作る子どもたちに大人気。

107

4歳児 10月の指導計画

前月末の子どもの姿
- テント作りやプラネタリウム作り、化石発掘・博物館ごっこなど、夏休み中に経験したことを、遊びの中に取り入れ、友だちや保育者と楽しむ姿が見られる。
- 個人の経験や園の行事での経験を日常の遊びに取り入れる姿が見られる。
- 運動会を楽しみにする姿が見られる。

行事は、だれのため、なんのため？

運動会の出し物が、見栄えにとらわれすぎたり、練習ばかりになったりしていませんか。子どもたちが出る種目は、日常の遊びをもとにした、多様な参加ができる内容にすることも大切です。

個々の子どものよさが活きるように

目標に向かって協力するといっても、参加の仕方は1つではありません。個々の子どものペースやよさが認められるような目標や内容の設定が重要になります。

	第1週	第2週
子どもの姿ベースのねらい●と内容◆	❶目標に向かって友だちと協力して取り組み、達成感を味わう。 ◆運動会に向けて種目を楽しむ。 [協同性] [道徳・規範] ◆運動会の流れを知る。 [社会生活] [自立心]	❷友だちとイメージを膨らませて様々な素材を試し、作ることを楽しむ。 ◆運動会の種目に必要な道具などを作ることを楽しむ。 [思考力] [協同性] ◆プラネタリウム作りや博物館ごっこを楽しむ。 [思考力] [数量・図形・文字] [社会生活]
環境構成★・保育者の配慮◎	**子どもたちが主役になるよう工夫する** ★運動会の種目について、作戦を立てたり、どんな踊りにしたいかを話したりする機会をつくる。 ◎運動会の種目は、日常の遊びの1つとして取り入れ、友だちと協力して楽しめるように配慮する。 ◎子どもたちから出た意見を、ホワイトボードなどにその都度書き足していく。	**子どものやりたい気持ちや工夫を活かそう** ★振り付けを考えたり、踊ったりしたい子どもたちが自由に曲をかけられるようにCDプレーヤーを用意する。 ★工作で盛り上がっている子どもたちのために、廃材や素材の種類を増やす。 ◎自分たちの好きなタイミングで曲がかけられるよう、CDプレーヤーの使い方を集まりの時に伝える。 ◎友だちやほかの学年にも見てもらえるように、体を十分に動かせるスペースと観客席になるような場所を確保する。
個別配慮	りょうすけくん：人前に出て何かをすることに不安や緊張する姿が見られる。りょうすけくん自身が楽しめるように、りょうすけくんなりにやっていることを認めていくようにする。	
家庭・地域・学校との連携		・運動会などの行事では、園だよりやドキュメンテーションなどで、ねらいやそこへ向かっていく過程を伝え、主旨を共有した上で見に来てもらえるようにする。 ・近隣に運動会のポスターを貼り、地域に開催することを周知する。

108　「子どもの姿ベースのねらい●と内容◆」の「内容」は子どもの姿をもとに「幼児期の終わりまでに育ってほしい姿（10の姿）」を意識して作ります。10の姿のマークを入れました。
[健康] [自立心] [協同性] [道徳・規範] [社会生活] [思考力] [自然・生命] [数量・図形・文字] [言葉] [感性・表現]　※マークの詳細はP9を参照

月のねらい	❶目標に向かって友だちと協力して取り組み、達成感を味わう。 ❷友だちとイメージを膨らませて様々な素材を試し、作ることを楽しむ。 ❸栽培物の収穫などを通して、身近な自然に興味をもち、秋の実りを喜び、味わう。	健康・安全・食育の配慮 |・戸外で思い切り体を動かして遊ぶことで、健康な体を保っていく。 ・園外に出る際は、公共の場だということを丁寧に伝え、ルールやマナーがあることを知らせていく。 ・自分で掘ったサツマイモを食べることで、食への興味・関心を高め、感謝の気持ちをもてるようにする。| 行事 |・運動会 ・サツマイモ掘り ・焼きイモ ・誕生会

第3週	第4週
◆運動会に参加して楽しむ。 協同性　自立心　道徳・規範	
◆植物を使った色水遊びや泥だんご作りなどを楽しむ。 自然・生命　思考力	❸栽培物の収穫などを通して、身近な自然に興味をもち、秋の実りを喜び、味わう。 ◆サツマイモの世話や収穫をして、食べる。 自然・生命　健康
子どもと一緒に楽しもう ◉運動会当日は、子どもたちが種目を楽しめるように、保育者も一緒に踊る。また、その中で感じたことを言葉にして伝えていく。 ◉運動会後は、一人ひとりの姿を認めたり、友だちと協力して取り組んできたことを振り返って話し合ったりし、達成感を味わえるようにする。 ◉色水遊びや泥だんご作りなどを通して生まれた子どもたちの問いや発見を大事にする。	**家庭と一緒に楽しむ工夫をしよう** ★サツマイモの収穫に向け、畑の雑草を抜くなど、自分たちで進んで手入れができるようにする。 ★種まきから収穫までの経緯を振り返ることができるように写真などを掲示する。 ★各家庭から持ち寄ったサツマイモのレシピを紹介したり、掲示したりする。 ◉子どもと一緒にサツマイモ掘りを楽しむ。 ◉サツマイモ掘りや食べることを通して、収穫の秋、実りの秋の喜びを共有する。
評価〈子どもを捉える視点・見通し〉	・友だちと共有した目標やイメージに向かって協力して取り組み、達成感を味わうことができたか。 ・栽培物の収穫などを通して、身近な自然に興味をもち、秋の実りを喜び、味わうことができたか。

日々の子どもの姿の「見える化」が重要

日々の子どもの姿を見える化し、園の保育の意図を伝えるとともに、保護者が多様な形で参加できる機会を保障していくことで、子どもの成長を感じ、喜び合う機会が生まれます。

「月のねらい」は子どもの姿をもとに、資質・能力の3つの柱を意識して振り返りができるように作ります。本書では特に意識したいものに下線を入れています。「知識・技能の基礎」　　　、「思考力・判断力・表現力等の基礎」　　　、「学びに向かう力・人間性等」　　　　※下線の詳細はP9を参照

10月の資料

4歳児

同じ遊びでも、これまでの経験を活かす姿が見られます。
遊びながら、子どもたちはいろいろな発見をしていきます。

行事　子どもの遊びが土台となる運動会の種目

運動会の種目の内容を、子どもの遊びや生活をもとにしたものにするための工夫を紹介します。

作ること、運ぶことを取り入れた種目に

作って遊ぶことが大好きなクラスなので、箱を台車に乗せ、相手クラスの妨害に耐え、箱を落とさないように運ぶ競技を行うことになりました。

運動会を日常の子どもの遊びをもとにしたものにするために、その年ごとに子どもたちの間で流行っている遊びに注目し、それを活かす形で毎年種目を変えている園があります。あるいは、意識的に「運動会」という名称を「プレイデー」などに変え、保護者と一緒に遊びや競技を楽しむなど保護者参加型にしている園もあります。種目の内容や数を見直すと、日常の子どもの遊びをもとにしたものへと少しは変えることができるはずです。そして、日々の子どもの姿を「見える化」していけば、十分子どもの成長を感じたり、喜び合う機会になるでしょう。なんのために運動会をやるのか、本当に今のやり方でよいのか、この機会に話し合い、見直してみませんか。運動会が、日常の子どもの遊びや生活の営みの中に位置づけられていく時、本当の意味で、子どもが主役の行事になるのかもしれません。

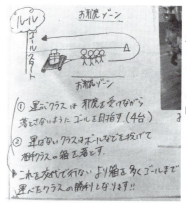

ドキュメンテーションでは、どんな種目なのか、なぜこの種目になったのか、どんな様子で取り組んでいるのかを保護者に随時紹介します。

弓矢やパチンコを作って相手クラスの箱を落とす作戦を思いつく。

大きな玉を作って落とすことを思いつき、協力しての玉作り。

作った大きな玉。でも、投げるのが難しい。そこで、話し合いの結果、ボール投げが得意な子が大きな玉を担当することに。早速練習します。

できるだけラインぎりぎりに台車を引っ張ったほうが当てられにくいことを発見。

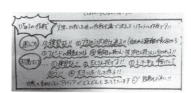

集まりや帰りの会で、作戦会議を開き、その過程や内容もドキュメンテーションを通して保護者と共有していきます。

今月の保育教材

図鑑
『ひろってうれしい　知ってたのしい　どんぐりノート』いわさゆうこ・大滝玲子／作、文化出版局
まるごと「どんぐり」の本です。どんぐりの種類はもちろん、遊び方から食べ方まで紹介されており、子どもの興味・関心をくすぐります。

| 自然 | # 身近な自然を活かした実験遊び

4月からくり返し行ってきた自然物を使った遊び。子どもたちは、自分たちが経験してきたことをもとに、仲間と協力したり、新たな挑戦を試みたりしていきます。

落ち葉流し

この時期、たくさんの葉が落ちます。園庭の落ち葉を残しておくことで、子どもたちの遊びが始まりました。落ち葉を掃かずに残しておくことも環境構成の1つと言えるかもしれません。

落ち葉をタライに集めて、「落ち葉風呂にしたい！」。

落ち葉を流そう。でも、うまく流れない。

水の力で落ち葉を流してみよう。予想以上に勢いよく流れる落ち葉。そして、流れて溜まった落ち葉と水の感触と色を発見します。

「この本にある葉っぱの色水を作りたい！」。

早速仲間を誘い、園庭へ。いろいろな葉っぱで色水作りを試します。

葉っぱで色水作り

これまでも楽しんできた色水遊び。でも、今までと楽しみ方が少し違います。どの植物からどんな色が出るのかを友だちと試し、新たな発見を共有することを楽しんでいます。

どの葉っぱからどんな色が出るか教え合っては、集めにいきます。

さらにネバネバする葉っぱを発見。色のついた水とネバネバを分けることに挑戦。

大きい泥だんごを作りたい

遊びは、子どもの「やりたい」という気持ちから始まります。そして、遊び込んでいく中で、様々な問いや発見が生まれます。また、一緒に遊び込んでいく中で、子ども同士が互いのよさを発見し、そのよさを自分たちの遊びに活かす姿が見られます。

「大きい泥だんごを作りたい！」と、いつもより泥を多く集め、こね始めます。でも、これは1人では無理。そこで、仲間を呼びます。

友だちも一緒に作ります。

何日もかけて交代で磨いていきます。

泥だんご作りが得意な子に助けを求め、食品用ラップで巻いて保存することに。

子どもたちの頭くらいの大きさの泥だんごです。

111

4歳児 11月の指導計画

前月末の子どもの姿
- 大きな泥だんごを作りたい、葉っぱでいろいろな色水を作りたいなど、友だちと共有した目標やイメージに向かって協力して取り組む姿が見られる。
- 遊ぶ中で互いのよさを見つけ、遊びに活かす姿が見られる。
- 自分の思いと他者の思いとの狭間で葛藤する姿が見られる。

自分のイメージをうまく言葉で伝えられない時は……

子どもが自分のイメージを友だちにうまく伝えられないでいる時は、まずはその子のもっているイメージを丁寧に聞きます。そのうえで、そのイメージが伝わるような写真などを一緒に探し、保育者も友だちとの話し合いに入って安心して自分のイメージを伝えられるような場をつくります。

遠足に向かうバスの中のお楽しみを考える

動物園などの遠足に向かう道中も、目的地に着くことが楽しみになるような、動物に関するクイズなどを用意しておくとよいでしょう。

	第1週	第2週
子どもの姿ベースのねらい●と内容◆	❶友だちと協力しながら、共に遊びを進める楽しさを味わう。 ◆友だちや保育者とアイデアを出し合いながら遊びを広げていく。 協同性 言葉 思考力 ◆遊びの中で、自分のイメージしたことを言葉で友だちに伝える。 言葉 協同性 ◆友だちにも自分と同じような気持ちがあることに気づく。 協同性 道徳・規範	❷戸外で伸び伸びと体を動かし、ルールのある遊びを楽しむ。 ◆どろけいや鬼ごっこを楽しむ。 道徳・規範 思考力
環境構成★・保育者の配慮◎	**使いたい時に使えるように道具や素材を準備しよう** ★室内と園庭での遊びにつながりが見られることから、テラスにテーブルや素材、図鑑などを用意する。 ◎一人ひとりの声を拾いながら、それぞれのアイデアが互いに伝わるように配慮する。 ◎イメージを共有して遊んでいく中で、自分は「こうしたい」という気持ちを安心して伝えられるように働きかける。	**園外保育が楽しみになる工夫を** ★動物に興味がわくように、保育室に動物の写真を貼り、子どもがいつでも見られるようにする。 ★動物園では、子どもが興味をもっている動物を中心に見学できるようにコースを考え、ゆっくり見られるようにする。 ◎子どもたちと一緒に動物の写真を見ながら子どものつぶやきに注目し、様々な動物への興味・関心が広がるようにする。 ◎帰りの会など集まりの時には、動物の特徴やおもしろい生態を紹介し、それらについて話し合う時間をつくり、実際に見にいくことが楽しみになるようにする。 ◎遠足当日は、子どもと一緒に動物を見ることを楽しみながら、子どものつぶやきや興味・関心に注目し、子どもの発見や問いを捉える。
個別配慮	**とおるくん**：友だちに自分のやりたいことを言葉でうまく伝えられない場面が見られるので、保育者が一緒にかかわり、仲立ちするようにする。	
家庭・地域・学校との連携		・保育参加を通して子どもたちの今の姿を見てもらい、どのように園生活を送っているのかを実感してもらう。 ・バザーでは、保護者の協力を得て、クラスごとに店を運営してもらう。また、卒園生や地域の人にも園に来てもらう。

112 「子どもの姿ベースのねらい●と内容◆」の「内容」は子どもの姿をもとに「幼児期の終わりまでに育ってほしい姿(10の姿)」を意識して作ります。10の姿のマークを入れました。

健康 自立心 協同性 道徳・規範 社会生活 思考力 自然・生命 数量・図形・文字 言葉 感性・表現 ※マークの詳細はP9を参照

| 月のねらい | ❶ 友だちと協力しながら、共に遊びを進める楽しさを味わう。
❷ 戸外で伸び伸びと体を動かし、ルールのある遊びを楽しむ。
❸ 考えを出し合い、興味・関心のあることについて調べ、試しながら作ることを楽しむ。 | 健康・安全・食育の配慮 | ・風邪が流行し始める時期なので、手洗い・うがいの大切さを丁寧に伝える。
・いろいろなことができるようになり、自分から挑戦する姿が増えたので、大きなケガにつながらないように配慮する。
・遠足ならではの食事の雰囲気を楽しむ。 | 行事 | ・動物園遠足
・バザー
・保育参加
・誕生会 |

第3週	第4週
→	
→	
❸ 考えを出し合い、興味・関心のあることについて調べ、試しながら作ることを楽しむ。 ◆ 動物園遠足やバザーなど、楽しかったことを遊びの中に取り入れる。 社会生活 思考力 ◆ 共通の体験からイメージしたことを、友だちといろいろな方法で表現し、楽しもうとする。 協同性 感性・表現	◆ イメージしたものを自分たちなりに形にし、作り上げる達成感を得る。 自立心 思考力
園外保育での経験を活かそう ★ 動物に関する絵本や図鑑をまとめて置いておき、いつでも見られることを伝える。 ★ 子どものイメージに即して遠足で見たものを形にしていけるよう、イメージに合った素材を考え、用意する。 ● 一緒に絵本や図鑑を見て、遠足で見た動物の様子を振り返りながら、子どもが動物の何に興味・関心をもったかに注目し、遊びを援助していく手がかりとする。 ● イメージがうまく共有できない時や、思いどおりにいかずぶつかり合ってしまう時には、互いに気持ちを伝えられるように援助していく。	**異年齢とかかわる機会をつくろう** ★ バザーで体験した様々なお店屋さんを、遊びに展開できるように、大きめの段ボールなどを用意しておく。 ● クラスの中だけでなく、隣のクラスや違う年齢のクラスの子どもたちに客として来てもらえるように、保育者と一緒に宣伝しに行き、他学年とのやり取りを大切にする。

子どもが何に興味・関心があるかを考える

一緒に動物園に行き、同じ動物を見たとしても、何が印象に残り、何に興味・関心をもつかは、子どもによって違います。動物の動き、体つき、飼育の話など、それぞれの子どもがどんなことに興味・関心をもっているかに目を向けてみましょう。

| 評価（子どもを捉える視点・見通し） | ・友だちと協力しながら、共に遊びを進める楽しさを味わうことができたか。
・戸外で伸び伸びと体を動かし、ルールある遊びを楽しむことができたか。
・思いや考えを出し合いながら、興味・関心のあることについて調べ、試しながら作ることを楽 | しむことができたか。 |

「月のねらい」は子どもの姿をもとに、資質・能力の3つの柱を意識して振り返りができるように作ります。本書では特に意識したいものに下線を入れています。
「知識・技能の基礎」........... 「思考力・判断力・表現力等の基礎」_ _ _ _ 「学びに向かう力・人間性等」＿＿＿ ※下線の詳細はP9を参照

4歳児

11月の資料

園外保育での体験が、園内のいろいろな場面に活かされていきます。また、ごっこ遊びでも園以外で見聞きしたことを遊びに取り入れていく姿が見られます。

行事と遊びの連動

動物園遠足から生まれた遊びや生き物との向き合い方

動物園遠足に行く前から、動物をめぐる遊びが盛り上がっていき、遊びだけではなく、身近な生き物の飼育の仕方も変わっていきます。

動物園ごっこ

一言で「動物園ごっこ」と言っても、それぞれの子どもでイメージや実現したいこと、こだわるポイントは違います。作っていく中でそれぞれの思いを互いに聞き合い、影響を受け合いながら、1つの動物園になっていきます。その過程で互いの「よさ」を感じ取り、他者に貢献する経験、他者に認められる経験をし、関係も深まっていきます。

子どもが自ら何を、どんなふうに作るか選んで決めることができる環境構成と、それぞれが作っているものを共有できる機会が重要になります。

動物になりたい！

コアラになりきっています。

一生懸命色を塗っているのは、キリンの首。どうやってキリンになるのか……。

なるほど、背中に挿してキリンになりきります。

彼のイメージはちゃんと友だちに伝わり、広まっていきます。

カンガルーになりきっていた子どもたちは、カンガルーの赤ちゃんを作り、自分のお腹に。友だちにアイデアをもらい工夫していく姿が見られます。

動物を本物みたいに作りたい！

「本物みたいなカンガルーの赤ちゃんを作りたい！」と写真を見ながら必要な素材を自分で考えます。選んだ素材は、ビニールテープ、広告チラシ、布ガムテープ、画用紙。作りながら必要なものを選びに行き、自由に組み合わせながら、形にしていきます。

形ができてくると、友だちもイメージすることができ、「作りたい」「教えて」の声が飛び交います。

飼育員や案内係になりたい！

動物園にいたのは、動物だけではありません。飼育員や案内係も必要ということで、チケットやえさも作っていきます。ほかのクラスの子どもたちを招待しに行きます。

カナヘビの家作り

カナヘビを見つけ、飼育することになった子どもたち。動物園の様子に刺激を受け、保育者と一緒に飼育環境を整えていきます。

保育者と一緒に図鑑などで調べ、隠れ家が必要だということがわかった子どもたち。左の写真のような隠れ家を作ることを目指します。

できたブロックを飼育ケースに入れて、隠れ家完成です。

「設計図を作ろう！」ということで、絵にしていきます。

牛乳パックを切ったものを型にして、土でブロックを作っていきます。

調べていく過程で、卵を産むことを知り、楽しみに観察しています。

ごっこ遊び　見聞きしたことを遊びに活かす

子どもたちは、園外保育に限らず、日常の生活の中で見聞きしたことや経験したことを遊びの中に取り入れます。特にお店屋さんごっこでは、そんな姿がよく見られます。

保育者が「これ、何かに使う？」とドーナッツ状の大きな厚紙を提供すると、回転寿司をイメージし、回転寿司ごっこをすることに。

テーブルの上に置いてみたものの、回転しない。どうやったら回転できるかを話し合います。

食品用ラップの芯で、ハンドルをつけることをみんなで考え出しました。

回転寿司ごっこ

商品はもちろん、店の仕組み、衣装、身のこなし、言葉遣いなど、子どもが普段見聞きしているものを遊びに取り入れていく姿が見られます。園の外で、どんな経験をし、どんなことに関心を向けているのかを、垣間見ることができます。

今月の保育教材

図鑑
『ほんとのおおきさ動物園』
小宮輝之／監修、福田豊文／写真、学研プラス

動物の顔を、実物大の写真で見せる大迫力の図鑑。動物園遠足の前後、動物に興味・関心のある子どもには大人気。画像も鮮明で、毛の生え方や質感までも伝わってきます。

回転台ができると、寿司を作り始めます。

できた寿司を並べて、回転させます。

帽子も作ります。ほかのお店で遊んでいた子が、「おれ、バイトでいいからやらせて」と申し出ると、「あ、バイトね」と店長さん。

4歳児 12月の指導計画

	前月末の子どもの姿
	・動物園ごっこやお店屋さんごっこなどを、友だちと協力しながら、楽しむ姿が見られる。 ・動物になりきって遊ぶ姿が見られる。 ・子ども同士で、思いや考えを出し合うことを楽しむ姿が見られる。

子どもと共に環境を再構成しよう

道具の置き場所やコーナーの見直しは、保育者が一方的にするのではなく、子どもと一緒にやることで、道具などの扱い方についても共通理解が深まります。

子ども同士でイメージを共有するために

イメージが共有できると、1つの遊びにいろいろな子どもたちが入って楽しむ姿が見られるようになります。そのためには、子ども同士でイメージを共有していけるように、写真を掲示したり、集まりの時に紹介する時間を設けたりしていくことが大事になります。

	第1週	第2週
子どもの姿ベースのねらい●と内容◆	●友だちのアイデアのおもしろさに気づき、イメージを共有して遊ぶ。 ◆先月から引き続き、お店屋さんごっこを楽しむ。 社会生活 思考力 協同性 ◆動物になりきることを楽しむ。 感性・表現 思考力 ◆どろけいをする際、自分たちで作った警察の帽子や手帳を身に着けて遊ぶ。 社会生活 感性・表現 思考力	◆マジックの道具を作る。 感性・表現 思考力 ●自分なりに表現することを楽しむ。 ◆自分の表現（なりきったり、何かを作ったり）に必要な素材や道具を選ぶ。 感性・表現 思考力
環境構成★・保育者の配慮◉	**個々の工夫や楽しみを共有しよう** ◉友だち同士でイメージを共有していけるよう、一人ひとりのイメージしているものを一緒に形にしてみたり、集まりの際に紹介したりするなど、それぞれのイメージのおもしろさを伝える機会をつくる。 ◉どろけいや鬼ごっこをする際には、寒さで体が硬くなりやすいので、体を温めてから遊べるように配慮する。	**道具の種類や置き場所を子どもと一緒に見直してみよう** ★はさみや段ボールカッターなどの道具は、危険のないように使い方を丁寧に伝え、子どもが取り出しやすく、しまいやすい場所に配置し、片づけ方も説明する。 ★製作スペースや道具の置き場を、子どもの様子に合わせて見直す。 ★本物のマジックの道具を用意する。 ◉子どもの興味・関心の変化に応じて、本物のマジックの道具を提示するタイミングを考える。 ◉自分なりの表現を、友だちに見てもらったり、聞いてもらう楽しさを味わえる機会をつくる。
個別配慮	さきちゃん：インフルエンザなどで長期間欠席したことによりクラスで盛り上がっている遊びにとまどう姿が見られることから一緒に遊んだりこれまでの様子を伝えたりする。	
家庭・地域・学校との連携		・保育参加で子どもたちの今の姿を見てもらい、どのように園生活を送っているのかを実感してもらう機会にする。 ・感染症が流行する時期なので、熱が出た時の対処や嘔吐物の処理法についておたよりを配布し、家庭と連携できるようにする。

「子どもの姿ベースのねらい●と内容◆」の「内容」は子どもの姿をもとに「幼児期の終わりまでに育ってほしい姿(10の姿)」を意識して作ります。10の姿のマークを入れました。

健康 自立心 協同性 道徳・規範 社会生活 思考力 自然・生命 数量・図形・文字 言葉 感性・表現 　※マークの詳細はP9を参照

| 月のねらい | ❶ 友だちのアイデアのおもしろさに気づき、イメージを共有して遊ぶ。
❷ 自分なりに表現することを楽しむ。
❸ この時期ならではの遊びや行事の雰囲気を友だちや保育者と一緒に楽しむ。 | 健康・安全・食育の配慮 | ・天候や気温に合わせて衣服を調節し、自分から手洗い・うがいを意識してできるようにする。
・交通ルールや感染症の予防など、安全面や健康面に留意した冬休みの過ごし方について知らせる。
・給食や行事食に興味をもち、様々な食材にふれる。 | 行事 | ・保育参加
・お楽しみ会
・大掃除
・誕生会 |

第3週 / 第4週

園生活は共につくるもの
掃除を強制的にさせるのではなく、子どもを園生活の担い手として認め、共に整理整頓する雰囲気を大事にしましょう。

第3週：
❸ この時期ならではの遊びや行事の雰囲気を友だちや保育者と一緒に楽しむ。
◆ クリスマスの歌を歌う。 感性・表現
◆ クリスマスリースやツリーを作る。 感性・表現
◆ お楽しみ会に参加する。 協同性

第4週：
◆ 自分たちの部屋や持ち物などの整理整頓を行う。 道徳・規範 社会生活 協同性
◆ 正月遊びを楽しむ。 社会生活 思考力

この季節ならではの環境構成を
★ 10月のサツマイモ掘りの際にとっておいたツルや松ぼっくりを用意する。
★ いろいろな飾りの写真を掲示したり、飾りの作り方が出ている本を用意したりする。
★ クリスマスの歌を歌ったり、お楽しみ会について子どもたちと話し合ったりする機会を設ける。
◉ クリスマスの歌や絵本をみんなで楽しむ時間をつくり、イメージを共有し、保育者も一緒に楽しむ。

子どもと共に1年を締めくくる機会をつくろう
★ 子どもたちも掃除に参加しやすいように、子ども用の薄手の雑巾を用意する。
★ 正月遊びの遊具を子どもたちの手の届きやすい場所に用意する。
◉ 雑巾の使い方を一緒に確認し、今年1年過ごした保育室への感謝の気持ちをもって掃除できるように話をする。
◉ 正月遊びの方法を伝え、いろいろな伝承遊びを知り、楽しめるようにする。
◉ 年末年始の挨拶の言葉や休み中の過ごし方などを知らせ、新しい年を迎えることに期待をもてるようにする。

知ったことを試したくなる
年末年始の過ごし方を知ると、早速筆ペンを使って友だちに年賀状を書き始めたり、廃材で干支の動物を作り始めたりする姿が見られます。子どもたちが、どんなことを「やってみたい」と思うのか予測し、環境構成していくことが大事です。

評価 （子どもを捉える視点・見通し）
・友だちのアイデアのおもしろさに気づき、イメージを共有して遊ぶことができたか。
・自分なりに表現することを楽しむことができたか。
・この時期ならではの遊びや行事の雰囲気を友だちや保育者と一緒に楽しむことができたか。

「月のねらい」は子どもの姿をもとに、資質・能力の3つの柱を意識して振り返りができるように作ります。本書では特に意識したいものに下線を入れています。
「知識・技能の基礎」………、「思考力・判断力・表現力等の基礎」_ _ _ _、「学びに向かう力・人間性等」_____　※下線の詳細はP9を参照

4歳児

12月の資料

人やものとかかわりながら、自分のやりたいことを実現していくにはどのような過程が必要でしょうか。子どもと保育者の姿を紹介します。

遊びの変容と援助　子どものやりたいことを実現していくために必要な保育者の援助

子どもは、自分のやりたいことを実現していく中で、興味・関心を変化させていくことがあります。そんな子どもの姿を支える保育者の援助を紹介します。

「マジックの仕組みを知りたい」に応えるために

先月から盛り上がっている動物がらみの遊びは、「ネズミカフェ」に変化してきましたが、お客さんが来ない……。そこで、子どもたちは、「マジックショーをして、お客さんを呼ぼう」と準備に取りかかります。

「なんで帽子からハトが出てくるのか？」「なにか違う」といった問いやつぶやきを聞いた保育者は、子どもたちの興味・関心がマジックの仕組みに移ったことを感じ取ります。一緒に仕組みを考えつつ、保育者自身もわからないことに気づきます。そこで、実際に100円ショップで簡単なマジック道具を購入し、保育者自身もその仕組みを理解します。仕組みを子どもに見せるかどうか悩んだ末、同僚に相談し、子どもたちに提示してみることにしました。

同じ遊びが継続していくと、作ることを楽しんでいた子どもが、なりきることを楽しんだり、なりきることを楽しんでいた子どもが作ることを楽しみ始めます。そして、実現したいことも変化していきます。そんな子どもの姿に応えながら、保育者としてできることを考えることが重要です。「子ども主体≒保育者が常に受け身」というわけではありません。子どもの興味・関心に即して、新たな素材を提供したり、場をつくったり、提案してみることも必要です。そして、自分のかかわりがどう影響を及ぼしたかを、仲間の保育者と共に振り返ることも大事です。

ネズミになりきり、カフェを作っています。メニュー名には、すべて「チーズピザ」「チーズジュース」など、チーズがつきます。

1人が帽子を作り、もう1人がハトを作って、さあマジックの実演。帽子やハトの出来栄えに、友だちが驚き、認めてくれたものの、肝心のマジックについては盛り上がらず、納得がいかない子どもたち。

本物のマジック道具にふれ、子どもたちは、その仕組みを探っていきます。

早速、自分たちのマジック道具に手を加えたり、作り直したりする子どもたち。出来栄えよりも、仕組みにこだわります。

作り直した道具で練習を重ねました。「友だちに見せたい！」という思いに応え、集まりの時間に、披露する機会を設けます。これをきっかけに、さらにマジックブームが広がっていきます。

季節の遊び

クリスマスの飾り作りとお楽しみ会

この時期ならではの遊びや楽しみ方はいろいろあります。でも、その年、その時の子どもたちの興味・関心と、ファンタジーの世界観を大事にしたいものです。

サンタさんになってプレゼントを配りたい

ごっこ遊びやなりきり遊びが盛り上がっていたことから、自分たちがサンタクロースになって、手作りプレゼントを配りたいという声があがります。クリスマスが待ち遠しい子どもたち。「サンタ、来るかなぁ」「何、頼む?」とサンタさんとクリスマスプレゼントにまつわる話題を楽しみながら、「そうだ、サンタさんになって、プレゼントを配ろう」と思いつきました。プレゼントをもらうだけでなく、あげることを楽しみます。自分たちが楽しみにしていることを、他者にしてあげて喜んでもらおうという姿を大切にしたいです。

サンタクロースと言えば、赤い帽子とひげ。今までの経験を活かして作り、自分の作った様々なプレゼントを袋に詰めています。

「メリー・クリスマス」の言葉とともに、園内で出会った子どもにプレゼントを渡します。

クリスマス飾りを作ろう

お楽しみ会のためのクラスの飾りつけを何にするか話し合った結果、「大きいサンタさんを作りたい」「白いクリスマスツリーを作りたい」「1人ずつ、自分の好きな飾りを作って飾りたい」ということに決まります。

子どもたちみんなが楽しみにしているクリスマス。お楽しみ会では、自分たちで作った飾りに囲まれて、おやつを食べます。だれかがいつも自分のことを気にかけてくれている。クリスマスの世界観から、そんなことを感じられる機会になればいいなと願っています。

担任の背より大きいサンタさんと、星ではなく、クラス名の「いちょう」の葉っぱがいちばん上に乗ったツリーが完成。

今月の保育教材

絵本
『シルクハットぞくはよなかのいちじにやってくる』おくはらゆめ/作、童心社

クリスマスの由来を話すことはもちろん大事ですが、この時期、私たちが見えない何かに温かく見守られているということを、子どもたちと味わうためにピッタリの1冊。

子どもたちで協力し、役割を分担しながら作っていきます。

その子らしい飾りができてきます。工作素材は、自然物と木材を新たに加えました。

119

4歳児 1月の指導計画

前月末の子どもの姿
- マジックごっこやお店屋さんごっこを通して、友だちや保育者を招いたり、披露したりすることを楽しむ姿が見られる。
- 子ども同士で、思いや考えを出し合い、互いの表現を認めながら、自分の作品などに取り入れる姿が見られる。
- クリスマスや正月を楽しみにし、遊びに取り入れる姿が見られる。

子どもたち同士で楽しめる工夫を
羽根突きの羽根にヒモをつけて天井からぶら下げたり、文字が読めなくても絵で楽しめるカルタを用意するなどして、子どもたち同士で楽しめる工夫をしてみましょう。

子どもの姿ベースのねらい●と内容◆

第1週
- ❶正月の伝承遊びを友だちや保育者と一緒に楽しむ
- ◆コマや羽根突き、カルタといった正月遊びを友だちや保育者と楽しむ。 (社会生活)(自立心)
- ◆コマを回すことや大なわ跳びに挑戦することを通して、友だちと教え合い、回したり跳んだりしてできるようになる達成感を得る。 (社会生活)(協同性)(自立心)

第2週
- ❷演奏を聴いたり、製作したりすることを通して、表現を楽しむ。
- ◆プロの演奏家や保護者バンドを招いて、演奏を聴く。 (感性・表現)(社会生活)
- ◆自分たちで演奏することを楽しんだり、手作りの楽器を製作したりすることを楽しむ。 (感性・表現)(協同性)

環境構成★・保育者の配慮◎

第1週：正月遊びのコーナーを作ろう
- ★コマや羽根突き、カルタといった正月遊びの道具を手に取りやすいようにしておく。
- ◎初めての遊びにも挑戦しやすいように、保育者も一緒になって遊ぶ。
- ◎集まりの中でも正月遊びを紹介し、それぞれの遊び方や楽しさを伝える。

第2週：まねしたり、再現したりできる環境構成を
- ★バンドの演奏を聴いて、子どもたちが自ら演奏できるように、楽器を用意する。
- ★集まりの中で、どんな楽器があったかを話し合う。
- ◎子どもたちと一緒に演奏や踊りを楽しむ。
- ◎子どもの様子に合わせて、子どもたち自身が演奏できるようなステージを用意する。

個別配慮
ゆたかくん：初めての遊びに対して躊躇する姿が見られることから、彼のペースを保障しながら、挑戦する気持ちを大切にし、少しでもできたら喜びに共感する。

家庭・地域・学校との連携
- 先月に引き続き、保育参加を通して子どもたちの今の姿を見てもらい、園生活を知ってもらう。
- 休み明けで生活リズムが崩れがちなので、規則正しい生活ができるよう声かけをする。

「子どもの姿ベースのねらい●と内容◆」の「内容」は子どもの姿をもとに「幼児期の終わりまでに育ってほしい姿(10の姿)」を意識して作ります。10の姿のマークを入れました。
(健康)(自立心)(協同性)(道徳・規範)(社会生活)(思考力)(自然・生命)(数量・図形・文字)(言葉)(感性・表現) ※マークの詳細はP9を参照

月のねらい	❶正月の伝承遊びを友だちや保育者と一緒に楽しむ。 ❷演奏を聞いたり、製作したりすることを通して、表現を楽しむ。 ❸冬の自然にふれ、季節を楽しむ。	
健康・安全・食育の配慮	・インフルエンザなどが流行しているので、手洗い・うがいの意味を今一度丁寧に伝え、主体的にできるようにする。 ・給食室と連携して、鏡開きや餅つき、七草がゆなどの日本の行事食に関心がもてるようにする。 ・近隣で霜や氷のできそうな場所を探しておき、見に行く機会をつくる。	
行事	・餅つき ・保育参加 ・演奏会 ・誕生会	

	第3週	第4週
	→	
	→	
	❸冬の自然にふれ、季節を楽しむ。 ◆氷や霜などを見つけたり、ふれたりして遊ぶ。 自然・生命 ◆氷の実験を楽しみながら、氷や気温に興味をもつ。 自然・生命 思考力 →	
	子ども自身が実験し、発見する機会をつくろう ★気温が下がる日の前日に濡らしたタオルを子どもたちの目に留まりやすいような場所に下げておく。 ★氷を作るために、子どもたちが必要になりそうな桶などの容器を事前に用意し、氷ができやすい場所も調べておく。 ◉氷やつららをめぐっての子どもたちの発見や疑問を大切にする。 ◉答えを与えるのではなく、一緒に考え、探究することを楽しむ。	**発見を共有しよう** ◉氷を見つけた場所や氷について発見したことを、集まりの中で共有し、不思議に思ったこと、試してみたいことなどをみんなで話し合えるようにする。
評価（子どもを捉える視点・見通し）	・正月の伝承遊びを友だちや保育者と一緒に楽しむことができたか。 ・演奏を聴いたり、製作したりすることを通して、表現することを楽しむことができたか。 ・冬の自然にふれ、季節を楽しむことを通して、試したり、発見したりする喜びを実感し、友だ	ちと共有できたか。

何が必要になりそうかを予測する

バンド演奏や氷との出会いなど、子どもたちが新たに体験することを通してどんなことに興味・関心をもちそうか、そしてどんな道具や素材、環境構成が必要になりそうかを予測し、準備しておきましょう。

必要なのは「答え」ではなく、一緒に探究する姿勢

「今日はどうして氷ができないのか」などの問いが生まれた時、それに対する「答え」を用意するのではなく、それらを探究する姿勢を大事にし、一緒に楽しみましょう。

「月のねらい」は子どもの姿をもとに、資質・能力の3つの柱を意識して振り返りができるように作ります。本書では特に意識したいものに下線を入れています。
「知識・技能の基礎」………、「思考力・判断力・表現力等の基礎」＿＿＿、「学びに向かう力・人間性等」　　　　※下線の詳細はP9を参照

1月の資料

4歳児

日本の文化や本物に、見たりふれたりすることから始まる
興味・関心の広がりがあります。

正月遊び　日本の正月の伝統文化から広がる遊び

コマやすごろく、年賀状など、日本の正月の伝統文化から広がる
子どもたちの遊びを紹介します。

伝承遊び

　コマ、羽根突き、カルタ、だるま落とし、けん玉、すごろくなど、日本の伝承遊びのコーナーを用意。経験のあるなしに関係なく、子どもたちで教え合いながら、遊び始めます。子どもが主体の保育は、子どもの「やりたい」という気持ち、興味・関心から出発します。しかし、保育者が常に受け身とは限りません。話し合いの場で正月の過ごし方を紹介したり、正月遊びの由来を説明したり、普段使わない廃材を出してきたり、保育者が実演してみせたりすることで、子どもの「やりたい」気持ちが生まれ、遊びが広がっていきます。子どもが主体であると同時に、保育者も主体です。そのような双方からの働きかけから遊びをつくっていけるとよいのかもしれません。

すごろく遊びをしていくうちに、自分たちでオリジナルのすごろくを作ろうということに。見ていただけの子どもも、すごろく作りに参加したりと、遊びに参加する子どもたちの輪が広がりました。

コマにヒモを巻きつけるのにもコツがいります。何度も何度もくり返して、教え合いながらコツを身につけていきます。

担任保育者からの年賀状がみんなの家に届いたかを集まりの時に確認すると、年賀状作りが始まります。「そうだ、ママに出そう」「僕は、バスの運転手さんに」。みんな思い思いに年賀状作りを始めます。

だるま落としを、空き箱で作ることに挑戦中。

「コマが回った！」。本人はもちろん、一緒にやっていた友だちも大喜び。

122

神社作りと神様ごっこ

年末年始の休み中に何をしたかを紹介し合ったことと、普段はあまり使わない廃材を出したことで始まった神社作り。子どもたちのいろいろなアイデアが詰まっています。

鳥居の先には、さい銭箱と鈴が。そして、鈴を鳴らすとさい銭箱から神様が出てきてくれます。神様が出てくることになった背景には、「鳥居ってなんであるの？」という問いや、すごろくがそもそも、「1年の運試し」から始まったらしいといったことを知った経験があります。

今月の保育教材

コマ、けん玉、羽根突き
一言でコマと言っても様々な種類があります。回す難易度も変わってきます。数種類のコマを複数用意してみましょう。

絵本
『十二支のおはなし』内田麟太郎／文、山本 考／絵、岩崎書店
「今年は、〇〇どしだね」「せんせいはなにどし？」など、子どもたちが干支に興味をもった時に、用意すると、いろいろな発見がありました。

神社の入口にあるものと言えば、鳥居。子どもたちが協力して作り、通れるかを確認。

大人への憧れ　大人の姿を見たことから始まる遊び

大人だからこそできることがあります。楽しそうに、真剣に物事に取り組む大人たちがいることは、子どもたちにとって憧れの対象になります。

バンドごっこ

プロの演奏家や保護者バンドに演奏を披露してもらったことから始まったバンドごっこ。思い思いに楽器を作り、バンドを組み、披露しました。子どもたちの身近なところに、真剣な表情で物事に向かう生き生きとした大人たちがいることは、子どもたちにとってとても意味があります。それは、バンドの演奏に限らず、バスの運転やフェンスの修繕、畑の世話でもよいのです。大人たちが物事に向かう真剣な表情、道具の扱い方、そしてそんな大人たちと園の大人たちの関係を見て、子どもたちは様々なことを学んでいくのです。

大人の演奏に子どもたちは、魅入ります。

楽器や演奏に興味をもった子どもたちが、廃材で楽器を作り始めます。

バンドを組み、大人たちがやっていたように、舞台を整え、音合わせ中。

帰りの会で、友だちに演奏を披露し、大盛り上がり。

123

4歳児 2月の指導計画

前月末の子どもの姿
- 正月の伝承遊びを友だちや保育者と一緒に楽しみ、大なわ跳びに挑戦する姿が見られる。
- 演奏を聴いたり、製作したりすることを通して、表現を楽しむ姿が見られる。
- 冬の自然にふれ、季節を楽しむことを通して、試したり、発見したりしたことを友だちと共有する姿が見られる。

クラスを越えて、支え合える機会を

遊びによっては、5歳児が得意としていたり、担任以外の保育者などが詳しかったりする場合もあります。そうしたクラスを越えて人とかかわる機会をつくることによって、子どもたちは人と支え合いながら生活していくことのおもしろさや大切さを実感していきます。

「見せる」ことの意味

それぞれが取り組んでいることを「見せる」機会をつくることで、そのこと自体の楽しさや人に認めてもらえる喜びを味わうことができ、新たな友だちや遊びが生まれるきっかけにもなります。

	第1週	第2週
子どもの姿ベースのねらい●と内容◆	❶興味のあることにじっくり取り組むことを楽しむ。 ◆コマ回しや大なわ跳びに挑戦する。[自立心][思考力] ◆節分から派生する遊びを楽しむ。[感性・表現] ◆氷、泥、落ち葉など自然物で遊ぶ。[自然・生命] ❷自分なりに表現することを楽しみ、表現を認められる喜びを味わう。 ◆バンドごっこや踊りを楽しむ。[感性・表現]	◆友だちのやっていることに興味をもち、自分なりに参加する。
環境構成★・保育者の配慮◉	**一人ひとりが挑戦していることをつかもう** ★大なわ跳びの得意な5歳児たちへの憧れが見られることから、5歳児たちとのかかわりがもてる機会をつくる。 ★節分や鬼に関する絵本を用意し、ダイナミックに鬼の絵を表現できるよう、大きめの画用紙や絵の具を用意しておく。 ◉一人ひとりのイメージや作品に対する思いに寄り添いながら、作品を飾ったり、披露する機会をつくり、達成感を得られるようにする。	**挑戦したこと、実現したことを披露する機会をつくろう** ★帰りの会などで、演奏や踊りを披露する場をつくる。 ◉集まりの時間以外でも、自分が取り組んだことを人に見せる機会をつくり、認められる喜びを感じられるようにする。
個別配慮	みゆきちゃん：人前で何かをすることに抵抗を感じるようなので、本人のペースを認め、無理強いをしないようにし、だれと一緒だと安心するか、何をしたいか、何をしたくないかを、個別に丁寧に聞くようにする。	
家庭・地域・学校との連携		・生活発表会に向けての取り組みの様子や過程を、ドキュメンテーションなどを用いて保護者と共有する。

124 「子どもの姿ベースのねらい●と内容◆」の「内容」は子どもの姿をもとに「幼児期の終わりまでに育ってほしい姿(10の姿)」を意識して作ります。10の姿のマークを入れました。

[健康][自立心][協同性][道徳・規範][社会生活][思考力][自然・生命][数量・図形・文字][言葉][感性・表現] ※マークの詳細はP9を参照

| 月のねらい | ❶興味のあることにじっくり取り組むことを楽しむ。
❷自分なりに表現することを楽しみ、表現を認められる喜びを味わう。
❸友だちと協力し、意見を出し合いながら目的を達成する喜びを味わう。 | 健康・安全・食育の配慮 | ・節分の意味や由来を丁寧に伝え、丈夫な体でいることの大切さを感じられるようにする。
・インフルエンザなどが流行しやすい時期なので、保育室内の換気と乾燥に配慮する。
・節分の行事の意味を理解し、1年間健康で幸せに過ごせるようにとの願いを込めながら、豆を食べる。 | 行事 | ・節分
・生活発表会
・誕生会 |

第3週	第4週
❸友だちと協力し、意見を出し合いながら目的を達成する喜びを味わう。 ◆生活発表会に向けて、劇の内容を考える。 協同性 言葉 ◆友だちや保育者と話し合いながら、共通の物語のイメージをつくる。 協同性 感性・表現 言葉 ◆友だちと一緒に自分の役になりきって演じ、表現することを楽しむ。 感性・表現 協同性 言葉	◆生活発表会に参加し、クラスで1つのことをやり遂げた達成感を味わう。 自立心 協同性 ◆発表することを楽しむ。 感性・表現 協同性
多様な参加の方法を保障しよう ★どんな物語にしたいか、どんな場面を取り入れたいかをゆっくり話し合える機会をつくる。 ◉一人ひとりの子どもたちのイメージを丁寧に拾い、どんな意見が出ているかを、ホワイトボードなどを使って可視化する。 ◉子どもたちが出し合ったイメージや場面を、1つの物語にすることを一緒に楽しむ。	**達成する喜びを味わえるようにしよう** ★発表会後にも好きな役になって劇遊びをして、振り返る機会を設け、クラスで取り組んできたことや達成できた喜びをみんなで感じられるようにする。 ◉発表会当日は、今まで取り組んできたことを認め、保護者に披露することを一緒に楽しむ。

子どもの興味・関心から出発する生活発表会

生活発表会は、子どもたち自身がどんな内容にしたいかを出し合います。そのイメージを大切しながら、観客に伝わりやすくするためには、どうしたらいいかを保育者からも提案し、一緒に作っていく過程を楽しめるようにしましょう。

| 評価（子どもを捉える視点・見通し） | ・興味のあることにじっくり取り組み、楽しむことができたか。
・友だちと共通のイメージをもち、一緒に表現することの楽しさを感じられたか。
・友だちと協力し、意見を出し合いながら目的を成し遂げる達成感を味わうことができたか。 |

「月のねらい」は子どもの姿をもとに、資質・能力の3つの柱を意識して振り返りができるように作ります。本書では特に意識したいものに下線を入れています。
「知識・技能の基礎」........、「思考力・判断力・表現力等の基礎」― ― ―、「学びに向かう力・人間性等」―――　※下線の詳細はP9を参照

4歳児

2月の資料

遊びの中での子どもたちの楽しみ方や子ども同士のかかわり方は、子どもの育ちとともに変化していきます。

遊び　他者の視点を考えることを楽しむ

生活発表会前後から、人に見せることや見せ方に興味をもち始めた子どもたち。今までとは少し違った友だちとの楽しみ方やかかわり方が生まれます。

ファッションショー

ファッションショーを開きたいという1人の子どもの思いにみんなが応え、作っていきます。子どもたちが遊ぶ時、その遊び手である子どもたち自身が楽しんでいることが最も大事です。一方で、行事などを通して自分が取り組んできたことを他者に見せ、その姿を喜んでもらう経験をしていくことで、他者の視点に立って遊びを楽しむ姿が見られます。

「やろう」ということになったものの、イメージがわかない子も。知っている子どもが身振り手振りで教えます。

保育者が、ファッションショーの写真を用意することでイメージが共有でき、ランウェイができてきます。

「見に来る人は、どこで見ればいい？」ということになり、観客席を作ります。

ごっこ遊びや行事で使った衣装などを再利用し、ショーの始まりです。ショーを盛り上げるために、紙吹雪や演出を考える子どもも出てきます。

バレンタインのチョコレート作り

泥や土で遊ぶ顔ぶれがいつもと違います。目的はチョコレート作り。プレゼントをもらう側の視点になって工夫します。

普段、泥や土で遊ぶことが少ない子どもたちが、泥をこね始めると、いつもやっている子どもは興味津々。何をしているのか尋ね、それなら、こっちの土がいいとアドバイスします。

チョコレートに見立てた泥を、アルミホイルに詰めていきます。「本物みたい！」「間違って食べちゃいそうなくらい、美味しそう！」と満足げな表情を子どもたちは見せ、箱に詰めます。

今月の保育教材

絵本
『オニじゃないよ　おにぎりだよ』シゲタサヤカ／著、えほんの杜
「オニから見たら、僕ら人間はどう見えるのか？」そんな子どもたちの問いに答えるべく読んでみました。答えにはなっていないのですが、ユーモア溢れる鬼たちの姿が微笑ましく、鬼のことがちょっと好きになり、鬼とおにぎりブームが起きました。

異年齢とのかかわり
教え合い・支え合う子どもたち

一緒に生活し、遊んでいく中で、
子どもたち同士の互いを見る目も育っていきます。

5歳児みたいに跳びたい

　大なわを集団で8の字になって連続して跳べる5歳児の姿に憧れをもつ子どもたち。自ら5歳児を呼んでアドバイスをもらいました。子どもたちが主体的に遊び込んでいく時、必ずしもその遊びがクラスの中で完結するとは限りません。また、子ども同士の子どもを見る目が育まれ、どの子がどんなことに詳しいか、得意かなども、見えてきています。そんな子どもたちの姿を支えるためにも、普段からあまりクラスの枠にとらわれずに、いろいろな子どもとの出会いを保障していくことが大切になります。そのためには、保育者もクラスを閉じずに、互いのクラスで流行っていること、自分が悩んでいることなどを普段から気軽に話し合っていくことが必要です。

跳び方や、スカートの裾をしまうことを丁寧にアドバイスしてくれる5歳児。

まずはイメージトレーニング。なわのないところで、5歳児の後について8の字に走り、なわがあるイメージで真ん中ではジャンプする子どもたち。

教えてもらったことを実際に子ども同士でやってみます。

5歳児が用意してくれた記録用紙。メンバーと回数が記録できるようになっています。

1人の子どもの出来上がりをみんなでじっと待ち、楽しみます。

時には失敗することも。でも、本人には失敗でも、ほかの子どもにとっては新たな発見に。

どんな形になるかな？

　切り絵の本を見つけたことから始まった切り絵遊び。開くまでどんな形になるかわからないドキドキワクワクを子どもたちは楽しみます。

何回も挑戦して、本の通りに模様を仕上げることを楽しむ子もいれば、オリジナルの模様を考えることを楽しむ子もいます。

4歳児 3月の指導計画

前月末の子どもの姿
- 今まで以上に友だちと協力したり、意見を出し合ったりしながら、共通のイメージや目的をもって遊ぶ姿が見られる。
- 5歳児クラスになることを楽しみにしている子がいる反面、不安を感じている子がいる。
- クラスで過ごす残りの時間を気にかけたり、卒園してしまう5歳児と一緒に遊ぼうとする姿が見られる。

音楽との出会い

廃材で楽器を作り、バンドを組み、ライブごっこを楽しむ子がいる一方で、本物の楽器で音を奏でたり、曲に合わせてリズム打ちを楽しんだりする子や、楽器の音が鳴る仕組みに興味をもつ子などもいます。いずれも大切な音楽との出会いです。それぞれの楽しみ方に注目し、一緒に楽しむことが大切です。

子どもの姿ベースのねらい●と内容◆

第1週
- ❶残り少ないクラスでの生活や遊びを、友だちや保育者と一緒に思う存分楽しむ。
- ◆今まで楽しんできた遊びを、友だちと一緒に楽しむ。 [協同性][自立心]
- ◆意見を出し合いながら、自分たちで好きな遊びを進める。 [協同性][言葉]
- ◆ドッジボール、バスケットボールなど、ボールを使ったルールのある遊びを楽しむ。 [社会生活][協同性]

第2週
- ❷友だちや5歳児とのかかわりを深めながら、興味・関心のあるものを探究する。
- ◆5歳児のことを考え、お別れ会の内容やプレゼントを考える。 [協同性][社会生活][思考力]
- ◆友だちと一緒に楽器を演奏する楽しさを味わう。 [感性・表現][協同性]

環境構成★・保育者の配慮◎

第1週 子どもの興味・関心の変化を捉えよう
- ★5歳児とのかかわりを通して「学校ごっこ」が生まれていることから、学校探検に行ってきた5歳児に話を聞きに行ったり、話しに来てもらったりする機会をつくる。
- ★ドッジボールやバスケットボールを行うために必要なものを子どもと一緒に準備する。
- ◎保育者も子どもと一緒に話を聞いたり、教えてもらう立場になり、イメージを共有し、一緒に楽しむ。
- ◎必要なものなどをその都度確認しながら、ルールを共有できるようにしていく。

第2週 個々の子どもの思いが実現できるように工夫しよう
- ★5歳児との思い出を話し合いながら、お別れ会でプレゼントするものを、子どもたち自身が考える場をつくる。
- ★本物の楽器に興味をもち、楽器を楽しむ子どもたちが増えてきたので、小太鼓や鍵盤ハーモニカ、マラカス、カスタネットに加え、鉄琴や木琴などを用意し、いろいろな楽器を楽しめるようにする。
- ◎手紙を書く子、自分の作ったものをプレゼントにする子など、一人ひとりのその子なりの思いが込められるようにする。
- ◎楽器にふれ、どんなことを楽しんでいるかに注目する。
- ◎子どもの様子に合わせて、集まりの時間などに演奏を披露することを提案する。

個別配慮
ゆうきちゃん：今のクラスでの生活が終わってしまうことに不安を抱いている様子が見られることから、丁寧にかかわり、クラスが変わっても、いつでも会えることを伝えていく。

家庭・地域・学校との連携
- 1年間の子どもの成長を喜ぶとともに、様々な場面での保護者の協力に感謝する。
- 地域の消防署に来てもらう避難訓練では、保護者や地域の人に参加を呼びかけ、地域の防災意識を高める「顔が見える関係」をつくる機会とする。

<table>
<tr>
<td rowspan="3">月のねらい</td>
<td>❶残り少ないクラスでの生活や遊びを、友だちや保育者と一緒に思う存分楽しむ。</td>
<td rowspan="3">健康・安全・食育の配慮</td>
<td>・朝夕の寒暖差に合わせて衣服の調節をし、快適に過ごせるようにする。</td>
<td rowspan="3">行事</td>
<td rowspan="3">・お別れ会
・修了式
・消防署による避難訓練
・誕生会</td>
</tr>
<tr>
<td>❷友だちや5歳児とのかかわりを深めながら、興味・関心のあるものを探究する。</td>
<td>・避難訓練では、消防署の人を招き、防災についてより理解を深める機会にする。</td>
</tr>
<tr>
<td>❸5歳児クラスに進級することを楽しみに過ごす。</td>
<td>・ちらし寿司やひなあられなどの行事食の意味を知り、食事する。</td>
</tr>
</table>

第3週	第4週

5歳児クラスになることへの思いを共有する

5歳児への感謝の気持ちとともに、自分たちが5歳児クラスになることへの期待と希望を膨らませる時期です。中には不安を抱く子もいるので、楽しい園生活が待っていることを具体例を示しながら説明し、自信をもって進級できるように配慮しましょう。

❸5歳児クラスに進級することを楽しみに過ごす。
◆楽しかったことや、できるようになったことを友だちや保育者と振り返りながら、進級を楽しみにする。 言葉 協同性

このクラスで過ごせたことを幸せに感じる機会をつくろう

★集まりの時間などに、1年間を振り返り、楽しかったことやできるようになったことを話し合う場を設ける。
◉子どもの意見や様子に応じて、この1年間で楽しんできたゲームや踊り、歌などをみんなでもう一度やってみることを提案する。

それぞれの今を認め、安心して進級できるようにしよう

クラスで1年間を振り返る時間をもつ

1年間、一緒に過ごしてきて、どんなことが楽しかったか、うれしかったか、子どもたちと振り返る時間をつくってみましょう。きっと、意外な発見があると思います。

評価（子どもを捉える視点・見通し）	・友だちや保育者と一緒に思う存分楽しめたか。 ・友だちや5歳児とのかかわりを深めながら、興味・関心のあるものを探究することができたか。 ・進級することを楽しみに過ごせたか。

「月のねらい」は子どもの姿をもとに、資質・能力の3つの柱を意識して振り返りができるように作ります。本書では特に意識したいものに下線を入れています。
「知識・技能の基礎」………、「思考力・判断力・表現力等の基礎」＿＿＿、「学びに向かう力・人間性等」＿＿＿　※下線の詳細はP9を参照

3月の資料

4歳児

5歳児とのかかわりや様々な問いを共有し、探究していく中で新たなごっこ遊びが生まれてきました。

ごっこ遊び　文字・数や学校への興味・関心

遊び込んでいく中で、子どもたちは文字や数への興味・関心を抱き、自分たちの遊びの中に取り入れていきます。

「なんでもしらべやさん」開店

廃材でパソコンを作り始めた友だちに、「調べてほしいことがあるのだけど、いい？」と別の子が尋ねたことをきっかけに、「なんでもしらべやさん」が開店しました。

開店すると、友だちが調べてほしいことを言いに来ます。中には、相談をもちかける子も。

お客としてやってきた友だちが、「何屋さんかわかりにくい」ということで、看板を作ってくれました。

今までと違い、本物に近づけたいということで、ただ線を引いたキーボードではなく、50音表を見ながらじっくり作り上げていきます。

子どもだけでなく、保育者も訪れると、真剣に調べてくれます。

字が読めない友だちもいるから、イラストでお店を表現し、地図を書き始める子も出てきます。

学校ごっこ

お家ごっこをして遊んでいた子どもたち。ごっこの設定の中で学校に出かけていたら、「学校ってどんなところ？」「先生ってどんな仕事？」と問いが生まれ、調べていくうちに、学校ごっこへと変化していきました。何かになりきって遊んだり、知りたいことを自ら調べたりしていくうちに、子どもたちは、文字や数、図形に興味・関心を抱き、それらがもつ意味や特性を理解し、自分たちの遊びに取り込んだり、自ら獲得していこうとしていきます。

それは、文字や数をいわゆる「お勉強」で身につけているわけではありません。子どもたちが本気でワクワクしながら、遊び込んでいくからこそ生まれてくる学びなのです。その学びが生まれるためには、子どもたちの要求に応じて、絵本や図鑑、50音表を用意したり、道具を揃えたり、家庭に投げかけるなど、子どもの興味・関心に合わせて学びが深まるような保育者の環境構成や援助が必要になります。

絵本『しごとば』シリーズに様々な仕事が載っていたことを思い出し、早速学校の先生について調べ始めます。集まりの際、お兄ちゃんやお姉ちゃんのいる子には、家でも学校について聞いてきてもらうように伝えます。

学校、小学生と言えば、ランドセル。早速、廃材と平テープで作り始めます。

ノートのチェックもします。何やら計算式が。算数の授業のようです。

翌日、家庭で聞いてきたことを共有しました。さらに、卒園児が下校後遊びに来てくれたり、学校探検に行った5歳児たちも情報を提供してくれ、興味津々で話を聞く子どもたち。

筆箱や定規が必要なことを知り、手作りします。

自分たちで調べたことや聞いたことをもとに小学校の教室を再現していきます。

先生役の子が登場し、授業の始まりです。

今月の保育教材

絵本
『続々しごとば』鈴木のりたけ／著、ブロンズ新社

『しごとば』シリーズは、ぜひ揃えておきたいです。様々な職業を徹底的に取材し、普段なかなか見ることができない、職場や道具、生活スタイルをイラストで紹介しています。教師、消防隊員、女優、大工など9つの仕事場を掲載。学校ごっこをする子どもたちのバイブルになっています。

一斉活動　クラスで楽しかったことを振り返る

このクラスで共に過ごす最後の1か月。それぞれの今を認め、安心して進級できるようにします。

このクラスで食事をするのもあとわずか。食事を楽しみながら、いろいろな話題が出てきます。

楽しい1年であったこと、みんながそれぞれ成長していること、そしてこれからも楽しい日々が待っていることに、みんなでかんぱ〜い。

「もう1回踊りたい」など、クラスみんなでやりたいことを出し合い、実際に楽しみます。

今を楽しみ、そして明日に希望がもてるように

集まりの時間などで、この1年を振り返り、楽しかったことやおもしろかったことを共有したり、実際にもう一度やってみたりしながら、個々の子どもの今の姿、成長した姿を認めていくことが大切です。そして、進級しても、一人ひとりが自分を発揮できるよう、来年度の担任をはじめ同僚たちと、改めて今の子どもたちの姿を共有し、また新たな指導計画を立案していきましょう。

4歳児の遊びの環境
大切にしたいポイント

「子どもの姿ベース」の指導計画と保育を進めていくために、大切にしたい遊びの環境のポイントを解説します。関東学院六浦こども園の園長・根津美英子先生と副園長・鈴木直江先生にお話をうかがいました。4歳児クラスの保育室の環境から、いろいろな工夫の一例を紹介します。

道具や素材を自分で選んで取り出せる環境

やりたくなった時に子どもがいつでも始められるよう、いろいろな画材や素材を準備します。グループで同じ活動に取り組めるよう、テーブルも複数置くようにするとよいでしょう。

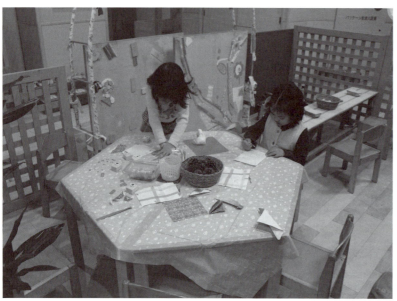
様々な素材に子どもたちはイメージを膨らませます。

遊びが豊かになるために、子どもたちが自由に使える道具や素材をどんどん増やしていきましょう。数が十分に足りていないと遊びは発展しません。

イーゼルや筆などを収納して、いつでも使えるように。

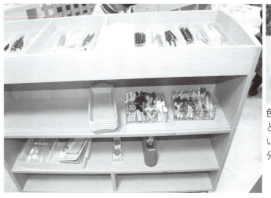

色鉛筆やクレヨン、はさみなどは、それぞれの「今作りたい気持ち」に応えるため、十分な数を準備しておきます。

様々な画材や素材を準備

色鉛筆、クレヨン、はさみ、セロハンテープ、針金、モール、お弁当用おかずカップ、空き箱、木片、リボン、プラスチックカップ、トレイ、毛糸、スタンプ台など

132

科学的な好奇心を育む環境

できることが増えて、やりたいことも広がってくる4歳児。遊びの中で科学的な不思議にふれられるよう、環境を工夫します。道具の扱いにも慣れてくるので、子どもの様子に合ったものを準備します。

ロフトの下のスペースを活用。カーテンを閉めると暗くなり、ライトテーブルが使えます。

白い布を張った前で影遊び。

いろいろな発見につながるように

光や影について探究できるように、ライトテーブルやライトなどがあるとよいでしょう。カーテンなどで仕切って、簡単に暗くすることができるスペースを作ると、その中でいろいろな活動ができます。

拡大レンズで結晶を覗きます。松ぼっくりや苔の実験も同時進行で行う本格的な実験室。ロフトの下の部分を使っています。

「和の色見本」が大活躍。自分が作った色水はどの色かな。「うすはないろ」「あさぎいろ」など、日本の美しい色の名称にふれる機会にもなります。

遊びが展開していく工夫

草花をすりつぶしたり、食紅などを溶かしたりして、3歳児の頃から色水遊びに親しんできた子どもたち。4歳児になると水性フェルトペンで塗った紙を水の中に入れて、溶け出したインクで濃度を調整するなど、作り方も進化します。さらに技を身につけてくると、いろいろな色水を混ぜ、自分だけの色水も作ります。「和の色見本」を準備したところ、同じ色を作ろうとしたり、自分が作った色はどれかと調べたりして、遊びが展開していきました。

「これは何だろう？」という科学的好奇心も高まります。光と影、自然、体やものの仕組みなど、子どもが好奇心をもてるよう環境を提供していくことが大切です。

友だちと一緒に遊びを発展させられる環境

友だちとの遊びが楽しくなってくるこの時期、何日も継続していく遊びも増えていきます。次の日も遊びが続けられるよう、独立したコーナーを設けたり、子どもと確認の上、保育室や園庭でも片づけずに残しておけるようにします。

友だちと遊びを発展させることがおもしろい時期。「明日も○○しようぜ！」を続けられるような、明日にとっておける環境の保障が大切です。

コマのコーナー。手よりゴマを回します。大ゴマを回すことができる5歳児をまねて、熱心に練習する子どもたち。キャップや段ボールで、手作りのコマも作ります。

大型の積み木のコーナー。友だちと協力して2階建ての家や基地も作ります。5歳児が作る姿に憧れて、4歳児もチャレンジしてみます。

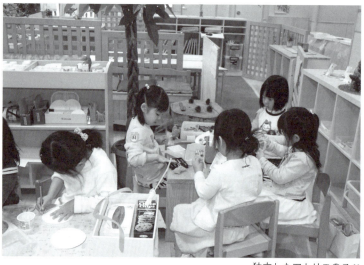

次の日も活動が続く場合

　4歳児の時期になると、体験したことやおもしろかったことをきっかけに、それをもう1回再現しようと友だちと一緒に製作物を作ったり、やり方を工夫し、材料を考えたりと、子ども同士で相談し合う姿も見られるようになります。子どもたちの集中力を引き出し、遊びを継続・発展させていくために、閉じた空間やゆとりのあるスペースを設けるとよいでしょう。

独立したアトリエのスペースで、友だちと相談しながら製作が進められます。明日も続きができることも魅力です。

ある子が始めた板と木の枝を組み合わせる遊び。おもしろそうと、ほかの子も加わってたくさん作ります。板と木の枝をたくさん準備しておけば、どんどん遊びが膨らんでいきます。

子どもの作品の展示から遊びが膨らむ環境

子どもの作品を飾ることは、その子本人にとって自信になるだけではありません。年上の子どものすてきな作品に刺激されて、小さい子どもがまねをして作り始めることもあります。子どもの活動の「見える化」に取り組みましょう。

アトリエでは、天井から吊るしたり、棚にディスプレイしたりといろいろな作品がすてきに展示されています。

> 作ったものが飾られることによって、その子の自信につながるほか、ほかの子どもがそれをまねたりするなど、遊びが広がっていく環境を構成しましょう。

子どもたちによく見えるよう低めの棚に飾ります。

子どもの目線に合わせる
子どもたちの身長も考え、「これは何だろう？」と興味をかき立てるように、ちょうどよい目線の位置に置くようにします。

豊かな外遊びの環境

園庭のビオトープ、頭上の通路、橋、抜け道、築山、手作り遊具など、変化に富み、回遊でき、アクティブな遊びが実現するような園庭に育てましょう。関東学院六浦こども園のように、グラウンドのような園庭を改良し、時間をかけて豊かな環境に変えていった園は多数あります。

> 登ったり、降りたり、くぐったり、はったり、ぶら下がったりするなど、体を多様に使って遊べるような外遊びの環境を用意することが大切です。

夏にはダイナミックな水遊びも楽しめます。

起伏のある園庭。お父さんたちが遊具やビオトープの整備を行っています。これまでに砂場、築山、花壇、見晴台、デッキなどが、月1回の「お父さんの会」の活動で手作りされています。

5歳児の月案と資料

[執筆]
北野幸子

[資料提供・協力園]
赤間保育園（福岡県）
霧ヶ丘幼稚園（福岡県）
神戸大学附属幼稚園（兵庫県）
第二赤間保育園（福岡県）
梅圃幼稚園（福井県）
舞鶴市立うみべのもり保育所（京都府）

5歳児の年間計画

年間目標
- 豊かな体験を積み重ねながら、互いの健康や安全への意識をもち、自ら主体的に行動する力など、生きる力の基礎を育む。
- 自分の気づきや、考え、思いを、友だちと共有しながら、互いに試行錯誤したり、創意工夫したりして、遊びを楽しむ。
- 生活や遊びの中で、図、形、数量、文字、記号などに対する感覚を豊かにし、様々な方法で主体的に表現することを楽しむ。

	Ⅰ期（4～5月）	Ⅱ期（6～8月）
子どもの姿	・新しい環境に慣れ、自分のクラスを居心地のよい場所と感じ、クラスの友だちと安心して過ごす。 ・5歳児になったことを自覚し、自ら生活を進めたり、進んで役割を果たし、主体的に遊んで楽しむ。 ・思いや考えを伝え合いながら遊びを楽しむ姿が見られる。	・自然現象などに深く興味を抱き、様々な事物について、不思議に感じ、疑問を抱き、探究しようとする。 ・事物や友だちとじっくりとかかわり、その特徴や個性などに気づき、さらにかかわりを深めて遊びを楽しむ。 ・自ら、考え、見通しをもって遊びを楽しむ。
ねらい●	●新しい生活や環境に慣れ、安心して生活や遊びを楽しむ。 ●全身を思い切り動かし、五感を大いに活用して、遊びを楽しむ。 ●互いの言葉や表現を工夫し、思いや考えを伝え合おうとする。 ●身近な自然、動植物に関心をもち、主体的にかかわり、遊びに取り入れたり、飼育や栽培などの世話をしたりして、親しむ。	●自然や天気の現象や変化に興味をもち、特徴や関係性に気づいて、健康に過ごせるように対応したり、疑問を抱いて探究したりする。 ●状況に応じて自ら考え、健康的で安全に過ごせるように行動する。 ●見通しをもって考え、創作し、表現して、遊びを楽しむ。 ●友だちや他者との関係を深め、充実感を味わい、遊びを楽しむ。
内容◆	◆安心して主体的に生活し、全身を使って友だちと遊びを楽しむ。 健康 自立心 協同性 道徳・規範 社会生活 ◆自分の気づきや、考えなどを共有し、遊びや生活に取り入れて楽しむ。 自立心 協同性 感性・表現 言葉 ◆飼育や栽培に主体的にかかわる。 思考力 言葉 自然・生命	◆必要性を考え、自ら健康的に過ごす。 健康 自立心 道徳・規範 社会生活 思考力 ◆イメージを共有し、試行錯誤、創意工夫して、継続的に遊びを楽しむ。 協同性 思考力 言葉 感性・表現 ◆気づきや発見、考えを、数量や図形、文字を活用しながら共有する。 思考力 数量・図形・文字 言葉 感性・表現
環境構成★・保育者の配慮◎	★園庭や、地域の自然の中で十分に体を動かすことができるように、安全性を配慮し、十分な空間をつくる。 ★草花、木の実など、多様な色、形、大きさ、固さ、匂いなど、五感を働かせることができる自然環境づくりを工夫する。 ★好きな遊びの場面や、振り返りや話し合いの場面を設ける。 ◎生活リズムや、体調に配慮し、個々の子どもの様子に応じて、安全や、休息などについて問いかける。 ◎自分の思いや考えを互いに伝え合う姿を見取り、その様子を認め、さらに伝え合いが深まるように、問いかけたり、共感したりなど、語り合いの援助を行う。	★子どもの姿を踏まえて、要望に応じつつ、多様な材料、イメージの具現化を図る道具、作業可能な環境や時間を十分に用意する。 ★特徴や変化についての気づき、考え、探究を、写真や図、掲示などで表し、共有できるような環境を子どもと一緒につくる。 ★共に試行錯誤し、創意工夫して楽しかった経験を振り返って確認し、達成感や充実感が味わえるように、記録や掲示を工夫する。 ◎自分の気づきや考えを描き、言葉にする姿や友だちと共有しようとする姿を認め、説明などの言葉を添えたりして、援助する。 ◎グループなどの話し合いの内容、創意工夫したこと、実際に楽しかったことを、クラスで共有し、自信につなげ、達成感を感じることができる機会を設ける。
家庭や地域との連携	・5歳児クラスに慣れ、友だちと楽しく遊んでいる様子をクラスだよりやドキュメンテーションで伝える。 ・連休の過ごし方や、交通マナーについて子どもたちと話し合った内容を保護者に共有する。 ・遠足など、園外活動などについて地域に伝える。	・製作が豊かに展開するように廃材などの提供の協力や連携を促す。 ・水遊びなども多くなるので、健康状態についての連絡を密にする。 ・友だち関係が深まり、楽しく、充実して遊ぶ様子を伝え、共に喜ぶ。 ・栽培し収穫した夏野菜を家庭に持ち帰り、子どもと話したり、調理したり、味わったりするように提案し、その様子を共有する。
健康・安全・食育の配慮	・新しい生活の緊張感、張り切る姿を踏まえて、生活リズムや体調に配慮し、ゆっくりと過ごせる雰囲気、空間、時間を設ける。 ・室内外の環境や遊具の取り扱いについて子どもの気づきを促す。 ・気温の変化に応じて、自ら考えて着脱などを調整するように促す。 ・交通マナーを学び、安全に配慮できるように促す。	・雨天時や、夏を健康で安全に過ごすために、環境を整える。 ・健康や安全、衛生について関心をもち、必要な習慣を身につけ、自ら進んで行動する姿勢を育む。 ・野菜の育ち、特徴などついての関心を高め、栽培した夏野菜を収穫し、家庭や地域の人と調理し、味わって楽しむ。

「内容」は子どもの姿をもとに「幼児期の終わりまでに育ってほしい姿（10の姿）」を意識して作ります。10の姿のマークを入れました。 健康 自立心 協同性 道徳・規範 社会生活 思考力 自然・生命 数量・図形・文字 言葉 感性・表現　※マークの詳細はP9を参照

- ■ 自然や季節、文化、社会、様々な人とかかわりながら、好奇心や探究心、畏敬の心や命の大切さを感じ、遊びや生活に取り入れる。
- ■ 事物の背景や特徴、人の個性や役割などに気づき、それぞれを認め多様性を尊重し、生活や遊びに取り入れたり、受け止めたりして、親しむ。
- ■ 好奇心、探究心、チャレンジ精神などを抱き、友だちと共に考え、判断し、行動しながら、充実した園生活を過ごす。

Ⅲ期（9〜12月）	Ⅳ期（1〜3月）
・互いの体調に関心をもち、考えながら、健康に過ごす。 ・意見の相違を柔軟に受け止め、相談しつつ遊びを楽しむ。 ・様々な人と役割やつながりに気づき、尊重し、親しむ。 ・意見を交わしながらルールのある遊びを楽しんだり、アレンジしたり、ルールを作ったりして楽しむ。	・相手の受け止め方などを配慮し、わかり合えるように工夫しながら、協同的に遊びを楽しむ。 ・友だちと一緒に目標をもって遊び、やり遂げた自信と達成感を感じ、さらに意欲的な姿が見られる。 ・小学校生活をイメージし、希望をもって過ごす。
●健康と安全を配慮し、季節などを遊びに取り入れて楽しむ。 ●友だちと意見を出し合い、相談し、合意を図ったりしながら、自分たちらしさを発揮して、協同的に遊びを楽しむ。 ●遊びや生活の中で積極的に役割を見つけ、それぞれが自己発揮し、認め合い、集団との関係性の中で充実感を味わう。	●個性を認め合い、多方面に興味を広げ、遊びを楽しむ。 ●協同し、創造力を発揮して、言葉、動き、音、道具を工夫して創作や表現を楽しみ、達成感を味わう。 ●充実した園生活を過ごし、互いの成長を喜び、誇りを感じ、自信を深めながら、入学への喜びと、夢、期待をもつ。
◆季節の変化に関心をもち、共にかかわり、探究する。 協同性　思考力　自然・生命　数量・図形・文字　感性・表現 ◆様々な人と相談し、創意工夫し楽しむ。 協同性　社会生活　思考力　道徳・規範　数量・図形・文字　言葉　感性・表現 ◆特徴や機能を意識しながら、遊びを楽しむ。　社会生活　思考力	◆健康や安全、社会・時事問題など多方面に興味を広げ、協同的に考え、主体的に遊びや生活を楽しむ。 健康　協同性　思考力　言葉　数量・図形・文字　感性・表現 ◆充実した園生活を過ごし互いの成長に誇りを感じ、夢や自信をもって卒園を迎える。　自立心　協同性　社会生活
★気づき、調べた内容、人に尋ねたこと、話し合ったことなどが共有できるように、資料、図、写真、ボードなどを用意する。 ★自分たちで遊びや、ゲームをつくろうとする子どもの要望に応じて、材料を十分に用意し、自分たちで選び、準備し、活用し、片づけることができるように、わかりやすい場所に置く。 ◉互いの発見、探究、創意工夫などを比較し、共有し、対話する機会を設け、伝え合ったり教え合ったりする姿を求め、促す。 ◉話し合いで、互いの考えが伝わりにくい様子が見られた場合は、内容を確認したり、まとめたりして、共通理解を促す。 ◉ルールを作る楽しさを共感し、ルールがあるからこそ楽しめる点などについて確認したり、気づきを促したりする。	★一緒に考えた意見や工夫など、話し合いのプロセスをたどりながら共有できるように、ボードや記録の環境を用意する。 ★数や文字、記号などを掲示し、関心をもった子どもが活用できるように、手軽に持ち運びのできる表などを用意する。 ★小学校のクラスだより、教科書、通学路の地図、給食の写真などを子どもと共に用意し、小学校生活への期待を共有する。 ◉個々の意見が反映され一体的に楽しめるように配慮する。 ◉なりきったり、ユニークな表現を工夫したりする姿を認める。 ◉見通し、計画、協力する姿を認め必要に応じて援助する。 ◉クラスで一緒の食事、園外活動、卒園式の準備、大掃除など子どもたちの提案を受け、一体感を深める機会を考える。
・自然や季節、他者への気づきや、かかわり、探究の様子を伝え、家庭でも一緒に話題にしたり、調べたりして、園の活動とのつながりを促す。 ・子どもの豊かな発想や、創意工夫の様子を伝え、共に喜び、褒めたり、認めたりする。	・グループでの活動や、クラス全体の様子と、関係性の中での個々の子どもの育ちを伝え、社会性の育つ様子を伝える。 ・小学校生活への不安や心配を払拭できるように、子どもの成長を感じ、子どもの力を信頼できるように保護者との連絡を密にし、連携を図る。
・感染症予防の大切さと具体的な方法を伝え、健康的で安全な過ごしかたを身につけるように援助する。 ・園外での交通安全を意識し、社会的なマナーを身につけ、友だちや年齢の年下の子どもへの配慮ができるように促す。 ・旬の野菜や果物を知り、味わい、食の楽しさと大切さに気づく。	・自分を大切に思い、友だちとの時間を大切に感じ、健康や安全、生活、食事などに関して自ら考えて行動する姿を認め、自信や感謝の気持ちを育む。 ・通学路や給食など小学校の生活について伝え、安心し、期待をもって入学できるように配慮する。

「ねらい」は子どもの姿をもとに、資質・能力の3つの柱を意識して振り返りができるように作ります。本書では特に意識したいものに下線を入れています。
「知識・技能の基礎」………、「思考力・判断力・表現力等の基礎」　　　　、「学びに向かう力・人間性等」　　　　　※下線の詳細はP9を参照

5歳児 4月の指導計画

4月当初の子どもの姿
- 卒園式で前年度の5歳児を送り出したことで、感謝の気持ちや寂しい気持ちをもったり、卒園児の様子を思い出したりする姿が見られる。
- 園の最年長学年になることを自覚し、喜びと期待を抱いている様子が見られる。

5歳児としての自尊心を育もう

新しい生活や環境が、心地よい自分の居場所となることにより、自らを発揮するようになります。5歳児としての自覚や、自尊心が育まれ、考えや思いを伝え合い、自分から生活を工夫し、共に探究する姿が見られます。

自分たちで進める生活と遊び

5歳児になった自覚から、子どもたちは生活の仕方や、約束事、役割などに興味をもち、自分たちで考えて、行動します。グループ活動や役割などを通じて一緒に生活や遊びを楽しみ、興味・関心を共有し、創意工夫して探究できるように、十分な時間や場所を確保しましょう。

子どもの姿ベースのねらい●と内容◆

第1週
- ❶新しい環境に慣れ、安心して生活や遊びを楽しむ。
- ◆新しい生活や環境に慣れ、安心して過ごす。 [健康] [道徳・規範] [社会生活]
- ◆クラスの保育者や友だちと共に生活や遊びを楽しみ、親しみをもつ。 [健康] [道徳・規範] [社会生活]
- ◆室内外の環境を知り、確認する(個々の持ち物や共通の道具の置き場所などを知る)。 [社会生活]
- ◆自分の好きな遊びを主体的に楽しむ。 [自立心] [思考力]
- ❷5歳児になったことを自覚し、喜びを感じ、主体的に過ごせる。
- ◆5歳児になったことを自覚し、期待をもつ。 [自立心]

第2週
- ◆新しい生活や環境に慣れ、その特徴に気づく。 [健康] [社会生活]
- ◆生活の仕方や、約束事、役割に興味をもち、自分たちで話し合って、主体的に行動する。 [協同性] [道徳・規範] [社会生活]
- ◆グループや当番活動に主体的にかかわる。 [協同性] [道徳・規範] [社会生活]
- ◆新入園児や年下の子どもの不安や困っている様子に気づき、自ら世話をしようとする。 [協同性] [道徳・規範] [社会生活]
- ◆興味のある遊びを友だちと一緒に楽しむ。 [自立心] [協同性] [思考力] [言葉]

環境構成★・保育者の配慮◎

第1週

喜びと自覚が育まれるように
- ◎5歳児になって「うれしいこと」「楽しみなこと」「頑張りたいこと」などを集会で共有する。保育者が子どもの発言に共感し、励ます。

新しい環境で安心を
- ★新しいクラスの一員として歓迎されていることがわかるように、個々の写真や名前を用意し、掲示する。
- ◎室内外の新しい環境や遊具について、特徴や安全性を伝える。
- ◎一人ひとりの個性を理解し、気持ちを洞察し、認め、共感し、協同しながら、信頼関係を築く。

主体的な遊びが広がるように
- ★これまでよく遊んでいた道具や教材を用意し、写真を貼るなどしてわかりやすく示し、子どもが自由に出し入れできるようにする。
- ◎新しい環境や人とかかわろうとする姿を認め、時に仲立ちをする。

第2週

新しい環境・関係に親しむ
- ★子どもと相談し、製作したものなどを飾る場所を用意する。
- ★1人で安心して遊ぶ様子や友だちと遊ぶ様子のドキュメンテーションを作成し掲示する。
- ◎新しい環境や友だちと遊ぶ楽しさに気づいたり、共感したりできるように、仲立ちする。

主体的に生活を楽しむために
- ◎子どもたちの話し合いの機会を設けて、生活場面での工夫や、安全に配慮する姿、友だちや年下の子どもを思いやる姿などを認める。

興味をもって没頭できるように
- ★子どもが集中して遊べる空間をつくる。
- ★子どもの興味・関心に応じた素材や道具等を十分に用意し、子どもと相談しながら、さらに充実させる。
- ◎一人ひとりの考えや思いを聞き、保育者も一緒に考えたり楽しんだりする。

個別配慮

ゆうすけくん：加配の保育者と日々の様子を確認しつつ、新しい環境に緩やかに慣れるように言葉かけやかかわりに配慮する。

みずきちゃん：新入園児なので、新しい環境に慣れるよう、保護者と密に連携を取りながらかかわっていく。

家庭・地域・学校との連携
- 家庭と共に、5歳児になったことを喜び、認め、子どもの自覚や自信につながるように援助する。
- 新しい環境での不安や、緊張、疲労について家庭との情報共有を密に図る。

「子どもの姿ベースのねらい●と内容◆」の「内容」は子どもの姿をもとに「幼児期の終わりまでに育ってほしい姿(10の姿)」を意識して作ります。10の姿のマークを入れました。[健康] [自立心] [協同性] [道徳・規範] [社会生活] [思考力] [自然・生命] [数量・図形・文字] [言葉] [感性・表現]　※マークの詳細はP9を参照

| 月のねらい | ❶新しい環境に慣れ、安心して生活や遊びを楽しむ。
❷5歳児になったことを自覚し、喜びを感じ、主体的に過ごせる。
❸春の自然や人との出会いに興味をもってかかわろうとする。 | 健康・安全・食育の配慮 | ・新しい生活での、緊張感や張り切りすぎによる疲労感を考慮して、ゆったり過ごせる時間や場を用意する。
・新しい環境での安全面を考慮し、室内外の環境や遊具等の取り扱いについて、子ども自身の気づきを促す。 | 行事 | ・入園式
・始業式
・誕生会
・内科健診
・春の交通安全運動 |

第 3 週	第 4 週
◆興味のある遊びを友だちと楽しみ、一緒に遊ぶ楽しさを感じたり、つながりを感じたりする。 協同性 社会生活 思考力	◆自分たちで生活を進める楽しさや、役立つうれしさを感じる。協同性 道徳・規範 社会生活
◆主体的な生活や遊びの中でルールや役割に気づき、共に考えたり、工夫したり、決めたりする。自立心 道徳・規範 社会生活 ◆友だちと一緒に新しい道具やルールを活かした遊びを楽しむ。協同性 社会生活 言葉 ❸春の自然や人との出会いに興味をもってかかわろうとする。 ◆春の身近な自然や環境に興味をもち、積極的にかかわる。自然・生命	◆当番や役割、年下の子どもへのかかわりなど、自分たちのできることを考え、意欲をもって取り組もうとする。自立心 社会生活 道徳・規範 ◆自らの考えや思いを出し合いながら、生活や遊びを楽しむ。自立心 協同性 言葉 ◆自分の考えや思いを伝えたり、友だちの考えや思いを聞いたりしようとする。思考力 言葉 ◆春の自然や環境に興味をもち、感じたり、関連づけたり、活用したりする。思考力 自然・生命
一緒の楽しさを感じられるように ◉子どものリクエストに応じて、ふれ合い遊びや、手遊び、椅子取りゲームなどルールのある遊びをしたり、歌を歌ったりして楽しむ。 ◉食事や振り返りの時に、自分の考えや思いを話したり、友だちの話を聞いたりする機会を設ける。 **創意工夫して楽しめるように** ★子どもの意見を取り入れて、コーナーづくりやおもちゃの準備や配置などの環境を再構成する。 ◉ものの扱い方や片づけなどで、自分で気づき、考え、行動する姿を認め、励ます。 ◉自分らしい考えや思いを出し合う姿を認め、励ます。 **春を感じ、楽しめるように** ★子どもの発見したものに関連する絵本や図鑑を掲示し、クラス全体で共有する。 ◉発見を友だちに伝えたり、友だちから聞いたりする機会を設け、興味・関心を広げていく。	**自分たちらしい生活を** ★役割や担当を自覚できるよう、写真や名前入りの掲示や教材を準備する。 ◉栽培や飼育、配膳の準備や片づけなどの役割について、内容や進め方を子どもたち自身が提案し、話し合って決める機会を設ける。 **相互作用をうながす** ◉生活での類似点や、共通の興味などへの気づきを認め、確認する。 ◉考えや思いを友だちと伝え合う姿を認める。 ◉考えや思いが伝わりにくい時は、保育者がかかわって、相互理解が深まるように援助する。 **春の自然への興味を広げるように** ★生活や遊びの中で発見した動植物の飼育や栽培に必要なものを用意する（虫カゴや、花瓶、図鑑などの資料）。 ◉春の自然を、色水遊びや、製作などに活用する姿を認め、励ます。

| 評価 子どもを捉える視点・見通し | ・保育者の言葉かけや環境づくりの中で、安心して過ごせたか。
・自ら生活を工夫し、自分の興味のあることを見つけて、友だちと楽しく遊んでいたか。
・5歳児になった喜びを感じ、自尊心をもって過ごせたか。 | ・友だちとのつながりを感じ、考えや思いを伝え合いながら、没頭して遊べたか。
・春の自然に興味をもち、探究したり活用したりしていたか。 |

共に環境をつくろう

4月当初は何よりも居心地がよい自分のクラスという意識が芽生えるように、個々の子どもが環境をよく知り、慣れることが大切です。さらには、子どもたちの意見を取り入れた春の発見コーナーや探究コーナーを作るなど、一緒に環境構成をしたいものです。

個と個を尊重し、つなげる援助を

新しいクラスでは、まずは個々の子どもが自分らしさを発揮できるように、その姿を時に認め、時に励まし、時に促しましょう。さらには、他児への関心が高まる姿や、協同する姿を認め、励ますことにより、クラスのつながりが広がります。

「月のねらい」は子どもの姿をもとに、資質・能力の3つの柱を意識して振り返りができるように作ります。本書では特に意識したいものに下線を入れています。「知識・技能の基礎」............、「思考力・判断力・表現力等の基礎」_____、「学びに向かう力・人間性等」_____ ※下線の詳細はP9を参照

5歳児

4月の資料

新しい環境や友だちと安心して生活し、5歳児としての自覚と自信をもって自己を発揮することができる環境の工夫を考えてみましょう。

自尊心を大切に　自信をもって過ごせるように援助する

5歳児になった子どもたちが、生活の中で自信を深めて、安心して自分の考えや思いを伝えて、他者との温かいかかわりが広がるように、協同したり、共感したり、認めたりといった援助を工夫しましょう。

安心して、生活や遊びが楽しめるように

クラスの友だちとのつながりの中で、自分らしさを発揮しながら、生活をつくっていけるように、まずは安心できる場づくり、次に自分の考えや思いを出しやすい受容的な雰囲気づくりをします。そして、自己を発揮する個々の子どもの姿を認め、励まし、共に楽しむための援助を工夫しましょう。

4月の5歳児クラスでは、自覚と自信に溢れた子どもたちの姿が見られます。自ら進んで、手洗いやうがいなどをする姿を、保育者が認めることで、健康や衛生管理への意識を育みたいものです。

友だちと楽しかった遊びを振り返りながら、「汗をたくさんかいたからお顔も洗っちゃった」「それは、いいアイデアね」など、自分の考えや思いを伝えたり、認め合ったりする姿も見られます。自己が発揮しやすい安心できる環境や、受容的な雰囲気づくりを工夫してみましょう。

5歳児としての自覚や自信から、年下の子どもの世話をする姿や、他者を思いやる姿が見られます。個々の子どもを認めたり褒めたりし、その姿をクラスで共有し、広げていきたいものです。

友だちと一緒に安心して遊ぶために、保育者が遊びに入るなどの工夫をしてみましょう。「こんな滑り方で、一緒に滑ってみよう」「次はこんな滑り方も楽しいね」など、子どもたちからアイデアが出始めます。

話し合い

経験を共有し、さらに深められる豊かな教材と場を用意しよう

自分の安心できる居場所を見つけ、好きな遊びとじっくりと向き合いたい4月。
友だちと一緒に発見したり、工夫して遊んだりできる環境や、調べたり、育てたり、
作ったりできる教材を、子どもと一緒に用意しましょう。

試行錯誤するために、十分な教材や空間を

4月は、新しいクラスで、より自己を発揮するための基礎を培う時期です。ゆったりした雰囲気、じっくりと考えや思いを伝え合う機会、時間や空間を十分にとった環境構成・再構成をしましょう。春の自然を感じ、トカゲ、ダンゴムシや幼虫を見つけ、それを飼えるようにしたり、また、草花を摘んだり、つぶしたり、混ぜたりできるように、十分な教材も必要です。

菜の花を抜き、土をつくり、各々が選んだ野菜を育てます。

色水遊びでは、個々が主体的にじっくりとよく観察したり、比べたりする姿や、友だちと対話しながら、工夫したり、試したり、協力したりする姿が見られます。

自分たちで見つけた幼虫を育てる方法を図鑑で調べ、育てるために必要な道具を保育者と一緒に探しました。当番なども話し合って決めました。

今月の保育教材

道具
遊びが豊かに展開できるように、コップ、じょうろ、ふるい、すり鉢などの教材を用意しましょう。

絵本
『とべバッタ』田島征三、偕成社
進級直後の子どもたちは、小さくともみんな不安を抱いているもの。新しい環境で元気が湧き出るきっかけになる絵本です。
『のはらのずかん』長谷川哲雄／『やさいのずかん』小宮山洋夫、（絵本図鑑シリーズ）岩崎書店
5歳児の限りない科学的探究心に応えます。春の自然を感じる活動の教材として最適です。

5歳児 5月の指導計画

前月末の子どもの姿
- 新しい環境に慣れ、自分のクラスを居心地のよい場所と感じ、クラスの友だちと安心して過ごす姿が見られる。
- 5歳児としての自覚をもち、自ら生活を進めたり、進んで役割を果たしたりする姿が見られる。
- 身近な自然や事象に興味を示し、遊びに取り入れる。

全身を使い、五感を活用する、豊かな経験を

晴れる日も多く、過ごしやすい気候の中、全身を使ったり、五感を活用したりして、遊ぶ姿が多く見られます。戸外遊びの時間や空間を十分に設けましょう。感性豊かな子どもたちの気づきを十分に受容し、共感しましょう。

一人ひとりの思いが受け入れられやすい雰囲気づくりを

「伝えたり、聞いたりすることが、楽しくうれしい」という、肯定的な経験となるように、振り返りや話し合いの機会を設けましょう。保育者がうなずき、認め、時に促し、時にモデルとなるなどの援助を工夫したいものです。

	第1週	第2週
子どもの姿ベースのねらい●と内容◆	●友だちと全身や五感を活用して心地よく生活し、共感しながら、遊びを楽しむ。 ◆友だちと一緒に、全身を使って遊ぶ気持ちよさを感じる。 健康 協同性 ●友だちと、それぞれ自分の言葉で思いや考えを伝え合おうとする。 ◆自分の思いや気づき、感じたこと、考えを安心して、友だちに伝えることを楽しむ。 協同性 言葉 感性・表現	◆動植物の感触を感じたり、おやつや食事の味を楽しんだり、春の草花や実の匂いをかいだり、鳥のさえずりやチョウチョウが舞う姿などに気づき、親しみを感じる。 協同性 自然・生命 ◆健康や、安全につながる、基本的な生活習慣や交通マナーについて、友だちと確認する。 健康 協同性 道徳・規範 社会生活 言葉 ●身近な動植物に関心をもち、自らかかわったり、飼育や栽培などをしたりして、親しむ。 ◆身近な動植物に気づき、遊びや活動の中に取り入れて楽しむ。 思考力 自然・生命 感性・表現
環境構成★・保育者の配慮◎	**安全に、ダイナミックに活動できるように** ★園庭や、地域の自然の中で十分に体を動かすことができるように、場所の安全性に配慮し、十分な空間をつくる。 ★草花、木の実などの多様な色、形、大きさ、固さ、匂いなど、五感を働かせることができる自然を取り入れて、環境づくりを工夫する。 ◎生活リズムや体調に配慮し、個々の子どもの様子に応じて、安全や休息などについて問いかける。 **伝えたい気持ち、聞きたい気持ちが育まれるように** ◎好きな遊びの場面の振り返りや話し合いをする機会を設ける。 ◎自分の思いや考えを互いに伝え合う姿を認め、さらに伝え合いが深まるように、問いかけたり、共感したりなど、語り合いの援助を行う。	**子どもの気づきが深まる環境をつくろう** ★子どもが園内外で見つけた草花や実、石、虫などを置いておいて、ほかの子どもが観察できるコーナーを設置する。 ★図鑑で調べたり、長さや大きさや重さを計ったり、比べたりすることができるような教材を用意する。 ★遠足への期待が膨らむ中、交通マナーについて考えることができるパンフレットなどを掲示する。 ◎コーナー作りや教材の準備は、子どもの興味・関心や疑問をもつ姿を踏まえて、必要性を子どもと相談しながら行う。 ◎楽しかった連休などを振り返りながら、実体験を踏まえつつ、交通マナーや公共マナーについての気づきを促したり、友だちと確認したりするなどの援助を行う。
個別配慮	ゆうすけくん：加配の保育者と連携しつつ、友だちへの興味やかかわろうとする気持ちが見られた時には、一緒に遊びに入りながら、緩やかなつながりを促し、楽しく遊べるように配慮する。	**家庭・学校・地域との連携** ・5歳児クラスにも慣れ、友だちと楽しく遊んでいる様子をクラスだよりやドキュメンテーションで伝える。 ・連休の過ごし方や、交通マナーについて子どもたちと話し合った内容を保護者と共有する。 ・遠足など、園外活動について地域に伝える。

「子どもの姿ベースのねらい●と内容◆」の「内容」は子どもの姿をもとに「幼児期の終わりまでに育ってほしい姿（10の姿）」を意識して作ります。10の姿のマークを入れました。 健康 自立心 協同性 道徳・規範 社会生活 思考力 自然・生命 数量・図形・文字 言葉 感性・表現 ※マークの詳細はP9を参照

| 月のねらい | ❶友だちと全身や五感を活用して心地よく生活し、共感しながら、遊びを楽しむ。
❷友だちと、それぞれ自分の言葉で、思いや考えを伝え合おうとする。
❸身近な動植物に関心をもち、自らかかわったり、飼育や栽培などをしたりして、親しむ。 | 健康・安全・食育の配慮 | ・休日明けなど、生活リズムや体調に配慮し、ゆっくりと過ごせる雰囲気、空間、時間をつくる。
・気温の変化に応じて、自ら考えて着脱などの調整をするように促す。
・交通マナーを学び、安全に配慮できるように促す。 | 行事 | ・春の遠足
・避難訓練
・誕生会 |

第3週	第4週
◆「温かいね」「いい匂いだね」「きれいだね」などと、友だちと経験と感情を共有し、生活や遊びを楽しむ。 協同性 社会生活 言葉 感性・表現	→
◆自分や友だちの感じたことや、イメージ、アイデアを伝えたり、聞いたりして共有し、共感することを楽しむ。 協同性 思考力 言葉 感性・表現	→
◆身近な動植物に関心をもち、栽培や飼育などについて、話し合い、主体的にかかわる。 協同性 思考力 自然・生命 言葉 感性・表現	◆疑問に思ったことや調べたこと、活動にあたって考えたことを伝え合い、提案したり、創意工夫したりして活動を深める。 協同性 思考力 自然・生命 数量・図形・文字 言葉 感性・表現

子どもの気づきや感情を認め、子ども同士のつながりを深めよう

自分と同じことに気づいたり、自分と同じ感情を抱いたりする友だちがいることを知り、そのことに喜びを感じる経験が、友だちの気持ちに関心をもつこと、さらには思いやりの気持ちの育ちにつながります。

子ども同士のつながりを深めよう

★子どもが見つけた草花や実、育てたい野菜や花、虫、小動物など、子どもの発見を起点としつつ、飼育や栽培など、協同的な体験につながる環境を用意する。

★飼育や栽培や、それにつながる製作や調理にかかわる教材を十分に用意する。

◎子どもの発見や興味・関心・疑問を、保育者が子どもたちに伝える。

◎飼育したり、栽培したり、製作したり、調理したりしたいという子どもの思いを踏まえて、必要なことを一緒に調べる。方法や、役割分担などについて話し合う子どもの姿が見られた時には、子どもたちの意欲を認めたり、責任感を称賛したりする。必要に応じて、話し合いの内容について、問いかけたり、くり返して確認したりするなどの援助を行う。

イメージを共有したり、アイデアを出し合ったりできるように

★イメージを描き、アイデアが湧き出るように、子どもの興味・関心に応じて、製作用の十分な素材、道具を用意する。

◎イメージの共有や、アイデアが出しやすいように、問いかけたり、確認したり、促したりして、子どもたちのかかわりを深める。子どもたちが一緒に教材を探して、工夫して活用する姿を認め、必要に応じて相談に乗る。

イメージやアイデアを共有し、自分たちで考えて行動する姿を認めよう

安心できる親しいクラスの友だちとの関係性を基盤として、子どもたちは共有のイメージを描くことができます。製作したり、音楽を奏でたり、ごっこ遊びをしたりする中で、さらに自分たちのアイデアを出し合い、自分たちで考え、決めて、行動する力が育まれます。

| 評価 捉える視点（子どもを・見通し） | ・思い切り体を動かし、五感を活用して遊ぶ心地よさを味わっていたか。
・自分の思いを伝えたい気持ち、友だちの思いを聞きたい気持ちが育まれていたか。
・動植物へ気づきや関心をもち、友だちと共有し、飼育や栽培などに主体的にかかわろうと | する姿が見られたか。 |

「月のねらい」は子どもの姿をもとに、資質・能力の3つの柱を意識して振り返りができるように作ります。本書では特に意識したいものに下線を入れています。「知識・技能の基礎」………、「思考力・判断力・表現力等の基礎」_____、「学びに向かう力・人間性等」_____ ※下線の詳細はP9を参照

5月の資料

5歳児

クラスにも慣れて、気候もよいさわやかな5月。共感しながら、人とかかわる楽しさをより深く実感する援助の工夫を考えてみましょう。

環境構成 　五感を育み、一緒に気づくための環境

個と集団をつなげる環境を工夫しましょう。
春の草花や動植物、昆虫などへの気づきや発見が豊かに共有でき、
子どもの飼育や栽培などの活動への意欲に応えることができる環境をつくります。

五感を育み、気づきを共有し、飼育や栽培などの共同活動ができる環境をつくろう

草花や、木の実、昆虫などの発見につながる環境を構成しましょう。発見を共有できるコーナーがあるとよいですね。栽培や飼育が可能な環境づくりを子どもたちと一緒に楽しみましょう。

園内で思い切り体を動かしたり、水や土などを感じたりできる環境を保障しましょう。戸外でのダイナミックな遊びは、人間関係を深めます。

友だちと一緒に気づきや発見をじっくりと共感したりできるような、ゆったりとした時間をとりましょう。グループのメンバーを確認できる掲示なども関係性を深める手立てになります。

今月の保育教材

手遊び
「ひらいたひらいた」「お寺の和尚さん」
動植物の育ちや栽培などを感じることができる手遊びは、楽しさが広がります。

絵本
『そらまめくんのベッド』なかやみわ／作・絵、福音館書店
『みどりいろのたね』たかどのほうこ／作、太田大八／絵、福音館書店
野菜や虫など自然界のすべてのものにそれぞれの心や気持ちがあるということに気づき、想像力や表現力の芽生えにつながる絵本です。他者への関心、優しい気持ちが広がり、栽培や飼育のごっこ遊びなどへの展開が深まります。

色彩が豊かな草花や香りの高い実がなる植物を植えるなど、環境を工夫しましょう。匂いのよい梅の実がなる木、野菜を育てることができる畑、動植物を飼育できる環境などです。子どもたちが見つけた、草花、木の実、昆虫をしっかり観察できるように、虫眼鏡、透明な皿、図鑑や絵本を用意しましょう。

話し合い　自分が経験したことを友だちと振り返る

連休中に経験したことや、園外散策、遠足などで体験したことについて、話し合う機会を設けましょう。
クラスの雰囲気、友だちとの関係性が形づくられる時期なので、
当番活動や、グループによる栽培や飼育活動について相談する機会を工夫しましょう。

グループで話し合い、当番や役割について考える

動物や昆虫の飼育に必要なことや、当番や役割をグループで話し合いましょう。当番活動をした後はクラスに報告し、感謝したり、感謝されたりする経験につなげましょう。

グループでの話し合いをもとに、分担して飼育している動物のケージを掃除します。

クラスで話し合い、自分たちでグループをつくる

自分が育てたいと思う野菜を出し合い、クラスで相談してグループをつくり、グループごとに野菜を栽培してみましょう。看板を作ったり、育て方を調べたり、役割分担したり——。さらに育ちの記録や実際の収穫、調理にまで、話し合いが広がりました。相互作用による創意工夫も深まります。

野菜の絵を描いた看板を自分たちの畑に立てます。

どんな野菜を育てたいか、話し合ってグループをつくります。子どもたちが経緯を共有する写真などを掲示すると、話し合いがさらに深まります。

体験を共有する

園内外の活動で、一緒に感じたり、気づいたり、楽しんだりしたことを共有しましょう。

5歳児 6月の指導計画

前月末の子どもの姿
- クラスにもすっかり慣れ、友だちと過ごす姿が見られる。
- グループや親しい友だちと一緒に、楽しみながら、生活を進める姿が見られる。
- 自分の思いや考えを友だちと伝え合いながら、役割などを工夫して担う姿が見られる。

季節や自然の特徴に気づき、問いや探究を共有しよう

大雨、霧雨など雨も様々です。水量、雨音の高低、雲の色や動き、雷の音、虹、水たまり、ガラスのくもり、しずくなどに気づき、探究する姿が見られます。要望に応じて資料や道具を十分に用意しましょう。

ものとじっくりかかわる環境を工夫しよう

梅雨時は室内遊びが多くなります。戸外でのダイナミックな遊びが減る傾向がある反面、集中して、じっくりと遊ぶことが可能です。個々の興味・関心に応じながら、じっくりと観察したり、集中して製作したり、工夫して精巧に表現したり、試行錯誤したりできる空間と、十分な廃材や道具を準備しましょう。

子どもの姿ベースのねらい●と内容◆

第1週
- ❶自然物や素材、道具に興味をもち、特徴に気づき、試したり、工夫したりして遊びを楽しむ。
- ◆自然物や素材、道具の特徴に気づきながら、イメージしたものを作って楽しむ。 思考力 感性・表現
- ❷互いの思いや考えを伝え合い、それらを活かして工夫する楽しさを味わう。
- ◆友だちの思いや気づき、感じたこと、考えやアイデアを受け止める。 協同性 言葉
- ❸天気や梅雨の現象に興味をもち、特徴に気づく。
- ◆歯の健康について知り、日常の生活に取り入れる。 自立心 健康

第2週
- ◆自然物や、素材、道具の特徴を活かしながら、作ったり、表現したりして遊びを楽しむ。 思考力 自然・生命 感性・表現
- ◆湿気の多い日の室内の状況に気づき、安全への配慮を友だちと一緒に考える。 健康 社会生活 道徳・規範

環境構成★・保育者の配慮◎

第1週

じっくり集中して活動できるように
- ★子どもの姿を踏まえ、時に意見を聞きながら、活動に応じたコーナーを構成し、コーナーごとの距離や仕切りなどを工夫して、集中して遊ぶことができる環境をつくる。
- ◎自然物や素材、道具への興味や気づきに共感し、特徴を知ることや活かすことの楽しさを感じられるようにする。

友だちの多様な思いや考えに興味をもてるように
- ★好きな遊びの場面や、振り返りや話し合いの場面で、ほかの友だちの遊びの様子を知ることができるように、製作物などを台の上に飾っておく。
- ◎ほかの友だちの遊びにも興味をもって話を聞く機会を設ける。また、友だちの遊びについての感想を聞いたり、問いを促したりして、今後の展開につながるように配慮する。

第2週

製作の素材や道具、場などを十分に用意しよう
- ★子どもたちの要望に応えながら、できる範囲で、多様な大きさ、形、色の材料、イメージが形になるような道具、作業がしっかりできる台や空間を十分に用意する。
- ◎道具は、各自が十分に時間をとって扱えるように配慮する。
- ◎素材や道具の活用方法は、手順をマニュアル化して一つひとつ教えるのではなく、安全には十分配慮しつつも、子ども自身の気づきや、子ども同士の伝え合いの機会を削がないように配慮する。

個別配慮
ゆうすけくん：発達の過程の特徴を考慮し、素材や道具を使う時には、安全性に十分な配慮を行う。必要性を見極めつつ、状況に応じては、手助けするなどの援助をする。

家庭・地域・学校との連携
- 室内で工夫しながらじっくり遊んでいる様子をクラスだよりやドキュメンテーションで伝える。
- 製作が豊かに展開するように、廃材提供の協力や連携を促す。

「子どもの姿ベースのねらい●と内容◆」の「内容」は子どもの姿をもとに「幼児期の終わりまでに育ってほしい姿（10の姿）」を意識して作ります。10の姿のマークを入れました。 健康 自立心 協同性 道徳・規範 社会生活 思考力 自然・生命 数量・図形・文字 言葉 感性・表現 ※マークの詳細はP9を参照

月のねらい	❶自然物や素材、道具に興味をもち、特徴に気づき、試したり、工夫したりして遊びを楽しむ。 ❷互いの思いや考えを伝え合い、それらを活かして工夫する楽しさを味わう。 ❸天気や梅雨の現象に興味をもち、特徴に気づく。	健康・安全・食育の配慮	・梅雨の時期の空の様子、温度、湿度などを感じながら、衛生への意識を育み、着脱などの調整を促す。 ・雨天時の室内遊びにおける安全や工夫を子どもと一緒に考える。	行事	・歯科健診 ・避難訓練 ・誕生会

第3週	第4週
◆梅ジュースや、梅干し、夏野菜の栽培活動を通じて、よく観察し、特徴や変化に気づき、友だちと共有して楽しむ。 協同性 思考力 自然・生命 感性・表現	◆特徴や変化を記録したり、表現したりして、楽しむ。 自然・生命 数量・図形・文字 言葉 感性・表現
◆友だちとイメージを共有し、自然物や素材、道具の特徴を活かしながら、一緒に相談しつつ試したり、意見を出し合いながら工夫したりして遊ぶ。 協同性 思考力 言葉 感性・表現	◆気づきや発見、考えを、実物や製作物、絵などを見せたり、図鑑などを閲覧しながら、友だちに伝えることを楽しむ。 思考力 数量・図形・文字 言葉 感性・表現
◆梅雨時の自然現象の特徴に気づき、友だちと一緒に調べたり、比べたり、興味をもったりする。 自然・生命 思考力	

友だちの思いや考えを知り、活かすための援助を

友だちの思いや、考えを知ることにより、自分の発想も広がります。保育者が説明を加えたり、同じ点や違う点について確認したりするなどの、仲立ちを行うことで、さらに遊びが楽しく展開します。

子どもの探究心に応じながら、適切な道具を子どもと一緒に考えて用意しよう

★栽培や調理など、協同的な体験を振り返ったり確認したりできる環境を準備する。
★子どもが調べたり、比べたり、計ったり、実験したりできるように、十分な道具を準備する。
◎不思議だと思う気持ちを十分に受容し、共感しながら、問いへの自分なりの考えや思いを十分に聞き、必要に応じて言葉を添えるなど表現の援助を行う。
◎子どもの姿を踏まえて、時に一緒に調べたり、道具の提案を行ったり、一緒に試したりして、考えたり、探究したりすることの楽しさが深まるように援助する。

観察して気づいたことを、言語化や可視化できるように

★特徴や変化についての気づきを、写真や図の掲示などで表し、共有できる環境を子どもと一緒につくる。
◎自分の気づきや、考えを絵に描いたり、言葉にしたりしている姿を認め、友だちに伝える時には、説明などの言葉を添えたりして、援助する。

動植物の育ちや製作物などの工夫を可視化しよう

6月は野菜の生長と収穫、梅干しや梅ジュース作りなど、実物を見ながら変化を楽しめる時期です。クラスで実物を見せ合ったり、写真や記録などを作成して掲示したりして、発見や学びの共有を図りましょう。

評価 捉える視点（子どもを見通し）	・季節の自然の特徴や変化に興味をもち、気づき、探究する姿が見られたか。 ・素材や道具の特徴に気づき、それに応じて選択し、特徴を活かしながら、自分のイメージしたものを表現する姿が見られたか。 ・自然現象や動植物の変化などに興味をもち、 友だちと共有しようとする姿が見られたか。

「月のねらい」は子どもの姿をもとに、資質・能力の3つの柱を意識して振り返りができるように作ります。本書では特に意識したいものに下線を入れています。「知識・技能の基礎」............、「思考力・判断力・表現力等の基礎」＿＿＿＿、「学びに向かう力・人間性等」＿＿＿＿　※下線の詳細はP9を参照

6月の資料

5歳児

梅雨時は、安全に配慮しながら体を動かせる空間づくりや、
じっくり観察したり製作できる、室内環境を工夫しましょう。

環境構成

安全で体を動かせる空間とじっくり遊べる空間

湿度が高く、雨が多い6月。安全に気をつけながらも、子どもの活力が発揮できるような環境を一緒につくっていきましょう。また、室内では集中して遊ぶ姿も見られます。
自然物や材料、道具の特徴を知り、特徴を活かして、じっくり遊べる環境を工夫しましょう。

**子どもはアイデアの宝庫！
アイデアを活かした環境構成を**

大型積み木などを活用して、基地やハウス、迷路、シーソーバランスなど、子どもは様々なアイデアを出してきます。安全に配慮しながらも、自由な空間づくりを一緒に楽しみましょう。

大型積み木を積み上げて。二階建ての家に見立ててままごと遊びをしたり、基地に見立てて探検ごっこをしたりと遊びが広がります。

板を渡してシーソーやバランス遊び。ほかに角度をつけて滑ったり、転がしたりと、動きのある遊びも展開します。

大型積み木を横に広げた空間づくり。迷路遊びや、『三びきのやぎのがらがらどん』ごっこなど、子どもの豊かな発想が見られます。

子どもの思いになるべく応えながら、多様な大きさ、形、色の材料や、様々な道具を用意し、イメージをもって遊びが楽しく展開するように工夫しましょう。

今月の保育教材

絵本
『あめのもりのおくりもの』
ふくざわゆみこ／作、福音館書店

大雨、洪水、大風、雷、そして虹など梅雨らしい場面が多数出てきます。雨音の違いや、雲の動き、虹や、水たまり、雷の謎への関心が深まり、その美しさに気づく、この時期の子どもの心情につながる絵本です。

戸外遊び
考えや思いを表現して、伝え合う援助を

クラスみんなで同じ体験をしたり、当番活動などで話し合いを積み重ねてきた子どもたち。さらに自分の発見や、考えを伝え合おうとしています。ものの特徴や違い、変化に気づき、一緒に確認して、製作物や言葉で表現し、友だちと伝え合おうとする姿を支えましょう。

特徴、違い、変化への気づきを共有しよう

園庭で収穫した梅の実。今年はジュースにするか梅干しにするかを話し合い、梅干しを作ることになりました。梅の選定、大きさ比べ、重さ比べなど、探究は尽きません。

「水の量が減ってる！」。子どもたちが気づいたことに共感し、認めましょう。「印をつけよう」「ダイアリーをつけよう」などといったアイデアが子どもたちから生まれる場合もあります。

一緒に調べたり考えたり

昆虫、アリの巣、野菜の育て方などを図鑑で一緒に調べています。調べた内容を、友だちに広く伝えたい気持ちを大切にしましょう。

表現を支えよう

絵で表現したり、言葉で表現したりして、伝えたい気持ちを認め、支えましょう。

アリの巣やクワガタムシなどについて、みんなで図鑑で調べます。

スイカやトウモロコシの栽培についてグループごとにまとめ、発表します。

5歳児 7月の指導計画

前月末の子どもの姿
・事物や友だちとじっくりとかかわることにより、特徴や個性などに気づき、かかわりを深めて遊びを楽しむ姿が見られる。
・友だちと、思いや考えを伝え合い、それを取り入れたり、活かしたりしながら、遊びを楽しむ姿が見られる。
・自然現象などにより深く興味を抱き、様々なことについて不思議に感じ、疑問を抱いて、探究しようとする姿が見られる。

ヘルス・プロモーションを進めよう

健康について知るだけではなく、意識して、自ら健康的に生きようとする姿勢を育むことをヘルス・プロモーションと言います。暑い夏には、実感を伴いながら、自分を大切に思い、進んで健康的に過ごせるように援助しましょう。

自ら考える姿を認め、励まそう

梅雨時の特徴や変化をよく観察し、ものとじっくりとかかわってきた経験から、見通しや予測、期待を抱いて遊ぶ姿が見られるようになります。子どもの気持ちを聞いたり、その理由を尋ねたり、確認したり、整理したりして、共感しながら考える姿を認め、励ましましょう。

	第1週	第2週
子どもの姿ベースのねらい●と内容◆	❶夏の健康的な過ごし方を体験的に身につけ、健康に過ごせるように行動する。 ◆夏の暑さを体感し、健康への意識をもち、水分を補給したり、休憩したりする。 健康 自立心 社会生活 ❷遊びや生活の中で、友だちとの関係を深め、充実感を味わう。 ◆友だちとのつながりを感じながら、相談したり、協同したりしながら、一緒に遊びや生活を楽しむ。 協同性 思考力 言葉	◆自分を大切に思い、清潔を保つために着替えたり、疲れたら無理をせずに休もうとしたりする。 健康 自立心 社会生活 ◆話し合って決めたり、相談したり、工夫したりしながら、友だちと一緒に充実感を味わいながら遊ぶ。 協同性 思考力 感性・表現 言葉 ❸自分らしさを発揮しながら、考えたり、表現をしたりして、遊びを楽しむ。 ◆「○○が作りたい」「○○ということ(ルール)にしたらもっと楽しい」といった見通しをもって遊ぶ。 協同性 思考力 道徳・規範 社会生活
環境構成★・保育者の配慮◎	**夏を感じながら、健康に過ごせるように** ★汗を拭いたり、着替えたりする場を設ける。 ★水筒やお茶のポットなどを置き、わかりやすい水分補給の場を設ける。 ◎「汗をたくさんかいたね」「のどは渇いていない?」など、暑さを感じている様子や、健康への意識を確認する言葉かけを行う。 **友だちとの関係を深め、実感して楽しめるように** ★グループの話し合いのプロセスを子どもが振り返れるように絵や図などの掲示を工夫する。 ◎友だちと相談したり、協同したりすることを楽しいと思えるよう、共感したり、認めたりしながら聞く。	**自分を大切に思い、状況に応じて健康に過ごせるように** ◎日常から、「毎日暑いから、無理しないで。疲れたら休みましょうね」と話したり、保育者や保護者が、一人ひとりを大切に思っていることを伝えたりする。 ◎「水分補給をしてくるね」「日なたにずっといたから、ちょっと日陰に行って応援するね」など、保育者自身が、自らの体調を子どもが考えるきっかけとなるようにする。 **見通しや予測、期待が表現しやすいように** ★見通しや予測、期待する内容を、言葉で書いたり、「こんな感じ」と試作したりして表現できるように、紙、鉛筆、画材などを用意する。 ◎「○○のような」「○○のために」と言葉で思いを表現できるように、じっくり話を聞く。
個別配慮	けいしくん:水への恐怖や、苦手意識を理解し、子どもの気持ちを尋ねながら、無理なく水遊びなどへ誘うようにする。	
家庭・地域・学校との連携		・体調管理に注意し、まめな着替え、水分補給が可能となるように連携を図る。 ・水遊びなども多くなるので、健康状態についての連絡を密にする。 ・友だちとの関係性が深まり、充実して遊ぶ様子を保護者に伝え、共に喜ぶ。

152 「子どもの姿ベースのねらい●と内容◆」の「内容」は子どもの姿をもとに「幼児期の終わりまでに育ってほしい姿(10の姿)」を意識して作ります。10の姿のマークを入れました。 健康 自立心 協同性 道徳・規範 社会生活 思考力 自然・生命 数量・図形・文字 言葉 感性・表現 ※マークの詳細はP9を参照

| 月のねらい | ❶夏の健康的な過ごし方を体験的に身につけ、健康に過ごせるように行動する。
❷遊びや生活の中で、友だちとの関係を深め、充実感を味わう。
❸自分らしさを発揮しながら、考えたり、表現したりして、遊びを楽しむ。 | 健康・安全・食育の配慮 | ・健康状態をよく観察し、個々の子どもの水分補給や休憩状況について把握する。
・水遊びで気をつけるべきことを、子どもたちと話し合い確認する。
・夏野菜の育ち、特徴などついての関心を高める。 | 行事 | ・プール開き
・避難訓練
・誕生会 |

	第3週	第4週
	◆状況に応じて、まめに水分を補給したり、日陰で休憩したりする。 健康 自立心	◆熱中症とは何かを知り、自分で考えて、自ら進んで、健康に過ごせるように工夫する。 健康 自立心 社会生活 思考力
		◆友だちと一緒だからこそ、アイデアが広がったり、楽しく展開したりすることに気づき、満足感を感じながら、遊ぶ。 協同性 思考力 感性・表現
	◆自分の好きなこと、得意なこと、やってみたいこと、作りたいものなどを意識しながら、遊びを楽しむ。 自然・生命 思考力	◆自らを発揮しながら、イメージに近いものを作ったり、表現したりし、楽しさや達成感を味わい、遊ぶ。 自立心 思考力 感性・表現 言葉

自分をよく知り、自尊心を育む援助を

★自分らしさを発揮して、満足して作成できた製作物を展示したり、表現した姿の写真などを掲示したりする。
◉自分の好きなことや得意なことを伝える機会を設けて、それぞれを認め合い、尊重し合う関係性づくりの援助を行う。

友だちと一緒だからこその楽しさを味わえるように

★一緒に決めた遊びのルールやアイデアを絵や図などで表現し、共通の疑問を調べたり試したりできるように、場や用具、時間を十分に用意する。
★友だちとの話し合いのプロセスを振り返ることができるように、記録したり、掲示したりする。
◉一人ひとりの話を一緒によく聞き、共通点や違いを確認したり整理したりして、話し合いが深まるように援助する。
◉友だちと一緒だからこそ感じる楽しさについて共感する。

自尊心や協同性を育む壁面環境を工夫しよう

自分や友だちの個性への理解がさらに深まる時期です。自分らしさを発揮できたり、友だちと一緒だからこそ楽しかったりした経験を振り返ることができるように、掲示や展示を工夫しましょう。褒め合ったり、認め合ったりする機会も設けましょう。

夏らしい自然を感じ、十分に楽しめるように

豊かな教材や環境の提供と、子どもが服を汚してしまった時などへの寛大さを心がけましょう。様々なシャボン玉作りの実験、色水作りからのジュース屋さんごっこ、身体感覚を育む全身ペイント、設計から考える泥ダムや港作りなどが、ダイナミックに展開します。

| 評価(子どもを捉える視点・見通し) | ・状況に応じて、自ら進んで水分補給をしたり、日陰で休んだりする姿が見られたか。
・友だちと意欲的にかかわったり、話し合ってルールを決めたり、相談して工夫したりして、友だちと一緒だからこその楽しみを感じ、充実感を味わって生活したり遊んだりする姿が | 見られたか。
・自分なりの見通しや予測、期待を抱いて遊びを楽しみ、達成感を味わっていたか。 |

「月のねらい」は子どもの姿をもとに、資質・能力の3つの柱を意識して振り返りができるように作ります。本書では特に意識したいものに下線を入れています。「知識・技能の基礎」..........、「思考力・判断力・表現力等の基礎」_ _ _ _ _、「学びに向かう力・人間性等」_____ ※下線の詳細はP9を参照

7月の資料

5歳児

事物にじっくりと向かい合うために、様々な道具や素材が必要になります。
友だちと一緒にやり遂げようとする姿があります。

環境構成

見通しをもって、自分らしさを発揮する

材料や用具とじっくりかかわる経験を積むことで、特徴や機能をよく知り、使いこなす姿が見られるようになります。「〇〇のような〇〇作ってみたい」「〇〇したら〇〇になると思う」などと、見通しをもって遊ぼうとする姿を支える、豊かな環境を子どもと一緒に構成しましょう。

見通しや、予測をもちながら遊ぶ姿を支える環境構成

これまでの豊かな遊びの経験から、見通しや意図をもって遊ぶ姿が見られるようになります。シャボン玉をたくさん作りたい、ゆっくり大きなシャボン玉を作りたい、走りながら作りたい——。そのために、この道具を使ったらできるかもなど、見通しや確認ができ、達成感を感じられるような環境構成を工夫しましょう。

今月の保育教材

絵本
『しずくのぼうけん』マリア・テルリコフスカ／作、ボフダン・ブテンコ／絵、内田莉莎子／訳、福音館書店

シャボン玉遊び、色水遊び、泥遊び、プール遊びの中で、予測したり、試したりしながら、ものの性質などの理解が深まります。遊びの中で芽生えた科学的探究心は、科学絵本などを一緒に読むことで、さらに楽しく深まります。

シャボン玉の固さは？ つぶれないように、触る姿も見られます。

大きなシャボン玉を作りたい。ゆっくり、慎重に吹いています。

うちわを使えば、一度にたくさんシャボン玉を作れるはず……。予測し、実践する姿が見られます。

話し合い 自分たちで話し合って、決めるために

クラスの友だちと、気づいたこと、考えたこと、感じたことを、たくさん伝え合う経験を続けてきた子どもたち。関係が深まってきており、「伝え合い」から「話し合い」が多く見られるようになります。主体的に自分たちで考え、決めて、行動し、やり遂げた経験を大切にしましょう。

自分たちで素材を選び、相談して製作し、試し、工夫できるように

子どもたちは、話し合いを通じて、作ってみたいもの、やってみたいことが、どんどん広がります。できるだけ実現し、充実感につながるように、安全には配慮しつつも、制限せず、新奇なアイデアを歓迎する雰囲気をつくりましょう。

滑り台を滑る車を作る相談を始めた子どもたち。「先生、段ボール使っていい？」「いい考えだね」「どれを使ってもいいよ。いくつ使ってもいいよ」と保育者が寛容であれば、子どもたちの製作はますます発展します。

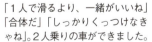
「1人で滑るより、一緒がいいね」「合体だ」「しっかりくっつけなきゃね」。2人乗りの車ができました。

戦隊ヒーローの乗り物をイメージして加工したり、滑りやすいように底にテープを貼ったり、相談して製作します。保育者はそれを見せたり、説明したりしたい子どもの気持ちをよく聞きかかわります。

5歳児 8月の指導計画

前月末の子どもの姿
- 夏の過ごし方を知り、状況に応じて、自ら進んで健康に過ごそうとする姿が見られる。
- 友だちとの関係が深まり、話し合ったり、決めたり、達成したりして充実感を味わう。
- 自ら、考え、見通しをもって遊びを楽しむ姿が見られる。

共感から、健康への自覚につなげよう

暑い夏の特徴と、体調や健康について、実感を伴って意識する姿が多く見られます。実感したことを伝え合い、共感し、自分の健康に関心をもって、健康的に過ごそうとする姿を認めていきましょう。

話し合いの深まりや、遊びの継続を支えよう

友だちと一緒に予測したり、見通しをもったり、創意工夫したりする姿が見られます。話し合いの時間を十分に設けましょう。話し合いが深まり、遊びも継続する場合が増えてきます。製作物の保管場所などの環境の工夫もしましょう。

	第1週	第2週
子どもの姿ベースのねらい●と内容◆	●夏を実感し、体調に関心をもちながら健康的に過ごそうとする。 ◆「今日は暑かったね」「汗をたくさんかいたね」「お茶をたくさん飲んだね」などと、夏の健康とかかわり、実感したことについて、伝え合おうとする。 健康 協同性 言葉 ●家族や地域の人々とのかかわりを深め、親しみをもつ。 ◆日頃のお店屋さんごっこや、お化け屋敷作り、ゲーム作りなどを活かした「夕涼み会」についてグループで話し合い、考える。 思考力 数量・図形・文字 言葉 感性・表現 ◆保護者や近所の人への案内状やチケット作りなどを考え、家族や地域の人への親しみを深める。 思考力 数量・図形・文字 言葉 感性・表現	◆健康について意識し、自ら進んで水分補給をしたり、休憩したり、着替えたりする。 健康 自立心 ◆「夕涼み会」で、家族や地域の人とかかわりを深め、親しみをもつ。 協同性 道徳・規範 社会生活 ●友だちと一緒に見通しをもって、創意工夫しながら遊びを楽しむ。 ◆「こうしたら、○○できそう」「○○だから、○○なんじゃない」「もっと○○してみる」など、友だちと相談しながら、見通しをもって遊ぶ。 協同性 思考力 数量・図形・文字 言葉 感性・表現
環境構成★・保育者の配慮◎	**夏の気候と、自分の体調に関心をもてるように** ★温度計や湿度計などを設置し、実感と数字を比較したり、認識したりできるような環境構成を工夫する。 ◎夏の暑さや、日差しの強さ、汗を多くかくこと、のどがよく渇くことなどの気づいたことを友だちと伝え合ったり、共有したりする機会を設ける。 **自分たちらしい「夕涼み会」を企画する** ★お店屋さんごっこや、お化け屋敷ごっこ、おもちゃやゲーム作りを、よりイメージが具現化できるように、十分な教材や素材を準備する。 ★遊びが継続するように、製作物などを保管しておける十分な空間を用意する。 ◎グループでの話し合いが深まるように、言葉を補ったり、提案をしたりして援助する。	**夏を感じて楽しく過ごせるように** ★水遊びや、夏祭りごっこ、お店屋さんごっこ、おばけ屋敷ごっこなどの遊びのイメージが抱けるように、絵本や写真、盆踊りの曲などの環境を構成する。 ◎夏の季節を感じることができるように、天気や動植物についての発見、水遊びの深まり、地域のお祭りや、家族との思い出などを共有する機会を設ける。 **友だちや家族、地域の人とのかかわりが広がり、深まるように** ★掲示や、配布物などを工夫して、ほかのクラスの子どもや、家族、地域の人とかかわる様子を確認したり、さらに考えたりするきっかけとする。 ◎家族や地域の人への手紙の作成や、挨拶について、子どもたちと相談する。
個別配慮	ゆうすけくん：話し合いへの参加は強要せず子どものペースに合わせる。言葉の発達を考慮し、必要に応じて、言葉を補ったり、具体物を活用したりして支援する。	**家庭・地域・学校との連携** ・「夕涼み会」を通じて、家族や地域の人々との関係性を深める。 ・収穫した夏野菜を家庭に持ち帰り、子どもと一緒に話したり、調理したり、味わったりするように提案し、その様子を共有する。

156 「子どもの姿ベースのねらい●と内容◆」の「内容」は子どもの姿をもとに「幼児期の終わりまでに育ってほしい姿（10の姿）」を意識して作ります。10の姿のマークを入れました。 健康 自立心 協同性 道徳・規範 社会生活 思考力 自然・生命 数量・図形・文字 言葉 感性・表現 ※マークの詳細はP9を参照

| 月のねらい | ❶夏を実感し、体調に関心をもちながら健康的に過ごそうとする。
❷家族や地域の人々とのかかわりを深め、親しみをもつ。
❸友だちと一緒に見通しをもって、創意工夫しながら遊びを楽しむ。 | 健康・安全・食育の配慮 | ・夏を健康的に過ごす上で必要な習慣を身につけ、自ら進んで行動する姿勢を育む。
・栽培した夏野菜を収穫し、家庭に持ち帰ったり、地域の人と共有し、調理したり味わったりして楽しむ。 | 行事 | ・夕涼み会
・避難訓練
・誕生会 |

	第3週	第4週
		◆夏に健康的に過ごすための、水分補給や、休憩する必要性がわかり、自ら判断し、進んで行う。 健康 自立心 ◆夏の過ごし方の特徴を理解し、健康的に過ごそうとする姿勢が見られる。 健康 自立心 社会生活
	◆栽培し収穫した夏野菜を家庭に持ち帰り、調理したり、味わったりして楽しむ。 健康 自然・生命	◆お盆、お墓参り、お祭りなど、夏の家族や地域の人との楽しかった思い出について共有する。 協同性 言葉 社会生活
	◆友だちと意見を出し合い、見通しをもって実際に試してみて、さらなる創意工夫を行って継続的に遊ぶ。 協同性 思考力 数量・図形・文字 言葉 感性・表現	

楽しかったことを伝え合い、他者への関心を深めよう

夏祭りや、お盆休みなど、家族や地域の人々とかかわる機会が多い時期です。自分の楽しかったことや、友だちの楽しかったことを共有する機会を設け、共に喜び合える関係づくりにつなげます。

友だちと考えを出し合い、一緒に見通しをもって、予測できるように
- 話し合いのプロセスで個々の子どもが、振り返ったり、確認できるように、必要に応じて、まとめの言葉を補ったり、記録を取ったりする。
- 必要に応じて、似ている意見をまとめたり、新しいアイデアなどを確認したりして、話し合いの進行を支援する。

共に考え、予測し、実際に試して、充実感が味わえるように
★一緒に考え、予測し、実際に調べたり、試したりできるように、十分な用具と時間を用意する。
★楽しかった経験を振り返って達成感や充実感が味わえるように、記録や掲示を工夫する。
- グループなどで話し合い、工夫したこと、実際に楽しかったことをクラスで共有し、自信をもったり、達成感を感じたりすることができる機会を設ける。

達成感を味わうことで、自信を深めよう

友だちと共に考え、予測して工夫したことが、実際に試せるように、十分な素材を準備し、時間を確保しましょう。何度もやり直したり、試したり、確認したりする機会が設けられるように工夫し、達成感を味わえるようにしましょう。

| 評価（子どもを捉える視点・見通し） | ・自分の体調に関心をもち、自ら考えて、健康的に過ごそうとする姿が見られたか。
・家族や地域の人々と親しみをもって過ごすことができたか。
・友だちと一緒に考え、見通しをもち、創意工夫しながら遊びを楽しんでいたか。 |

「月のねらい」は子どもの姿をもとに、資質・能力の3つの柱を意識して振り返りができるように作ります。本書では特に意識したいものに下線を入れています。
「知識・技能の基礎」………、「思考力・判断力・表現力等の基礎」-----、「学びに向かう力・人間性等」＿＿＿　※下線の詳細はP9を参照

8月の資料

5歳児

友だちとの関係が深まり、アイデアを出し合いながら、工夫を重ねていきます。

環境構成　友だちと創意工夫して遊べる環境づくり

自らじっくりと見通しをもって、試行錯誤して遊んできた経験から、友だちに提案したり、友だちと相談して遊ぶ姿が見られるようになります。友だちと出し合ったアイデアを実際に試し、さらに創意工夫しながら、遊びが豊かに協同的に展開するような環境を子どもと一緒に構成しましょう。

友だちと共に予測・工夫したことを、実際に試せるように

夏の水遊びには、子どもの気づきがいっぱいです。ものの浮き沈み、いかだや船、スライダー作りなど様々な遊びが発展します。どうやったら浮いて、みんなが乗れる船が作れるか。話し合いが発展します。たくさんの素材を用意し、実際に話し合いを促し、試行錯誤する姿を支えましょう。

「みんなで乗れたら楽しいね」「大きなペットボトルを合体させたら?」「組み合わせる向きを揃えたら沈まないかも」。気づいたこと、考えたことを伝え合い、同じ見通しをもって製作に励みます。しかし、実際に乗ってみたら沈んでしまいました……。

「ビニール袋をつけたら、浮かぶかも」「浮き輪みたいに」「なんで浮かぶって思うの?」「だって浮き輪も空気入れるよね」。実際はあまり効果がありませんでした。

テープを斜めに貼ったり、二重にペットボトルを重ねたり。話し合い、共に見通しをもって作り、実際に乗って成功を実感しました。1人ではなく、一緒だからこその学びと達成感があります。

人が乗れるサイズとは? 試しながら、作りました。

自尊心を育む 達成感や充実感を感じられるように

「出し合ったアイデアがよかったと思えた」「予想した通りに具現化できた」
「創意工夫した内容がうまくいった」といった経験を振り返り、
達成感や充実感を感じられるような話し合いの場面や、掲示を工夫しましょう。

考えたこと、工夫したこと、学んだことの確認に

友だちと一緒だからこそ、感じられる楽しさ、充実感、達成感があります。また、一緒に考えたこと、工夫したこと、学んだことだからこそ、友だちと認め合うことができ、自尊心が育まれます。

今月の保育教材

絵本
『おまつりおばけ』 くろだかおる／作、せなけいこ／絵、フレーベル館
『えんにち奇想天外』斎藤孝／文、つちだのぶこ／絵、ほるぷ出版

水遊び、夏祭り、お墓参りなどをテーマにした、子どもの生活に根差し、夏らしさを感じることができる絵本はたくさんあります。子どもが豊かな創造性を発揮することにつながる絵本を活用しましょう。

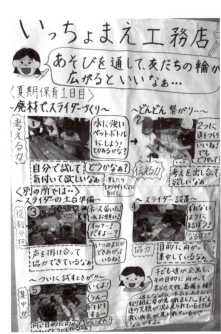

夏の思い出や、子どもたちが工夫したこと、達成感を感じられたことなどを振り返ることができるように、ドキュメンテーションなどを作成し、掲示しました。ほかのクラスの様子を知る機会にもなり、自信を抱いたり、達成感を感じることにもつながります。

5歳児 9月の指導計画

前月末の子どもの姿
・体調に関心をもちながら自ら考え、健康的に過ごそうとする姿が見られる。
・お盆や夏祭りを通じて、家族や地域の人々とのかかわりを深める姿が見られる。
・友だちと一緒に見通しをもって、創意工夫しながら遊ぶ姿が見られる。

季節の変化を感じ、気づきと学びを共有できるように

秋には、五感で季節の変化を感じる子どもたちの姿が多く見られます。個々の子どもの気づきが共有され、話し合いが進むと、季節の変化の様子をより詳細に知ったり、その謎への探究心が深まったりします。

より豊かな人間関係が築けるように

夏に家族や地域社会とかかわる機会が増え、さらに、敬老の日などで、社会のいろいろな立場の人への関心が深まる姿も見られます。園内の栄養士や、看護師、事務員、近所の農家の人や、訪問する業者の人などとの出会いを促し、人間関係を広げましょう。

子どもの姿ベースのねらい●と内容◆

第1週
❶季節の移り変わりに気づき、関心をもち、遊びに取り入れて楽しむ。
◆トンボが舞う姿、木々が色づき始める様子、木の実がなる様子、月の満ち欠けなどに気づき、関心を深める。 [思考力][自然・生命]

❷様々な人に関心をもってかかわり、学びを深める。
◆栄養士や看護師、保護者、地域の人など、様々な人とかかわりながら、その仕事の特徴などに興味をもつ。 [協同性][社会生活][自然・生命][言葉]

第2週
◆季節の変化に気づき、見つけたものを活用して、遊びや表現に取り入れたり、捕まえたバッタやカマキリなどに関心をもち、飼育したり、調べたりする。 [自然・生命][数量・図形・文字][感性・表現]

◆秋の旬の食べ物に興味をもち、栄養士の仕事や、家庭での調理などへの関心をもつ。 [協同性][思考力][自然・生命]

❸体を十分に動かし、友だちと一緒に運動遊びや表現遊びを主体的に楽しむ。
◆友だちと一緒にいろいろな運動遊びや表現遊びを楽しみ、相談したり、力を合わせたりする。 [健康][思考力][言葉][感性・表現]

環境構成★・保育者の配慮◎

季節の変化を知り探究が深まるように
★昆虫や木の実、ススキなどの植物について、子どもの気づきを共有し、変化や違いが比較できるように、配置や掲示を工夫する。
◎自分の発見したことと友だちの発見したことを比較できるように、共有し、対話する機会を設ける。

社会や仕事への関心が深まるように
★ごっこ遊びが深まるように、いろいろな仕事や役割のモデルがイメージできる教材や素材を十分に用意する。
◎友だちと一緒に抱いたイメージや見通しがより具現化し、遊びが楽しくなるように、必要に応じて、特徴を調べたり、素材を提案したり、製作の方法の相談に加わったりする。

様々な人とかかわり、学びが広がるように
★子どもの興味・関心に基づき、様々な仕事に従事する人や、いろいろな経験を重ねた人について知ることができる絵本や新聞記事、資料などを用意する。
◎将来なりたい仕事や、その特徴、住みたい場所など、話し合い、様々な仕事や生活があることを知る機会を設ける。
◎子どもの疑問を起点として、栄養士に季節の味覚や調理の方法を尋ねたり、農家の人に植物の栽培について尋ねたり、お店に出かけてインタビューしたり、保護者に仕事について聞いたりする機会などを設ける。

個別配慮

ゆかなちゃん：保護者が仕事などで忙しいようで、祖父母のお迎えが増えている。連絡帳などを活用し、こまめなコミュニケーションを心がける。

家庭・学校・地域との連携

・園での出来事を伝え、子どもの興味・関心や疑問を共有し、保護者の協力を得る。
・園内や地域の様々な職業の人と人間関係が広がるように、園に招いたり、子どもたちと訪問したりなどして連携を図る。

---

160 「子どもの姿ベースのねらい●と内容◆」の「内容」は子どもの姿をもとに「幼児期の終わりまでに育ってほしい姿(10の姿)」を意識して作ります。10の姿のマークを入れました。 [健康][自立心][協同性][道徳・規範][社会生活][思考力][自然・生命][数量・図形・文字][言葉][感性・表現] ※マークの詳細はP9を参照

月のねらい	❶季節の移り変わりに気づき、関心をもち、遊びに取り入れて楽しむ。 ❷様々な人に関心をもってかかわり、学びを深める。 ❸体を十分に動かし、友だちと一緒に運動遊びや表現遊びを主体的に楽しむ。	
健康・安全・食育の配慮	・災害について知り、身の守り方や行動の仕方がわかる。 ・遊具を点検し、安全な使い方について子どもに伝える。 ・秋の旬の食材への気づきを踏まえて、味や調理方法への関心を広げる。	
行事	・敬老の日 ・避難訓練 ・誕生会 ・運動会	

第3週

◆秋の自然から、昆虫の生態、種の働きなどに興味をもち、命の大切さやつながり、自然のダイナミズムに気づく。 道徳・規範 思考力 自然・生命

◆高齢者など地域の人とふれ合い、話を聞き、親しみや尊敬の気持ちをもつ。 協同性 道徳・規範 社会生活 言葉

◆運動会に向けて、自分たちで演題を考えたり、曲を選んだり、役割を分担したり、保護者や地域の人への案内状を作ったりなど工夫して楽しむ。 自立心 協同性 思考力 数量・図形・文字 言葉

運動遊びや表現遊びを主体的に楽しめるように

★いろいろな運動遊びや表現遊びを楽しめるように、道具などを十分に用意する。
★道具を自分たちで選び、準備したり、活用したり、片づけたりすることができるように、わかりやすい場所に置き、扱いやすい状態にしておく。
◉道具の安全な扱い方や準備や片づけ方を経験的に身につけながら遊びを楽しむ。
◉自分たちの運動会について、友だちと、内容や、進め方、案内の仕方などについて話し合う機会を設ける。

第4週

◆不思議だと思ったことを、図鑑などで調べたり、専門家に尋ねたりして、学びを深める。 協同性 思考力 言葉

◆友だちや様々な人とかかわり、相談しながら、実際に試したり、作ったりして楽しむ。 協同性 思考力 数量・図形・文字 言葉 感性・表現

◆家族や地域の人々と共に運動会を楽しみ、考えたり、工夫したり、頑張ったりしたことについて、応援されたり、褒められたりして、自信を深める。 自立心 協同性 感性・表現

気づいたことや、調べたこと、尋ねたことが共有できるように

★気づいたこと、調べたこと、人に尋ねたことが共有できるように、種のカタログ、種の役割や虫の一生などの資料、月の満ち欠けの図などを掲示する。
◉友だちが調べたことや探究したことを共有できる機会を設ける。
◉自分の調べたことや尋ねたことを、伝えたり教えたりする姿を認め、促す。

評価（子どもを捉える視点・見通し）

・秋の季節の特徴や変化に気づき、遊びに取り入れようとする姿が見られたか。
・園や地域の様々な人に関心をもち、特徴を知り、かかわって学びを深める姿が見られたか。
・安全性に配慮しながら、友だちと運動遊びや表現遊びを主体的に楽しむような環境構成や援助の工夫がなされたか。

安全性やものの扱い方は体験的に伝える

遊具や道具の安全な扱い方や、準備をしたり、片づける時の扱い方は、口頭で説明するだけではなく、わかりやすい掲示や配置を工夫し、子どもたちが実際に扱いながら体験的に学ぶことができるように工夫しましょう。

自分たちで考えて作る経験を

21世紀型スキルの1つとして、与えられたことをこなす力ではなく、自分たちで考え作り出す力を育むことが大切だとされています。時間や手間がかかる部分はありますが、行事の量を減らし、準備や練習の時間よりも考えたり作ったりする時間を確保しましょう。

「月のねらい」は子どもの姿をもとに、資質・能力の3つの柱を意識して振り返りができるように作ります。本書では特に意識したいものに下線を入れています。
「知識・技能の基礎」............、「思考力・判断力・表現力等の基礎」_____、「学びに向かう力・人間性等」_____　※下線の詳細はP9を参照

9月の資料

5歳児

自分たちでやりたいこと、知りたいことが増えていきます。
人間関係を広げ、主体性が発揮できるような援助を工夫しましょう

人間関係 子どもの興味・関心や問いに応えるために

家族や地域とのかかわりが深まり、社会の様々な人への関心が高まっているので園内の他職種と連携したり、地域に出かけて様々な人とかかわり合う機会を設けます。
様々な人とふれ合いながら、学びの楽しさを知り、学びに向かう姿勢を培います。

一緒に尋ねたり、試したり、つくったりして、学びを深める

一緒に給食の味噌汁を食べながら「味噌汁おいしいね」「だしがきいているから」「だしって何？」という会話があり、そこから探究が深まりました。給食の先生にだしについて聞き、自分たちで味噌汁を作ることになりました。

だしに使う煮干しの実物をもらってきました。煮干しは頭を取ることも知りました。頭がついたままの煮干しと、頭を取った煮干しで、だしの味比べをすることになりました。頭を取ったほうが苦くないことを実感しました。

だしについて知っていることを伝え合い、図鑑で調べ、さらには家庭の人に聞いてみた結果を共有しました。そして、実際にみんなで味噌汁を作ることになり、クラスで話し合って、代表者が給食の先生にインタビューに行くことになりました。昨日の味噌汁には煮干しが入っていたことがわかりました。

煮干しを数えたり、水の量をカップで測って入れたり、給食の先生に聞いたことを踏まえて、クラスで話し合いながら、味噌汁を作りました。

今月の保育教材

絵本
『パパ、お月さまとって！』
エリック・カール／作、もりひさし／訳　偕成社
『月の満ちかけ絵本』大枝史郎／文、佐藤みき／絵、あすなろ書房
9月は、月がきれいでお月見だんごのおやつが出されたりして、月への関心が深まる時期です。その時に適した絵本です。

主体性の発揮

自分たちの運動会に

5歳児は、これまでに何度も運動会を経験しています。演題を考えたり、曲を選んだり、環境をつくったり、役割（準備や片づけ、アナウンスなど）を分担したり、保護者や地域の方への案内状を作ったりして、友だちと保育者と保護者と一緒に運動会をつくり上げます。

子どもたちが相談し、決める部分を増やしていこう

子どもたちが、自分たちで考え、創意工夫した運動会は、充実感に満ち、大きな達成感が得られるものとなります。

日頃のしっぽ取り遊び、リレー遊び、平均台やトランポリンでの遊びを運動会の演題したいという子どもたちの声から運動会の内容が決まりました。

トンネルを支えるのも、しっぽの数を数えるのも、コーンの準備をするのも、子どもたちの仕事。役割分担をして行います。

日頃の音楽・身体表現遊びをもとに、ジャンプや側転、それぞれの子どもたち発案の多様な動きを取り入れて、ストーリー性をもたせたものが運動会で披露されました。

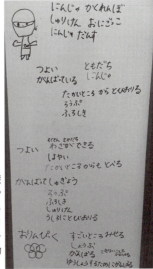

5歳児 10月の指導計画

前月末の子どもの姿
・秋の季節の変化に関心をもち、木の実や葉っぱなどを遊びに取り入れて楽しむ姿が見られる。
・園や地域の様々な人の仕事に興味をもち、いろいろと質問してかかわる姿が見られる。
・運動会を経験し、主体的に運動遊びや表現遊びを楽しむ姿が見られる。

実りの秋を豊かに味わえるように

秋には、たくさんの落ち葉、木の実などの自然の収穫物が身の回りにあります。葉っぱや木の実の大きさや、色、形、感触を比べたり、それらをふんだんに使ったりして、製作できるような環境を工夫しましょう。

想像力の広がりを支える環境を

絵本や物語、出来事などから、子どもたちがイメージを膨らませてごっこ遊びを楽しむ姿が見られます。想像力が広がるように、関連する絵本や資料を掲示しましょう。また、友だちと一緒に想像したり、見立てたりして楽しむことができるように、十分な道具や素材を準備しましょう。

	第1週	第2週
子どもの姿ベースのねらい●と内容◆	❶秋の自然に気づき、集めたり比べたりして遊びに取り入れて楽しむ。 ◆秋の自然に興味や関心をもち、草花や昆虫の変化に気づき、友だちと共有する。 思考力 自然・生命 数量・図形・文字 感性・表現 ❷友だちと一緒にイメージを膨らませ、力を合わせて作ったり表現したりする。 ◆絵本や出来事からイメージを膨らませ、友だちと意見を出し合い、創意工夫したり、思い入れをもちながら一緒に作ったり表現したりして楽しむ。 協同性 思考力 言葉 感性・表現	◆秋の自然を味わいながら、友だちと一緒に、ドングリや落ち葉の数を数えたり、大きさを比べたり、形や色で分類したりして遊ぶ。 思考力 自然・生命 数量・図形・文字 感性・表現 ◆ストーリー性やイメージを共有しながら、互いに考えを出し合い、認めつつ、一緒に作ったり表現したりしながらごっこ遊びなどを楽しむ。 自立心 協同性 思考力 言葉 感性・表現
環境構成★・保育者の配慮◎	**季節を感じ、興味を膨らませるように** ★登園途中や散歩先などで集めた落ち葉や木の実、昆虫や雲の様子などについて、比較したり、調べたりできるように図鑑や科学絵本、虫メガネ、ものさし、上皿天秤、分類のための箱などを子どもと相談しながら準備する。 ◎友だちと自分の関心の共通点を伝え、一緒に調べたり、比べたりできるように援助する。 **物語に親しみ、イメージを膨らませるように** ★子どもたちのイメージが膨らみ、ストーリー性あるごっこ遊びへと発展するような、絵本や絵画などを掲示する。 ◎子どもの好きな絵本を読んだり、興味に合った素話をしたりして物語を味わい、想像する楽しさを感じられるように援助する。 ◎友だちと出来事を伝え合い、共感し、一緒に考える楽しさが味わえるように援助する。	**イメージを共有し、想像力を発揮して、ごっこ遊びが深まり楽しくなるように** ★友だちと一緒に、ストーリー性のあるごっこ遊びが楽しめるように、十分な道具や素材を用意する。 ◎想像力を発揮しながらより楽しくごっこ遊びができるように、話し合いに加わって、言葉を補ったり、必要に応じて提案したり、手助けをしたりする。 ◎新しいアイデアやひらめきを歓迎し、認め合い、友だちと協同してこそ考えついたり、達成できたりする楽しさを味わえるように援助する。
個別配慮	さとるくん：約束やルール、関係性などについて、無理強いせず丁寧に伝える。いざこざが起こった場合は、丁寧に仲立ちをする。	
家庭・地域・学校との連携		・秋の自然への気づきや探究の様子を伝え、家庭でも話題にしたり、一緒に調べたりするように、園の活動とのつながりを促す。 ・子どもの豊かな発想や創意工夫の様子を伝え、共に喜び、褒めたり認めたりする。

「子どもの姿ベースのねらい●と内容◆」の「内容」は子どもの姿をもとに「幼児期の終わりまでに育ってほしい姿（10の姿）」を意識して作ります。10の姿のマークを入れました。 健康 自立心 協同性 道徳・規範 社会生活 思考力 自然・生命 数量・図形・文字 言葉 感性・表現 ※マークの詳細はP9を参照

月のねらい	❶秋の自然に気づき、集めたり比べたりして遊びに取り入れて楽しむ。 ❷友だちと一緒にイメージを膨らませ、力を合わせて、作ったり表現したりする。 ❸友だちと意見を出し合いながら、ルールのある遊びを進めていく楽しさを味わう。	健康・安全・食育の配慮	・園外での交通安全を意識し、社会的なマナーを身につけ、友だちや年下の子どもへの配慮ができるように促す。 ・旬の野菜や果物を知り、味わう機会を設ける。 ・食べることの楽しさと大切さに気づく。	行事	・身体測定 ・秋の遠足 ・避難訓練 ・誕生会

第3週	第4週

子どもたちの気づきを受け止め、確認しよう

◆季節の移り変わりや自然物の特徴を友だちと一緒に調べ、その内容を伝えたり、記録したりして、クラスで共有する。
`協同性` `思考力` `自然・生命` `言葉` `感性・表現`

◆友だちと新しいストーリーやアイデアを出し合い、表現したり作ったりして楽しむ。
`自立心` `協同性` `思考力` `言葉` `感性・表現`

◆自分たちで、特徴や役割、機能を意識しながら、遊びを進める。 `自立心` `協同性` `社会生活` `思考力`

❸友だちと意見を出し合いながら、ルールのある遊びを進めていく楽しさを味わう。
◆すごろくやボードゲームなど、ルールを確認しながら友だちと楽しむ。
`協同性` `道徳・規範` `数量・図形・文字` `言葉`

◆遊びがさらに楽しくなるように、話し合い、ルールをアレンジしたり、作ったりして遊ぶ。
`協同性` `思考力` `道徳・規範` `数量・図形・文字` `感性・表現`

遊びの中で子どもたちは、立場や役割、機能、ルールなどを意識し、模倣したり、活かしたりします。「○○だから、○○がいる」「○○は、○○をする」といった関係性に気づくことによって、遊びがより楽しくなります。

ルールのある遊びを楽しめるように

★興味をもった子どもがいつでも遊べるように、おもちゃを十分に用意し、取り出しやすい場所に配置する。
◎ルールに気づき、確認し、ルールに沿って遊ぶ楽しさを感じられるように、誤解や意見の相違がある場合は、話し合いの仲立ちをする。
◎さいころを使ったり、数を数えたり、位置や場所を考えたりするなど、ルールのある遊びを進めるうえで援助が必要な場合は、問いかけたり、確認したりして、子どもの気づきや理解を促すようにする。

友だちとルールを作ったり、ルールのあるおもちゃを作ったりして、楽しめるように

★自分たちでゲームを作ろうとする子どもの要望に応じて、段ボールやドングリ、画用紙、さいころなどを十分に用意する。
★必要に応じて、話し合いのプロセスを記録できるボードや用紙を用意する。
◎ルール作りの話し合いで、互いの考えが伝わりにくい様子が見られた場合は、話し合いに加わり、内容を確認したり、まとめたりして、共通理解が深まるように援助する。
◎創意工夫する姿や、オリジナリティーを認める。
◎ルールを作る楽しさに共感し、ルールがあるからこそ楽しめる点を確認したり、気づきを促したりする。

オリジナリティーのある表現を支えよう

遊びのルールに気づき、親しみ、楽しむ経験を積み重ねると、さらに子どもたちは、オリジナルのルールのある遊びを作り出します。ドングリ転がし点数ゲームやすごろくなどを作り、より楽しく遊ぶことができます。

評価（子どもを捉える視点・見通し）	・秋の豊かな自然を感じ、実際に調べたり、活用したりする姿が見られたか。 ・友だちと一緒にイメージを膨らませ、特徴や役割を意識して作ったり表現したりして遊んでいたか。 ・ルールに気づき、親しみ、さらには自分たち	でアレンジしたり、新しい遊びを作ったりして楽しんでいたか。

「月のねらい」は子どもの姿をもとに、資質・能力の3つの柱を意識して振り返りができるように作ります。本書では特に意識したいものに下線を入れています。「知識・技能の基礎」．．．．．．．．、「思考力・判断力・表現力等の基礎」＿＿＿＿、「学びに向かう力・人間性等」＿＿＿＿　※下線の詳細はP9を参照

5歳児 10月の資料

自然を活かしたり、特徴や役割を踏まえたり、より楽しくなるようにルールを作ったりして、遊びが深まるように環境構成や援助を工夫しましょう。

想像力を育む　場面や役割を想像しながら遊びを楽しむ

友だちと相談しながら、秋の豊かな自然を十分に活かしたり、物語から影響を受けて想像力を発揮して遊ぶ姿が見られます。子どもの想像力が大いに発揮され、協同的な遊びが楽しめるように、様々な道具や素材を準備し、時間や空間を十分に取りましょう。

ごっこ遊びが深まるように

絵本や物語、出来事に影響を受けて、魔女の学校ごっこ、秘密基地ごっこ、劇場ごっこなど、ストーリー性があり、豊かでオリジナリティ溢れるごっこ遊びが展開します。絵本や資料、十分な道具や素材を準備したり、時間や空間の自由度を高めたりして、ごっこ遊びがさらに深まるように環境構成や援助を工夫しましょう。

ごっこ遊びのイメージを友だちと共有し、想像力を発揮して、計画を立てていきます。

魔女のイメージを広げるために環境構成を工夫します。

秘密基地ごっこは、設計図を作り、修正しながら、ダイナミックに展開しました。

魔女の学校ごっこ、魔女のほうき作り、などの遊びが発展していきます。

ルールのある遊び

ルールに気づき、親しみ、ルールを作る

5歳児は、与えられたルールをただ守るだけではなく、ルールがあるから遊びが楽しくなることに気づき、実際にルールを活用し、さらには友だちと相談してルールをアレンジしたり、ルールのあるゲームを自分たちで考えたりするようになります。

オリジナルのゲームや遊びづくりを支えよう

ルールのある遊びを十分に楽しむ経験をすると、ルールがあるから楽しいことや、どこが楽しいのかなどについて、子どもたちが気づくようになります。実際に、「ドングリ転がし点数ゲーム板」を作ったり、オリジナルのすごろくを作ったりする姿が見られます。

カードゲームをする時にベルを使ったらストップがわかりやすいね。

オリジナルのすごろくを作りました。

ドングリで、○×ゲームをする子どもたち。

ドングリ迷路のスタート地点です。

一緒にゴールを目指して遊んでいます。

子どもたちが作った「ドングリ転がし点数ゲーム板」。いろいろ作りました。

今月の保育教材

絵本
『どんぐりと山猫』 宮沢賢治／作、田島征三／絵、三起商行
『山のごちそう どんぐりの木』 ゆのきようこ／文、川上和生／絵、理論社

今月はドングリを使った遊びが活発でした。ドングリの物語、ドングリの科学など、子どもが拾ってきたもの、見つけたものから、想像や知見が広がる絵本がおすすめです。

5歳児 11月の指導計画

	前月末の子どもの姿
	・秋の自然物を集めて、形や大きさ、色、手触りなどの特徴を感じながら遊びに取り入れて楽しむ姿が見られる。 ・友だちと、物語からイメージを膨らませ、相談・協力し、作ったり表現したりして、ごっこ遊びを楽しむ姿が見られる。 ・互いに意見を交わしながらルールのある遊びを楽しんだり、自らルールをアレンジしたり、ボードゲームなどを作ったりして楽しむ。

互いを思いやり、共に安全に過ごせるように

体調を崩している友だちに優しく声をかける姿や、園内外で活発に遊ぶ中、互いの安全に配慮したり、注意を喚起したりする姿も見られます。共感したり、認めたりして、思いやりの輪を広げましょう。

人間関係を自ら広げようとする姿を支えよう

好奇心が強まり、園外の公園や地域の商店街などに出かけて、いろいろなことを「見たい」「知りたい」と、意欲溢れる子どもたちの姿があります。保護者や地域の人、小学生など、様々な人と積極的にかかわろうとする姿を認めたり、励ましたりしましょう。

	第1週	第2週
子どもの姿ベースのねらい●と内容◆	❶自ら健康に配慮し、園内外で互いの安全に気をつけながら過ごそうとする。 ◆寒暖の差、日没時間の早まりなどに気づき、自らの健康に配慮する。 健康 自立心 自然・生命 ❷様々な人に関心をもち、自ら積極的にかかわり、個性や背景を知り、親しみをもつ。 ◆他者や事物への興味を膨らませ、様々な人と積極的にかかわろうとする。 自立心 協同性 社会生活 言葉	◆社会見学などの時は、交通マナーを意識し、互いの安全に配慮する。 自立心 協同性 道徳・規範 社会生活 ❸友だちと意見を出し合って相談し、自分たちらしさを発揮して、協同的に遊びを楽しむ。 ◆個々の意見を伝え合い、相違点に気づき、異なる意見を柔軟に受け入れながら、話し合いを進める。 自立心 協同性 思考力 言葉
環境構成★・保育者の配慮◎	**季節の変化を感じ、自らの健康に配慮するように** ★気温や湿度、日の出・日の入り、日差しや風の強弱などを子どもがより実感できるように、温度計、湿度計、日時計、新聞の切り抜きや絵本など、環境構成を工夫する。 ◎「今日は寒い」「日差しが柔らかくなってきた」と季節の変化を感じて、「上着を羽織ろう」「早くお部屋に入ろう」などと気づいたり、関連づけたりする姿を認め、促す。 **いろいろな職場、仕事、人の役割への興味が深まるように** ★お店屋さんごっこに興味をもっている子どもの様子に応じて、絵本や写真などを掲示する。 ◎地域や保護者とふれ合う機会を工夫する。 ◎知りたいこと、興味をもったことを伝え合い、自分で調べたり、尋ねたりする機会を設ける。	**聞きたい気持ち、知りたい気持ちを広げよう** ★個々の意見を記録したり、書いたりすることができるように、十分な場と道具を準備する。 ◎共感しながら話し合いの仲立ちをし、人の意見を知る楽しさに気づき、さらに聞きたいと思う気持ちを育む。 **見聞きしたことを活かして、楽しく遊べるように** ◎他者のよい考えを聞いて賛同したり、取り入れたりしようとする姿を認める。 ◎自分と違う考えを認めたり、柔軟に受け入れる姿を認めたり、促したりする。
個別配慮	ゆうすけくん：園外で見知らぬ人と出会うと緊張するようなので、無理強いせず様子を見ながら対応する。	**家庭・地域・学校との連携** ・子どもたちの社会への関心（仕事や職場、地域）を伝え、家庭での会話につなげる。 ・お店屋さんごっこなどへの参加を促す。 ・就学前健診の時期を活用して、小学校との交流などを工夫する。 ・情報を提供し、就学前の不安を軽減する。

168 「子どもの姿ベースのねらい●と内容◆」の「内容」は子どもの姿をもとに「幼児期の終わりまでに育ってほしい姿（10の姿）」を意識して作ります。10の姿のマークを入れました。 健康 自立心 協同性 道徳・規範 社会生活 思考力 自然・生命 数量・図形・文字 言葉 感性・表現 ※マークの詳細はP9を参照

| 月のねらい | ❶自ら健康に配慮し、園内外で互いの安全に気をつけながら過ごそうとする。
❷様々な人に関心をもち、自ら積極的にかかわり、個性や背景を知り、親しみをもつ。
❸友だちと意見を出し合って相談し、自分たちらしさを発揮して、協同的に遊びを楽しむ。 | 健康・安全・食育の配慮 | ・寒暖の差や乾燥などに気づくように、温度計や湿度計、加湿器などを用意する。
・自ら健康に配慮する姿や互いに安全に気をつけようとする姿を認め、主体性を育む。
・食材それぞれに働きがあることなどを一緒に調べて、食への関心を深める。 | 行事 | ・就学前健診
・お店屋さんごっこ（交流会）
・避難訓練
・誕生会 |

第3週

◆体をダイナミックに動かし遊ぶ中で、互いを思いやり、共に安全に過ごす。
`健康` `協同性` `道徳・規範` `社会生活`

◆職場や仕事へのイメージを深め、友だちと相談して創意工夫しながら、お店屋さんごっこやお仕事ごっこを楽しむ。`協同性` `思考力` `社会生活` `数量・図形・文字` `言葉` `感性・表現`

◆新しい意見や異なる意見に興味をもち、取り入れたり、アレンジしたり、互いに納得したりしながら、遊びを深める。
`協同性` `道徳・規範` `数量・図形・文字` `言葉`

思いやりの気持ちが広がるように
◉友だちのできていないことなどを批判的に指摘するのではなく、促したり誘ったりする言葉かけを奨励し、思いやり合える関係性づくりを支援する。

寛容性を育みながら、遊びが広がるように
★意見の相違や相談の過程を可視化し、合意事項を確認できるように、記録用紙、ホワイトボード、付箋などを用意する。
◉自分と違う意見を肯定的に受け止めようとする姿を励ます。
◉友だちの意見を取り入れたり、自分の考えと融合させて新しい提案をしたりする姿を認める。
◉話し合いの進捗状況を発表したり、振り返ったりする機会を設けて、遊びが継続して発展し、さらに楽しくなるように工夫する。

第4週

◆互いの健康や安全に関心をもち、共に健康で安全に過ごせるように互いを思いやり、誘い合ったり、確認し合ったりする。
`健康` `自立心` `協同性` `社会生活` `思考力` `言葉`

◆イメージに合った製作をしたり、役になりきったりして遊ぶ姿を、様々な人に認められ、自信をもち、達成感を感じる。`社会生活` `思考力` `数量・図形・文字` `感性・表現`

イメージをもち創意工夫し、達成感が得られるように
★イメージに沿って製作したり、表現したりできるように、子どもと共に素材を調達したり、加工したりして、物的環境や場や空間を工夫する。
◉子どもの問いに共感し、一緒に調べたり、聞いたり、考えたりする手助けをする。
◉楽しく遊べるように、文字や形、数について必要があれば表現の手助けをする。
◉お店屋さんごっこに限らず、病院や銀行、スポーツジム、劇場など、子どもたちの豊かな発想の広がりを認め、促す。

じっくり話し合える環境を工夫しよう
落ち着いて集中できる場、記録用具（話し合いの内容を整理する付箋や記録ボードなど）、試行錯誤する作業空間と十分な教材など、豊かな環境が不可欠です。子どもと共に考えながら、環境を工夫しましょう。

遊びの中で文字などに親しめるように
社会見学で標識や文字に気づいたり、ごっこ遊びの中で話し合いの内容を記録して共有したりする姿が見られます。文字への関心を受け止め、支援への要請に丁寧に応えて、文字などに親しみ、表現する楽しさを味わえるように援助しましょう。

評価（子どもを捉える視点・見通し）
・互いの安全や健康を思いやり、気をつけて過ごそうとする姿が見られたか。
・仕事や職場などへの興味を深め、自ら調べたり、尋ねたりしようとする姿が見られたか。
・意見の相違に気づき、柔軟に受け入れたり、合意を図ったり、さらに創意工夫して遊びを展開させる姿が見られたか。

「月のねらい」は子どもの姿をもとに、資質・能力の3つの柱を意識して振り返りができるように作ります。本書では特に意識したいものに下線を入れています。「知識・技能の基礎」……、「思考力・判断力・表現力等の基礎」―――、「学びに向かう力・人間性等」____ ※下線の詳細はP9を参照

5歳児

月の資料

園外に活動の場を広げて、自然、生活、人を尊重しながらかかわりを深め、子どもたちの協同的な育ちを支えましょう。

園外へ　自然、生活、人とのかかわりを広げよう

勤労感謝の日や就学前健診などから刺激を受けて、地域で働く人や仕事、小学校への関心が深まります。秋も深まり、豊かな自然を感じることができる時期、子どもたちと話し合って、商店街や公園などの園の外に出かける計画を立てましょう。

出かけたり、招いたりしよう

子どもたちが興味・関心をもったことを調べるために、園外に出かけて地域の人の生活を感じたり、直接話を聞いたりする機会をつくりました。地域の人や専門の知識のある人を園に招くこともあります。

よく観察したり、尋ねたりして、理解を深めます。

園に戻ったら、振り返り、共有します。ホワイトボードや付箋を用意しましょう。

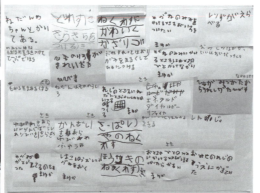

振り返り、共有し、遊びを広げよう

園外で見つけたものや気づいたこと、教えてもらったことを園内の活動に反映させます。ごっこ遊びなどのイメージが深まり、新しい工夫や思い入れが生まれてきます。

思いやり 互いを尊重し、思いやる心を育もう

健康や安全に留意しながら生活を送ってきた子どもたちは、友だちの健康や安全に関心をもち、指摘し合うようになります。できていないことを指摘するのではなく、肯定的な言葉を使い、相手を尊重したり、思いやったりする心を大切にするように伝えていきます。

思いやりに気づき、広げよう

相手を思いやる子どもの姿は、病院ごっこなどの遊びの中で多々見られます。思いやる姿が見られたら、「ありがとう」「優しいね」と声をかけ、思いやりや優しい言葉をかけられた子どもには、「うれしかったね」「これなら安心だね」「温かい気持ちになったね」などと言葉をかけてみましょう。

安全を確認して、「はい、どうぞ」と友だちに伝えます。

「友だちに支えてもらったら、切りやすいね」。カッターやのこぎりなどは、互いの安全を確認しながらチャレンジ。危険が伴う道具を禁止するのではなく、経験する中で子どもたちの安全への意識を育てていきます。

ワクワクドキドキのがけ登り。安全に登れるよう、互いに思いやりの言葉をかけながら、みんなでチャレンジします。

今月の保育教材

絵本
『からすのパンやさん 一家のおはなし』かこさとし／作、偕成社
『ただいまお仕事中』おちとよこ／文、秋山とも子／絵、福音館書店
いろいろな店や仕事に興味・関心をもつ子どもたち。仕事へのイメージが広がる絵本です。

5歳児 12月の指導計画

前月末の子どもの姿
- 気温や日差しなどの変化に気づき、秋の深まりを感じながら互いに健康や安全に配慮して過ごそうとする姿が見られる。
- 地域の様々な人や、職場、仕事に関心をもち、自ら積極的にかかわり、特徴や背景を知り、親しむ姿が見られる。
- ごっこ遊びで、相談したり、意見の相違を柔軟に受け止め合意したりしながら、新たな発想を広げて協同的な遊びを楽しむ姿が見られる。

元気に新年を迎えるために

クラスの一体感が出てくる時期です。クラスみんなで健康に過ごすために、集団感染の予防への意識を育みましょう。1年に感謝し、健康で新年を迎える気持ちを盛り上げていきましょう。

集団の中での自己発揮を促そう

一緒に製作を楽しむ中で「押さえておくからテープを貼ってね」と言ったり、たき火の準備を進めながら「2人が落ち葉を集めてくれたから、私が運ぶね」と言ったりする姿が見られます。協力する姿や思いやる姿を認め、優しさに基づくクラスの一体感をさらに高めていきましょう。

子どもの姿ベースのねらい●と内容◆

第1週
- ❶冬の気候や年末の様子に気づき、互いの健康と安全を大切にしながら過ごす。
- ◆冬の気温を感じながら、薄着を心がけたり、体を動かしたりして、自ら考えて健康で安全な生活をする。 健康 自立心 自然・生命
- ❷遊びや生活の中で、役割を見つけて自己を発揮し、充実感を味わう。
- ◆自分の気づいたこと、得意なことを活かし、積極的に役割を担って、遊びや生活を楽しむ。 自立心 協同性 社会生活
- ❸相手により伝わるように、表現などを工夫しながら、遊びを楽しむ。
- ◆相手の受け止め方や思いに配慮しながら、表現する。 協同性 社会生活 言葉

第2週
- ◆感染症予防の大切さや集団感染の予防を意識しながら、手洗い・うがいなどの基本的生活習慣を身につける。 健康 自立心 社会生活
- ◆全体像に関心をもちながら、その中で自分らしく役割を果たし、充実感を味わう。 自立心 協同性 社会生活
- ◆友だちとイメージを共有するための媒体として、数字や文字などに関心をもつ。 協同性 数量・図形・文字 感性・表現

環境構成★・保育者の配慮◎

第1週

健康に楽しく新年を迎えられるように
- ★年末までのカウントダウン・カレンダーを子どもと一緒に作成して壁面に掲示し、伝承遊びのおもちゃなどを用意して、新年を楽しく迎えるクラスの雰囲気を一緒につくる。
- ★元気に新年が迎えられるように、感染症やその予防について、気づきを促す掲示をする。
- ◎手をあてて咳をする姿や、しっかりうがいする姿など、他者を思いやる姿を認める。

こだわりを大切にしよう
- ★じっくり観察したり、調べたり、実験したり、描いたりできる環境を準備する。
- ◎個々のこだわりを受け止め、粘り強く取り組む姿を認める。
- ◎時間をかけて探究したり、諦めずに問題を解決しようとしたりする姿を認める。

第2週

他者との関係性を意識しながら、自ら役割を分担しようとする姿を認めよう
- ★それぞれの役割や分担を俯瞰して感じることができるように、全体像を表すマップや図を子どもと一緒に作成し、ボードなどに掲示する。
- ◎他者の役割を知り、その上で自分のしたいこと、できることを自分で決める姿を認める。
- ◎相手を慰労したり、思いやったり、相手に感謝したりしながら、それぞれの役割を考える姿を認める。
- ◎互いの役割を理解した上で、遊び全体との関係性を考え、思いやりの気持ちが高まるように、褒めたり、言語化したりして確認したりする。

個別配慮
ことみちゃん：たき火など、火の扱いに慣れていないので特に安全に配慮する。

家庭・地域・学校との連携
- お店屋さんごっこやたき火遊びなどの時は、保護者の主体的な参加を歓迎する。
- 子どもと1年の育ちや学びを確認し、家庭と共に喜び、感謝の気持ちを醸成する。
- 地域とのつながりを深め、新しい年を迎える。

「子どもの姿ベースのねらい●と内容◆」の「内容」は子どもの姿をもとに「幼児期の終わりまでに育ってほしい姿(10の姿)」を意識して作ります。10の姿のマークを入れました。 健康 自立心 協同性 道徳・規範 社会生活 思考力 自然・生命 数量・図形・文字 言葉 感性・表現 ※マークの詳細はP9を参照

月のねらい	❶冬の気候や年末の様子に気づき、互いの健康と安全を大切にしながら過ごす。 ❷遊びや生活の中で、役割を見つけて自己を発揮し、充実感を味わう。 ❸相手により伝わるように、表現などを工夫しながら、遊びを楽しむ。	健康・安全・食育の配慮：・体を動かすと温かくなることなどを体感しながら、薄着を心がけるなど冬の健康的な生活の仕方を身につけられるように援助する。・感染症予防の大切さと具体的な方法を伝える。・季節ならではの食材を食べる機会を設ける。　　行事：・お店屋さんごっこ（保護者参加）・たき火遊び・避難訓練・誕生会

第3週 / 第4週

第3週
- ◆冬の自然や季節の特徴に気づき、友だちと不思議さ、おもしろさを共有しながら、生活や遊びに取り入れて楽しむ。 協同性 自然・生命 感性・表現
- ◆互いの個性を尊重したり、憧れたり、感謝したりしながら、クラスでの生活や遊びを楽しむ。 協同性 社会生活 道徳・規範 言葉
- ◆友だちとのコミュニケーションを深めたり、認識を共有したり、遊びをさらに楽しむうえで、絵や図、数字、文字などを活用しようとする。 協同性 思考力 数量・図形・文字 感性・表現

第4週
- ◆年末の行事などに関心をもち、地域や家族とのかかわりを深める。 社会生活
- ◆餅つきや大掃除などのいわれを知り、期待を抱きながら新年を迎える。 社会生活 道徳・規範
- ◆友だちと共通の目標をもち、その中で自分が果たす役割について自負を感じ、全体と部分についての感覚をもちながら遊びを楽しむ。 自立心 協同性 社会生活
- ◆友だちを思いやり、かかわりを工夫した結果、友だちと気持ちが通じ合い、わかり合った喜びを感じる。 自立心 協同性 社会生活 思考力 言葉

数や文字を活用しながらコミュニケーションを図り、遊びを楽しむ
★形、色、数、文字などを使いたいと思った子どもが、調べたり、確認したりして活用できるように、形や色、数、文字をモチーフとした絵本を取り出しやすい場所に用意する。
★ライティングのコーナーを作るなどして、落ち着いてじっくりと数や文字への感覚を育む環境を設ける。
●数、図形、文字に関心をもった子どもの問いに答え、描いたり書いたりする体験を支援する。

感謝や希望の気持ちを共有しながら、一緒に楽しく新しい年を迎える
●正月の遊びの経験を伝え合うなど、話し合いの機会を準備する。
●1年を振り返り、成長を感じたり、達成感や充実感を味わったりして、自己肯定感や互いへの尊敬の気持ちを高める。
●大掃除などを通して、ものを大切にする気持ちや感謝の気持ちを育み、さわやかさを感じる機会を設ける。

環境を子どもと一緒に再構成しよう

自分たちの問いや見通しを大切にしながら、遊ぶ姿が見られます。こだわって素材を選び、加工して製作したり、粘り強く探究したり、実験したりできる環境を子どもと共に再構成しましょう。

遊びや生活の中で数や文字に関心をもつ

ごっこ遊びや生活の中で、商品の数量、形、色に関心をもったり、お金を扱おうとしたり、時間に興味をもったりする姿が見られます。子どもの問いや要望に丁寧に応えて、子どもの表現やコミュニケーション、認識の広がりを支援しましょう。ただし、読み書き計算は、個々の子どもの興味・関心と必要性に応じた学びを前提とし、一斉指導にならないようにしましょう。

評価（子どもを捉える視点・見通し）
- ・感染症予防など、集団の中で健康的に過ごすことを意識し、行動できたか。
- ・クラス全体と自分の関係性を意識し、互いに思いやる優しい気持ちや充実感を味わう姿が見られたか。
- ・こだわりをもって製作したり、比べたり探究したりして、学びを深める姿が見られたか。

「月のねらい」は子どもの姿をもとに、資質・能力の3つの柱を意識して振り返りができるように作ります。本書では特に意識したいものに下線を入れています。「知識・技能の基礎」………、「思考力・判断力・表現力等の基礎」━━━━、「学びに向かう力・人間性等」───　※下線の詳細はP9を参照

5歳児

12月の資料

個と集団の関係性に気づきながら、互いの個性を認め、自己を発揮して、遊びが深まるようになります。

個と集団の育ち

関係性や全体像をイメージしながら

それぞれが自己を発揮し、自信を深めていく時期です。
また、互いの個性に気づき、憧れを抱いたり、尊敬し合う姿が見られます。
クラスの中で互いを思いやったり、感謝し合ったりしながら、個と集団が育ちます。

互いの役割とそのつながりを感じよう

互いの得意なこと、好きなことを活かして、感謝や思いやりの心を膨らませながら、遊ぶ姿を認めましょう。互いを尊敬し合う心、支え合い、助け合う充実感から、さらなる一体感が生まれます。

枝を組む人、枝を入れる人、うちわで風を送る人、サツマイモを包む人。協力して、焼きイモを作ります。

「私たちが集めるね」「力もちだから僕が運ぶね」。

今月の保育教材

絵本
『はじめてであう すうがくの絵本』 安野光雅／作、福音館書店

伝えたいことや表現したいことを、数や文字を使って表そうとする子どもたち。興味をもち始めた数や文字の世界を深めるのにぴったりの絵本です。

友だちのうれしかったこと、楽しかったこと、頑張ったことを聞いて、共感したり、憧れたりします。

みんなの畑で、それぞれが栽培した野菜を使って、一緒にクッキング。それぞれの頑張りを称えて、一体感を感じながら、一緒においしくいただいた活動をまとめて掲示しました。

こだわりを大切に
じっくり遊び、工夫して表現できる環境を

比べたり、調べたり、実験したり、じっくり考えたり、粘り強く試したり、
集中して描いたり、数や文字を使ってより相手に伝わるように工夫したり……。
子どもたちの思いを支える環境構成を工夫しましょう。

子どものこだわり、粘り強さ、創意工夫を支えよう

ものや人とじっくりかかわるための環境を用意しましょう。集中して丁寧に描いたり、比較したり、観察したり、計ったり、探究を深めたりする道具や素材を子どもの要望に応じて用意します。作りたいものがより精巧に作れるように、自分たちの思いがより伝わるように、図や絵、数、文字などを活用しようとする子どもを支え、伝わるような展示方法を一緒に工夫しましょう。

比べたり、計ったり、調べたり。じっくりしっかり観察したり、探究したりして、こだわって遊べる環境を子どもと一緒に再構成しましょう。

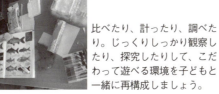

数に興味を強くもって、時計をたくさん作ったり、機械のスイッチに番号を入れたり、品物の値段を大きさや種類によって想定したり。自分たちが作りたいものがよりリアリティのあるものになり、遊びが楽しくなります。

5歳児 1月の指導計画

前月末の子どもの姿
- マスクをする意味などに気づき、手洗い・うがいなどの習慣が身についている様子が見られる。
- クラス全体でたき火遊びやお店屋さんごっこを楽しむ中で、互いの役割のつながりや全体像に気づき、尊重し合う姿が見られる。
- 粘り強く製作したり、色や形にこだわったり、数や文字を活用したりして、相手にわかりやすく表現しようとしている。

冬の事象を知り友だちと一緒に探究する環境を

結露や、霜柱、氷を見つけて喜ぶ姿が見られます。ものの重さ、長さ、厚み、硬さといった状態、溶けたり、固まったりといった変化、場所の違いによる比較など、友だちと探究を深めることのできる環境を準備しましょう。

新年をワクワクしながら過ごせるように

小学校への入学を控え、新しい年を希望に満ちて迎えている子どもたちです。季節の伝承遊びにおいても、好きな遊びを自分で選べるように十分に用意し、チャレンジしながら遊ぶ姿を認め、励ましましょう。

子どもの姿ベースのねらい●と内容◆

第1週
- ❶ 友だちと一緒に、冬の事象や伝承遊びに興味・関心をもち、挑戦する。
- ◆ すごろく、カルタ、福笑い、コマ、羽根突き、凧揚げ、剣玉などを、自分で選んで遊び楽しむ。[自立心][健康][思考力]
- ◆ 正月や七草、どんど焼きなど、伝統文化に積極的にふれ、そのいわれに関心をもつ。[社会生活][自然・生命][言葉]
- ◆ 白い息や結露、氷、霜柱などを見つけ、冬の自然や事象に関心をもつ。[思考力][自然・生命][言葉]

第2週
- ◆ 遊びの中で、数、量、高さ、技などの目標をもって挑戦しながら、遊びを楽しむ。[自立心][自然・生命][感性・表現]
- ❷ 音楽・造形・身体・言葉など様々な表現遊びを楽しむ。
- ◆ 遊びの中で自分の表現したいことを具現化するために、数量、文字などに関心をもち、活用しようとする。[自立心][数量・図形・文字][感性・表現]
- ❸ 相手の気持ちを考えながら伝え、協同的に遊びを深める。
- ◆ 自分の思いが伝わっているか、相手にどう受け止められているかを知ろうとする姿勢をもつ。[協同性][社会生活]

環境構成★・保育者の配慮◎

第1週

自分で選んで、伝承遊びを楽しむ
- ★ すごろく、カルタ、福笑い、コマ、羽根突き、凧揚げ、剣玉などを自分で選べるように、出しやすいところに十分な種類と数を準備する。
- ◎ 子どもの目標を聞き、粘り強く取り組む姿を認め、励ます。

文化を知り、親しみをもてるように
- ★ 季節のならわしや行事などに親しみがもてるように、背景についての記事や、比較できる写真などを掲示する。
- ◎ 行事などの歴史や背景、いわれについて、興味をもって聞いたり、伝え合ったりする機会を設ける。
- ◎ それぞれの家庭や地域、国の正月文化に興味をもち、聞いたり調べたりしたことを掲示して、各文化への尊敬や親しみを感じられるようにする。

第2週

意見を出し、通じ合いながら、遊びを楽しめるように
- ★ 一緒に考えたことや創意工夫したことのプロセスを振り返れるように、ホワイトボードや記録する紙を用意する。
- ★ 数や文字、記号などに関心をもった子どもたちが互いに教え合ったり、活用したりできるように、手軽に持ち運びのできる数や文字、記号の表などを用意する。
- ◎ 生活発表会に向けて、自分たちの意見をまとめたり、創造したり、表現する姿を認め、励ます。
- ◎ 意見が合意に至るまでの経緯や、新たにつけ加えたことなどが整理できるように、記録などの援助をする。
- ◎ 友だちの表情、態度、言葉などから、相手の気持ちを読み取り、理解しようとする姿を認める。

個別配慮
ゆかちゃん：みんなの前で意見を言うことや、クラスの中で何かの役割を担うことが苦手な様子なので、無理強いをせず、負担にならないように配慮する。

家庭・地域・学校との連携
- 保護者に、グループでの活動やクラス全体の様子、友だちとの関係性の中での個々の子どもの姿を伝え、社会性が育ってきている様子を伝える。
- 地域や文化などにふれる機会を設け、親しみを感じることができるようにする。

---

176 「子どもの姿ベースのねらい●と内容◆」の「内容」は子どもの姿をもとに「幼児期の終わりまでに育ってほしい姿(10の姿)」を意識して作ります。10の姿のマークを入れました。[健康][自立心][協同性][道徳・規範][社会生活][思考力][自然・生命][数量・図形・文字][言葉][感性・表現] ※マークの詳細はP9を参照

月のねらい	❶友だちと一緒に、冬の事象や伝承遊びに興味・関心をもち、挑戦する。 ❷音楽・造形・身体・言葉など様々な表現遊びを楽しむ。 ❸相手の気持ちを考えながら伝え、協同的に遊びを深める。	健康・安全・食育の配慮	・休み明けの生活リズムが整うように、自ら意識する姿を認め、励ます。 ・お節やお雑煮、七草などの行事食のいわれや伝統文化への関心をもてるように援助する。 ・食事の時間や量などについて、自ら考えて判断するように援助する。

行事
・どんど焼き
・避難訓練
・誕生会

第3週	第4週
◆目標をもって、試行錯誤、創意工夫して遊び、達成感を味わう。 思考力 感性・表現 数量・図形・文字	→
◆音楽・造形・身体・言葉など様々な表現方法について考え、友だちと一緒に創作や表現を楽しむ。 協同性 社会生活 思考力 言葉 数量・図形・文字 感性・表現	◆表現方法の特徴を踏まえて、工夫しながら遊びを楽しむ。 協同性 思考力 言葉 数量・図形・文字 感性・表現
◆相手の気持ちを確かめたり、相手の思いを推察したりしながら、遊びを楽しむ。 協同性 思考力 数量・図形・文字 感性・表現	◆互いを思いやりながら、創意工夫し、協同的な遊びを深める。 自立心 協同性 社会生活 思考力 言葉

全体像を意識しながら表現を楽しめるように

友だちと一緒に創意工夫しながら製作を楽しむ時、自分と友だちとの関係性や全体の中でのそれぞれの役割を理解する姿が見られます。協力する楽しさや、一体感を味わえる機会を大切にしましょう。

表現を工夫しながら創作や表現が楽しめるように

★生活発表会の音や動き、言葉、背景図、オブジェなどの創作において、多様な表現が選択可能となるように、レコーダーや楽器、素材や道具を十分に用意する。
★友だちとダイナミックに動いたり、製作したりできるように、十分な場を用意し、自由に場所を選べるように子どもと共に環境を再構成する。
◉生活発表会に向けて、自分たちでオリジナリティーのある内容を考えたり、役割や展開を決めていく姿を励まし、促す。
◉個々の意見が反映され、グループが一体となって創作や表現を楽しめるように配慮する。

達成感や充実感を味わえるように

★それぞれのグループで、個々の発案や役割が創作や表現に活かされているかを確認するために、写真や図、絵、文字などを掲示し、話し合いの場面を設ける。
◉生活発表会に向けて、友だちと一緒につくり上げるプロセスで満足感や充実感を感じることができるように、グループの話を丁寧に聞き、クラス全体で話し合ったり、保護者におたよりなどで伝えたりする。
◉役になりきっていたり、ユニークで楽しい言葉や動きをするなど、表現を工夫したりする姿を認める。
◉発表会までにグループで何をするかの計画を立てて、協力しながら行えるように、必要に応じて、アドバイスする。

自分たちでつくる生活発表会へ向けて

子どもたちが生活発表会の内容や発表の方法を考え、オリジナリティー溢れる様々な創作や表現活動になるようにします。豊かな発想、予想外の提案、複雑な要望などを歓迎する姿勢をもち、保育者も一緒に楽しみましょう。

評価 捉える視点・見通し（子どもを見通し）	・友だちと一緒に冬の季節を感じ、道具などを活用して、探究を深めて遊ぶ姿が見られたか。 ・これまでの経験を活かし、様々な表現の媒体や方法を活用して、遊びを楽しむ姿が見られたか。 ・相手の言葉、表情などを踏まえて気持ちを理	解し、相手とよりわかり合えるように表現方法などを工夫する姿が見られたか。

「月のねらい」は子どもの姿をもとに、資質・能力の3つの柱を意識して振り返りができるように作ります。本書では特に意識したいものに下線を入れています。
「知識・技能の基礎」‥‥‥‥‥、「思考力・判断力・表現力等の基礎」‥‥‥‥、「学びに向かう力・人間性等」‥‥‥‥　※下線の詳細はP9を参照

5歳児

1月の資料

風習などの地域文化や季節を感じ、親しむ経験が土台となり、文化や季節の多様性を知り、尊重する姿が育まれます。

文化・季節 文化への親しみから、尊重へ

正月の遊び、七草、どんど焼きや伝承遊びなど、経験したことや知っていることを生き生きと友だちに伝える姿が見られます。歴史やいわれに興味をもち、地域の特徴を知るなどの経験が、多文化を尊重したり、違いを肯定的に受け止める姿の育ちにつながります。

季節の行事や伝承遊びを楽しもう

友だちと地域の文化に親しみ、さらに興味を深める姿を支えましょう。多様な伝承遊びを経験し、自分で選んだり、目標をもってチャレンジしたり、粘り強く取り組んだりする姿を認めましょう。

いろいろな伝承遊びに興味をもってチャレンジできるように、自分で遊びを選べる環境を用意しましょう。

友だちと一緒に、歴史やいわれを知って厳かな気持ちになったり、文化にふれて心豊かになったりした経験は、よい思い出になります。また、多文化への尊重や、違いなどを肯定的に受け止める姿勢が育まれます。

氷を発見。友だちと協力して採取し、協力しながら厚みを測ったり、溶ける様子を観察したり。友だちと一緒だからこそ楽しく、気づきや学びも深まります。

氷や、雪の結晶の大きさや形などを比べたり、確かめたりできるように、黒い画用紙を敷いたトレーやトング、スコップ、ものさしなどの道具を準備しましょう。

今月の保育教材

絵本
『おもちのきもち』かがくいひろし／作、講談社
『十二支のお節料理』川端誠／作、BL出版
正月に家族で食べたおもちやお節料理を、発想豊かに楽しめる絵本です。

グループ活動
活動の全体像を描き、個々が力を発揮する

友だちと一緒につくる「生活発表会」に向けて、一人ひとりの子どもが自分の意見を出し、互いを尊重しながらそれぞれの意見を活かして、グループの活動を進めていく姿が見られます。個々の気持ちを可視化したり、子どもたちが自分でまとめたりできる環境をつくりましょう。

個の集まりからユニークなグループ活動へ

友だち一人ひとりの思いを知ろうとする姿や、相手に伝わるように工夫して自分の思いを伝えようとする姿が見られます。一人ひとりの意見が尊重され、活かされるようになると、よりユニークで楽しいグループ活動が展開します。素材や道具、スペース、機会を十分に用意して、子どもたちが一体感を感じ、充実した気持ちで遊べるように援助しましょう。

それぞれの子どもの思いを共有できるように、付箋に書いて貼ります。読み返したり、グルーピングしたりできるように、道具や環境を準備しましょう。

子どもたちの意見を保育者がわかりやすく整理することもありますが、子どもたち自身が書き加えたり、図示したりすることも。そのための道具を用意したり、話し合いの時間を十分に取ったり、保育者も話し合いに参加したりして支援します。

ゲームの途中やおやつの時間など、様々な場面で、子どもたちが、じっくり話し合っている姿が見られます。

5歳児 2月の指導計画

前月末の子どもの姿
- 正月の遊びなどから、歴史や文化に興味を広げ、楽しむ姿が見られる。
- 遊びの経験を活かし、形や色、音、数、文字などを友だちと活用しながら、生活発表会に向けた様々な表現を楽しんでいる。
- 相手の受け止め方などに配慮し、わかり合えるように工夫しながら、協同的な遊びを楽しむ姿が見られる。

期待をもって、春を迎えるために
節分などのいわれを知って興味を広げたり、新芽やつぼみなどから春の訪れを予測したりして、春への期待を膨らませましょう。また、その気持ちが、小学校入学への期待感にもつながるとよいと思われます。

十分に表現できる環境を
生活発表会に向けて、想像力豊かに、ダイナミックに大道具を作ったり、楽器を作ったりする姿が見られます。子どもたちが十分に創作や表現ができる空間と、大きな段ボールや画用紙などの様々な素材を準備し、環境を工夫しましょう。

子どもの姿ベースのねらい●と内容◆

第1週
- ❶冬の自然や行事に興味をもち、春の訪れや入学への期待感を抱く。
- ◆友だちと冬の自然現象を比較したり、調べたりしながら興味を深め、楽しむ。 [協同性][自然・生命]
- ◆節分のいわれなどに興味をもち、友だちと一緒に文化を楽しむ。 [協同性][社会生活][言葉]
- ❷協同しながら創作や表現を工夫し、達成感を味わう。
- ◆場面をイメージしながら、舞台装置や楽器などの小道具を作ったり、使ったり、奏でたりして表現を楽しむ。 [思考力][感性・表現]
- ❸相手の立場で考え、相手からどう見られるかを想像しながら、表現する。
- ◆生活発表会に向けて、自分たちがどう見えるかなどを話し合い、目的をもって遊びを楽しむ。 [協同性][社会生活][思考力][感性・表現]

第2週
- ◆雪や氷、つらら、霜柱などを取り入れて、友だちと冬ならではの遊びを楽しむ。 [協同性][思考力][自然・生命]
- ◆話し合うことでイメージを共有し、舞台装置や小道具、ストーリー、振り付けなどを、様々な表現方法を駆使しながら一緒に作って楽しむ。 [協同性][思考力][数量・図形・文字][感性・表現]
- ◆グループ同士で表現を見せ合い、感想を述べ合って、見せる・見られる視点を感じながら、表現を楽しむ。 [協同性][社会生活][数量・図形・文字][感性・表現][言葉]

環境構成★・保育者の配慮◎

第1週：季節の節目や変化をより深く感じることができるように
- ★楽しみながら季節を感じられるように、鬼のお面やヒイラギ、豆などを用意する。
- ★行事に関連する絵本を読んだり、温度や湿度などを調べたり、考えたりする教材や場を用意する。
- ◎自分が発見した自然現象をさらに探究しようとする姿を認める。

表現に対する意欲や期待を広げるために
- ★「すてきな自分たち」「よりよく演じたい、表現したい」という意欲や期待を広げ、さらなる創意工夫ができるように、十分な道具や素材、場所を用意する。
- ◎他者を意識しながら、表現を工夫する姿を認め、時に保育者が感想や疑問などを述べて、さらに思考が深まるように援助する。

第2週：見せる・見られる視点を意識して、楽しめるように
- ★鏡、写真、映像、音声など、自分たちを振り返ることができる道具を、要望に応じて用意する。
- ★なりきって演じたり、見合ったりできるように、舞台やマイクなどを、子どもと一緒に用意する。
- ◎生活発表会に向けて、ほかのグループと鑑賞し合い、意見交換できる機会を設ける。
- ◎見せる・見られる視点を感じることができるように、クラス全体で振り返る機会を設ける。
- ◎互いのよさや、工夫したところなどに気づき、尊重し、他者のよさや工夫を取り入れようとする姿を認める。

個別配慮
さくらちゃん：友だちの意見を受け入れられなかったり、相談しながら一緒に製作を進めることが苦手なようなので、保育者が友だちの気持ちや製作の趣旨を丁寧に説明したり、絵や図、写真などを活用して伝わる工夫をする。

家庭・地域・学校との連携
- 生活習慣の定着や、時間を意識することなど、成長が感じられる子どもの姿を伝え、家庭でも認めるように促す。
- 生活発表会を通じて、友だちと協同的に取り組む姿が育ち、そこから様々なことを学んでいたことを伝え、共に喜ぶ。

「子どもの姿ベースのねらい●と内容◆」の「内容」は子どもの姿をもとに「幼児期の終わりまでに育ってほしい姿(10の姿)」を意識して作ります。10の姿のマークを入れました。 [健康][自立心][協同性][道徳・規範][社会生活][思考力][自然・生命][数量・図形・文字][言葉][感性・表現] ※マークの詳細はP9を参照

月のねらい	❶冬の自然や行事に興味をもち、春の訪れや入学への期待感を抱く。 ❷協同しながら創作や表現を工夫し、達成感を味わう。 ❸相手の立場で考え、相手からどう見られるかを想像しながら、表現する。	健康・安全・食育の配慮	・自分を大切に思い、健康に必要なことを意識しながら、基本的生活習慣について再確認する。 ・残りの園生活をクラスみんなで元気に過ごすために、集団感染の予防などについて再確認する。 ・挨拶やマナー、食べる量などを意識して、感謝しながら食事を楽しむ。	行事	・生活発表会 ・豆まき ・避難訓練 ・誕生会

第3週	第4週
◆ビオトープの様子、植物の芽吹き、つぼみの膨らみなどを友だちと発見して、春の訪れを感じる。 自立心 自然・生命 感性・表現	◆自分に自信をもち、友だちを思いやったり、年下の子どもへの配慮をしながら、生活や遊びを楽しむ。 自立心 協同性 社会生活 道徳・規範
◆自分たちが工夫して考えた製作物や効果音、言葉、動きが、相手に伝わる喜びを感じ、達成感を味わう。 協同性 思考力 言葉 数量・図形・文字 感性・表現	◆生活発表会を通じて、友だちや保護者の感想を知り、充実感や達成感を味わい、自信を深める。 自立心 協同性 社会生活 言葉
◆他者の意見を聞いて、グループで話し合ってよい意見を取り入れ、さらに工夫して、遊びを深める。 協同性 思考力 社会生活 感性・表現	

多様な視点に気づくように

自分たちの表現が他者にどう見えるか、自分たちはどう見せたいかなど、他者の視点と自分たちのやりたいことを考えながら、表現を工夫する姿が見られます。鏡や舞台を用意したり、感想を書いてもらったり伝えたりする機会を準備しましょう。

伝わる楽しさや、工夫が実る充実感を感じられるように ★他者の視点を知り、検討したり、アレンジしたりできるように、記録用具や媒体を用意する。 ◎他者の反応を予測して工夫した表現などが、期待通りに他者に伝わったことを共に喜ぶ。 ◎互いに認め合いながら、意見を取り入れたり、新たな創意工夫をしたりして遊ぶ姿を認め、褒める。	**褒められ、認められる経験が重ねられるように** ★試行錯誤や工夫をくり返して粘り強く製作した過程や、紆余曲折しながら合意したプロセスを、図や表でクラスに掲示したり、おたよりで保護者に伝えたりして共有する。 ★友だちや保護者の生活発表会を見た感想を掲示して、子どもたちが省察できるようにし、自信や達成感につなげる。 ◎クラスの友だちや保護者と楽しさを共有し、達成感を感じて、それぞれの成長を喜び、自信を深める機会を設ける。 ◎個々の頑張りを認め合い、クラスの友だちの多様な個性と一体感を感じる姿を確認する。園への愛着を保育者と共に感じる機会を設ける。

クラスや保護者と共に、自信と達成感を

発表を見た子ども同士の意見や、保護者の感想などを掲示しましょう。自分たちへのメッセージを受け止めることで、自信を深め、達成感をもつことにより、さらに意欲が育まれます。

評価 捉える視点（子どもを捉える視点・見通し）	・春の訪れを友だちと共に感じたり、発見したりし、期待して新しい季節を迎える姿が見られるか。 ・これまでの経験を活かし、状況に合った方法を選択したり創意工夫したりして、協同的に遊びを楽しむ姿が見られたか。	・互いを認めたり、好意的に提案したり、他者の視点を意識したりして、表現を工夫して遊ぶ姿が見られたか。

「月のねらい」は子どもの姿をもとに、資質・能力の3つの柱を意識して振り返りができるように作ります。本書では特に意識したいものに下線を入れています。
「知識・技能の基礎」………、「思考力・判断力・表現力等の基礎」－－－－、「学びに向かう力・人間性等」＿＿＿　※下線の詳細はP9を参照

5歳児

2月の資料

小学校入学に向けて、一人ひとりが自分の成長に自信をもち、自己を発揮し、クラスの一体感が高まります。協同的な遊びが深まり、意欲や自信が高まる姿も見られます。

協同的な遊び

個々の個性が発揮され、一体感が深まる

友だちの好きなことや得意なことなどを知り尽くし、クラスが大好きな子どもたちです。互いを認め合い、それぞれの個性が発揮され、それらが集約されると、集団だからこそ生まれる発想や創作、楽しさが遊びや生活のいたるところで見られます。

協同的な遊びを深め、さらなる意欲を育もう

共に過ごしてきた園生活の経験から、友だちへの深い理解と愛情が育っています。互いを信頼・尊重し、協力し合う姿が見られます。個々のよさが発揮されてこそのダイナミックでユニークな遊びが、楽しく展開するように、環境や援助を工夫しましょう。

自分たちで創意工夫して楽器を作ったり、舞台のBGMを作曲したり。個々の力を発揮して、一緒に発表会をつくっていきます。

自分たちでルールを決めたり、イメージを共有したりして、一体感をもって遊んでいます。

発表会に向けて、舞台装置や大道具を自分たちで相談しながら作成します。十分な空間、色彩豊かな表現のための道具、大きな画用紙、汚れても気にしない寛容性をもって、ダイナミックに作れるように環境や援助を工夫しましょう。

今月の保育教材

絵本
『くまの楽器店』安房直子／作、こみねゆら／絵、小学館
『チュロの木』いせひでこ／作、偕成社
表現を楽しみ、思いやりや優しさを感じることができる絵本です。生活発表会の表現を考えている子どもたちが、温かい気持ちで楽しく取り組むきっかけになります。

自信を深める　友だちと認め合い、高め合う

友だちや先生、保護者に早く見てもらいたい気持ちと、よりよく見せたい、もっと工夫したい、楽しみを共有したい気持ちが高まってくる時期です。友だちに意気揚々と説明したり、ステージを見てもらって自信を深めたりできる環境を子どもと一緒につくっていきましょう。

自信から、さらなる意欲を育もう

「見せる」「見られる」といった多様な視点をもちながら、協同的に遊ぶ姿が見られます。友だちに説明したり、クラス全体に披露する機会を設けましょう。また互いに認め合ったり、褒めたり、さらには好意的に提案するように促します。友だちや保護者からの感想を共有し、子どもたちが自信を深め、さらなる意欲につながるようにします。

自分のアイデアを意気揚々と友だちに伝えます。「すごいね」「いいね」と、認め合う姿が見られます。

自分たちで園庭に舞台を作りました。奏者もオーディエンスもノリノリで、一体感を感じながらのコンサートです。

自分たちで作った物語と舞台装置。クラスみんなに見てもらい、たくさんの感想や意見をもらい、ますます意欲が高まります。

発表会の後、保護者に感想を書いてもらいました。友だちの家族からもたくさんの称賛と愛情をもらい、うれしさ、達成感、満足感も大きなものとなります。

クラスの友だちの感想や意見、提案をまとめて、ホワイトボードに掲示。互いを尊重し、思いやり、応援し合う気持ちが見られます。

183

5歳児 3月の指導計画

前月末の子どもの姿
- 希望をもって、小学校生活のイメージを話題にする姿が見られる。
- 生活発表会を友だちと一緒にやり遂げたことが自信となり、さらに意欲的に取り組む姿が見られる。
- 友だちや年下の子どもなどの立場に立って配慮したり、思いやったりし、感謝されることに喜びを感じる姿が見られる。

春を感じ、自然を敬う心を育もう

芽吹きやつぼみの開花、花の匂いなど春の訪れに気づく姿が見られます。自然の美しさを感じ、不思議さを探究するために、掲示や場所の工夫をしましょう。自然を敬い、大切にする気持ちを育みましょう。

集団生活の醍醐味を活かそう

園生活には、家庭生活や小学校生活と異なる醍醐味があります。様々な個性と出会い、それぞれが主体的に自己を発揮します。友だちの様々な個性にふれ、多様性に対する寛容な姿勢が育まれます。また、友だちの興味・関心を共有し、知性の扉が多方面に開かれます。

子どもの姿ベースのねらい●と内容◆

第1週
- ❶春の自然を調べたり、遊びに取り入れたりして楽しむ。
- ◆春の訪れに気づき、調べたり、比べたりしながら探究を深める。 [協同性][自然・生命]
- ❷互いの個性を認め、それぞれが自己を発揮し、多方面に興味を広げる。
- ◆考えを伝え合い、個々の好きなことや得意なことを活かして役割分担し、それぞれの提案を取り入れて工夫しながら、協同的な遊びを楽しむ。 [自立心][協同性][社会生活][思考力]
- ❸充実感をもって園生活を送り、自らの成長に誇りを感じながら入学への喜びと期待をもつ。
- ◆卒園までのカウントダウン・カレンダーなどを作成して、入学への期待を膨らませながら過ごす。 [社会生活][数量・図形・文字][感性・表現]

第2週
- ◆友だちと春の芽吹きやつぼみの開花を発見し、ごっこ遊びや製作に取り入れて、想像力豊かに遊ぶ。 [協同性][思考力][自然・生命][感性・表現]
- ◆友だちのすてきな部分や自分もやってみたいことなどを共有して、興味を広げる。 [協同性][思考力][数量・図形・文字][言葉][感性・表現]
- ◆興味をもった新聞や時事の話題について、友だちと話し合って楽しむ。 [協同性][思考力][数量・図形・文字][言葉][感性・表現]
- ◆小学校訪問を通じて、入学に対する自信と期待、意欲をもつ。 [自立心][協同性][社会生活]
- ◆園生活で楽しかったことや頑張ったことを伝え合い、互いの成長を喜ぶ。 [協同性][言葉][感性・表現]

環境構成★・保育者の配慮◎

第1週

春の自然に気づき、探究したり、活用したりできるように
- ★子どもたちが見つけた、草花の新芽やつぼみなどの写真や実物を展示する。
- ★測定や比較するための道具やスペースと、科学絵本や図鑑を用意する。
- ◎自然現象に気づき、探究する姿や活用して遊ぶ姿を認める。

個性が発揮され、協同的な遊びが広がるように
- ★個々の発見や関心のあることを掲示して、共有できるようにする。
- ◎子どもが自分たちで立候補をしたり、推薦をしたりして、役割を分担する機会を設ける。
- ◎互いに認め合い、ルールや役割などをみんなで相談して決める姿を認め、励ます。

第2週

小学校への期待が膨らむように
- ★子どもたちの要望に応じて、小学校のクラスだよりや教科書、通学路の地図、給食の写真などを用意して、小学校生活への期待を共有する。
- ◎「校長先生は園長先生と仲よしだよ」「お兄ちゃんやお姉ちゃんがいるね」「校庭で遊んだことがある」など具体的に話し合う機会を設けて小学校への親しみを育む。
- ◎小学校訪問や小学生とのふれ合いを通じて、自信や、期待を膨らませる。

社会にも子どもたちが興味・関心をもつように
- ★子どもたちの新聞やニュースなどへの興味をクラスで共有できるように、切り抜き記事や写真などを掲示する。
- ◎子どもたちの興味のあるニュースなどを共有できるように、話し合いの機会を設ける。

個別配慮

ゆいちゃん：小学校入学に不安をもっているようなので、小学校の先生の写真や、校内図、通学路地図などを用意したり、小学校での生活の様子をわかりやすく伝えたりして不安を取り除き、自信をもてるように励ます。

家庭・学校・地域との連携

- 保護者の小学校生活への不安や心配を払拭できるように、子どもの成長が感じられ、子どもの力を信頼できるような掲示や発信をする。
- 小学校や地域の人との連携を図り、交流したり、情報を共有する機会を設ける。

※「子どもの姿ベースのねらい●と内容◆」の「内容」は子どもの姿をもとに「幼児期の終わりまでに育ってほしい姿(10の姿)」を意識して作ります。10の姿のマークを入れました。[健康][自立心][協同性][道徳・規範][社会生活][思考力][自然・生命][数量・図形・文字][言葉][感性・表現] ※マークの詳細はP9を参照

月のねらい	❶春の自然を調べたり、遊びに取り入れたりして楽しむ。 ❷互いの個性を認め、それぞれが自己を発揮し、多方面に興味を広げる。 ❸充実感をもって園生活を送り、自らの成長に誇りを感じながら入学への喜びと期待をもつ。
健康・安全・食育の配慮	・健康や安全について、自分で考えて行動する姿を認め、自信をもって入学できるように励ます。 ・通学路や給食などの小学校の生活について伝え、安心して入学できるように配慮する。 ・クラスみんなで一緒に食べる楽しさを味わい、感謝しながら食事を楽しめるように配慮する。
行事	・小学校訪問 ・避難訓練 ・誕生会 ・卒園式

第3週	第4週
◆春の訪れに気づき、自然の美しさや生命の不思議さを友だちと共有し、自然を敬い大切にする気持ちをもつ。 協同性 自然・生命 道徳・規範	◆春の日差しや風の暖かさを感じながら、園庭や園外などで、クラスみんなでお弁当やおやつを食べて楽しむ。 協同性 自然・生命 言葉
◆年下の子どもとのふれ合いでは、できること・できないことや、興味・関心に配慮をしながら、一緒に生活や遊びを楽しむ。 協同性 思考力 言葉 ◆個々の友だちの好きなことや得意なことを認め、クラスでの一体的で協同的な遊びを満喫する。 協同性 社会生活	◆卒園式を迎えるにあたって、友だちや園の様々な仕事に携わる人、家族などとのかかわりを振り返り、感謝の気持ちを伝える。 協同性 社会生活 思考力 道徳・規範 言葉
◆これまでの園での生活や遊びを振り返り、友だちと育ちや学びを確認し、自信を深める。 自立心 協同性 言葉 感性・表現	◆友だちとの充実した園生活と、自分たちの成長に誇りを感じ、夢や希望を抱きながら、自信をもって卒園を迎える。 自立心 協同性 社会生活

年下の子どもたちとのふれ合いを楽しめるように

◉卒園を前にして、年下の子たちに伝えたいことや一緒に楽しみたい遊びがあることを理解し、遊ぶ機会を設ける。
◉年下の子どもたちとのふれ合いを通じて、5歳児が配慮したり、思いやったりする姿を認め、自信を高める。

友だちと協同的な学びを深められるように

★気づいたことを調べたり、深めたりできるように、道具や素材、場所などを十分に用意する。
◉手紙や絵本、新聞など、子どもたちが作ったものを互いに紹介する機会を設ける。
◉クラス全体で遊んだり、話し合ったりしながら生活を楽しむ姿に共感し、共に喜び、さらなる充実感や達成感を得られるように援助する。

互いの成長を感じ、感謝の気持ちを共有しよう

★春からのドキュメンテーションやポートフォリオを子どもたちが自由に見られるように用意する。
★数値や言葉で成長を感じられるように、掲示などを工夫する。
◉それぞれの頑張ったこと、楽しかったことなどを共有する機会を設ける。
◉「クラスで一緒に食事をしたい」「園外に出かけたい」「卒園式の準備をしたい」「大掃除をしたい」という子どもたちの提案を受け止め、一体感を深める機会を一緒に考える。
◉友だちや保護者に感謝の手紙を書いたり、年下の子どもにプレゼントを作ったりしたいという気持ちを受け止め、励まし、要望に応じて援助する。

社会へ興味・関心を広げよう

新聞記事やニュースなど、子どもたちの興味・関心が社会へと広がっています。新聞記事を園に持って来たり、新聞や情報誌を自分たちで作ったりして遊ぶ姿も見られます。製作を支える道具や場づくり、掲示の工夫など、子どもと共に環境を再構成していきましょう。

充実した園生活を

日々成長する子どもたち。特に卒園前は、自信を深め、充実感をもち、目まぐるしい育ちの姿が見られます。互いの個性を認め合い、成長を喜び合い、感謝の気持ちを抱きながら、小学校入学への期待、意欲がますます高まるように、互いに振り返り、語り合う時間を十分に設けましょう。

評価 子どもを捉える視点（見通し）	・春を感じ、自然の摂理を探究したり、春の彩りや香りを遊びに取り入れて楽しむ姿が見られたか。 ・それぞれの個性に気づき、認め、他者から刺激を受けながら、社会や多様な事象への関心を深め、学ぶ姿が見られたか。	・園生活を通じて自らの成長に誇りを感じ、様々な事物に感謝し、自信と期待をもって園生活を満喫する姿が見られたか。

「月のねらい」は子どもの姿をもとに、資質・能力の3つの柱を意識して振り返りができるように作ります。本書では特に意識したいものに下線を入れています。
「知識・技能の基礎」．．．．．．．、「思考力・判断力・表現力等の基礎」＿ ＿ ＿ ＿、「学びに向かう力・人間性等」＿＿＿＿　※下線の詳細はP9を参照

3月の資料

5歳児

社会への関心が広がり、友だちとさらに探究を深め、
協同的に学ぶ姿が見られます。十分な環境や機会を設けましょう。

社会へ 関心の広がりを、友だちと共有する

小学校生活や社会への関心がさらに深まり、ニュースや地域の話題を互いに話す姿が見られます。
さらに探究が深まるように、道具と掲示を工夫しましょう。自然探索や小学校への訪問、
図書館の活用などの機会も、子どもの関心の広がりに合わせて設定します。

友だちと探究しながら、興味・関心をさらに広げる

長年園で共に過ごした親しい友だちの個性を互いによく理解し、いとおしみ合う姿が見られます。気づきや疑問を共有し、一緒に探究するうれしさや、充実感、一体感は、卒園目前に驚くほど高まります。多方面への知性の扉をさらに広げ、大いに育つ子どもたちの姿を支える環境構成や援助を、保育者も楽しみながら工夫しましょう。

散歩の途中で見つけたものを観察したり、疑問を抱いたことを調べたりしています。ものや事象に気づき興味・関心をもつこと、自ら探究し知ることの楽しさを友だちとたくさん感じています。

関心のあるニュースの話題で盛り上がる子どもたち。新聞の写真などを切り抜いて掲示したり、ファイルや本、新聞を作ったりして、協同的に学ぶ姿が見られます。

小学校訪問で、小学校への関心と期待がますます高まります。通学路を散歩したり、小学校の学級通信や先生や建物、給食の写真を掲示したり、実際に訪問したりして、ワクワクしながら入学式が迎えられるようにしましょう。

期待を広げて
友だちと充実感を感じながら過ごせるように

クラスが1つにまとまり、相談したり共有したりして、友だちと過ごすうれしさや、自己を発揮して充実感をもつ姿が見られます。
じっくり話し合ったり、伝え合ったり、認め合ったりできる時間を設けましょう。

共に成長し、夢を抱きながら

クラスみんなで一緒に遊んだり、作ったりして、園生活を満喫する子どもたち。卒園までの日々は目まぐるしく、子どもたちはますます一緒に過ごし、遊ぶ楽しさを感じます。子どもたちから、「クラスみんなで食事をしたい」「製作をしたい」「大掃除をしたい」「年下の子どもたちへのプレゼントを作りたい」という提案がありました。充実した園生活を送り、期待と夢を抱きながら、卒園の日を共に迎えましょう。

大好きなクラスのみんなでお弁当。晩さん会の絵からイメージを膨らませ、みんなで相談して机を並べ、楽しみました。

クラスでみんなで相談しながら、遊びを楽しみます。

友だちの作った絵本をみんなで楽しみます。個々の関心や探究を共有し、ワクワクするような学びが広がります。

今月の保育教材
歌
「そうだったらいいのにな」「ビリーブ」
夢や、友情、希望、期待などをテーマとした歌を一緒に歌って楽しみましょう。
絵本
『ゆっくりにっこり』木島始／作、荒井良二／絵、偕成社
『さくらいろのランドセル』さえぐさひろこ／作、いしいつとむ／絵、教育画劇
卒園前の心情にあった絵本です。

「そうだったらいいのにな」の替え歌をみんなで作りました。将来の夢を伝え合い、一緒に楽しく歌い、互いへのいとおしみの気持ちが広がります。

5歳児の遊びの環境 大切にしたいポイント

「子どもの姿ベース」の指導計画と保育を進めていくために、大切にしたい遊びの環境のポイントを解説します。関東学院六浦こども園の園長・根津美英子先生と副園長・鈴木直江先生にお話をうかがいました。5歳児クラスの保育室の環境から、いろいろな工夫の一例を紹介します。

協同的な学びが生まれる環境

友だちと相談したり、協力したりしながらイメージを形にしていける環境となるよう配慮しましょう。
友だちと共通のテーマをもって、5歳児ならではのアクティブ・ラーニングが生み出されるよう意識して構成します。

『ロボット・カミイ』の絵本に触発されて、友だちと作った大型ロボット。子どもの作りたい気持ちに寄り添い、大きな製作物でも作れるよう机や椅子などを移動させたりして場所を確保します。

牛乳パックで家を作りたい！ 子どもたちが力を合わせて大きな家ができました。倒れないように柱を組み込んだりして工夫します。ダイナミックな遊びが継続するためのスペースや材料を準備しましょう。

5歳児は、友だちと協力して遊ぶ中で、試行錯誤しながら、遊びがブームとなり発展していくような工夫が必要です。興味に即して環境を再構成していきましょう。

文字や数量などの知的な環境

環境構成をする上で、5領域を意識することが重要です。5歳児では、遊びの中から自然と文字や数量への知的な好奇心が高まるような環境をデザインしていきましょう。

文字や数量への関心が高まるので、遊びや生活の中で、豊かに文字にふれたり、数量を意識してかかわったりできるような環境を用意していきましょう。

大好きな歌の歌詞を覚えたくて、自然と文字にふれる機会に。

クラスのみんなで大きなサイズのカレンダーを製作しました。曜日や日付を確認します。

難しいことに挑戦できる環境

5歳児になると、大工仕事や複雑な積み木も上手にできるようになっていきます。
子どものチャレンジしたくなる気持ちに応える環境を考えていきます。

木工小屋。用務員が見守り、好きな時に金づちやのこぎりを使うことができます。

三次元も自由自在。レールを協力して組み立てます。

難しいことに挑戦したい時期です。手先を使ったり、試行錯誤しながら作品を作りあげたり、くり返しやってみることができる環境を用意しましょう。

種から育てた藍で染めた毛糸も使って、それぞれのイメージで布を織ります。織り機は空き箱で作りました。

ミーティングなどの話し合いができる環境

クラスの仲間の考えやイメージを共有し、クラス全体の遊びとして展開していくように、
ミーティングや集まりの場を設けて1人ずつ発表する機会をつくります。

保育者主導ではない対話

自由活動の中など、様々な場面で子どもたちが話し合いができる場をつくっていきます。保育者が正解を出すのではなく、周りの子どもたちにもどうしたらよいか問いかけながら、一緒に考えていくスタンスを大事にします。1日の最後の集まりの会では、今日1日、それぞれがどのような遊びをしていたかを共有することで、ほかの子どもたちにも刺激になり、遊びが広がっていきます。

言葉遊び。ホワイトボードの文字を頭文字にして、文章を作ります。思いついた子どもが次々と手を挙げます。

今日あったことを、話し合う場面が必要です。丸くなったり、ホワイトボードが見やすい並び方にしたりするなど、状況に応じた環境を用意しましょう。

5歳児 要録の具体例

ここでは要録の具体例を紹介します。子どもの姿を捉え、その子の個性や育ちを小学校に伝えるために、どのような書き方をするとよいでしょうか。ゆうゆうのもり幼保園（幼保連携型認定こども園）の実際の要録を見てみましょう。

指導等に関する記録（抜粋）

「指導等に関する記録」は、各学年の修了時に担任が記入します。入園からの育ちの姿を1年ごとに書きます。

	平成28年度	平成29年度
指導の重点等	（学年の重点） 保育者や友達と関わり、安心して過ごす中で、好きなことを見つけ夢中になって遊ぶ。 （個人の重点） 好きな友だちとの関係の中で、やってみたいことや好きな遊びを増やしていく	（学年の重点） 保育者や友だちと一緒に遊ぶ中で、自分たちで工夫することを楽しむ。 （個人の重点） 友だちと一緒にアイディアを出し合い、遊びを作っていくことを楽しむ。また、夢中で取り組むなかで更なる自信をつけていく。
指導上参考となる事項	入園前は他の園に通っていたことから身の回りのことは進んで自分からやったり、1日の流れ等もよく理解していた。が、初めてのことや行事などに弱く、ドキドキしてしまったり、固まってしまうこともあった。（運動会や発表会等）長く休んだ後の登園や長期休み明けの登園はもじもじしてなかなかクラスに入ってこられないこともある。特に両親の前だと喋れなくなったり、固まってしまったりとがらりと姿は変わってしまう。人見知りなところもあるのか慣れるまでにとても時間がかかるが、慣れるとよく喋ったりよくふざけて友だちと笑い合ったり徐々に自分を出せるようになっていった。こちらから誘うと「やらなーい！」と言ってみたりするが、友だちと一緒にであったり、楽しそう！と感じたものは小さい声で「やりたい」と言ってきてくれることもあった。1学期から廃材遊びが大好きになり、自ら箱と箱を組み合わせて武器作りを楽しんだり、一度持ち帰った武器をまた園に持って来て違う箱と繋げたりと、自分で作った物をとても大切にしていた。友だちを誘い戦いごっこをよくしていたが2学期に入ると戦いごっこ以外にもお店屋さんごっこをしてみたり、絵本に出てきたキャラクターになりきって遊ぶ姿も見られた。元々正義感が強く、仲のいい友だちにも間違っているものは間違っていると意見を言う姿もあった。3学期になると時よりそれが強く出てしまいケンカになってしまうこともよくあったが、「優しくいってあげたら良かったんじゃないかな？」と伝えると本児自身、言い方を意識するようになった。	誰にでも優しく、友だち思いな子である。やりたいことにまっすぐに向かっていける力を持っている。一方でかなりの慎重派で、人前に立つと緊張や不安を抱えたり、初めてのことに挑戦する一歩を踏み出すことに時間がかかる姿もあった。 進級当初から年少児から関係が深まっていた友だちとお店やさんや闘いごっこなどを楽しみ、一緒に遊びを作っていく姿があった。友だちのアイディアに良いね！と面白がりながら協力して遊ぶ楽しさを感じていた。クラスで温泉ごっこが盛り上がった時には、お店づくりだけでなく、自ら積極的に他学年や隣のクラスの子に声をかけて、お客さんを呼ぶ姿もあった。遊びを作っていくなかで、先頭に立ち自分のアイディアをたくさん出すタイプではないが、周りの良さを素直に認め、活かそうとする本児の存在は遊びの中で重要な役割を持っていた。 1学期は特定の友だちと遊ぶ機会が多かったが、2学期に入ると遊びを通して、人間関係も広がり始めた。生き物にも興味があり、虫捕りや飼育、図鑑を見て生態を調べることを楽しむ姿があった。虫を捕まえ観察する中で、発見や気づきを面白がっていた。また、虫の姿に自分を投影し、「今嬉しいのかな？」「ここじゃ狭いって思ってるんじゃない？」などと虫側の気持ちを自分なりに考えようとする姿があり、捕まえた虫などを大切にする姿が見られた。 また、縄跳びや鉄棒、コマなど挑戦することに興味はあるが、一歩目が難しく、はじめはじっくりと見ている姿があった。しかし、「やってみる」と一歩踏み出した時には、絶対に諦めないで最後までやり遂げる姿が見られた。挑戦し続ける中でできた！という達成感や、新たな自信に出会う本児の姿があった。 進級しても、難しいことや新しいことに出会った時に、勇気を持って一歩踏み出し、やってみたら楽しかったという経験や新たな自信に出会っていってほしいと思う。

園種によって様式は少し異なりますが、記入の際に大切にする点は同じです。子どもの発達の実際から、著しく向上した資質・能力について具体的に記入します。

保育所
①入所に関する記録
②個人に関する記録
別紙：幼児期の終わりまでに育ってほしい姿について

幼稚園
①学籍に関する記録
②指導に関する記録
③最終学年の指導に関する記録

幼保連携型認定こども園
①学籍等に関する記録
②指導等に関する記録
③最終学年の指導に関する記録

要録では、その子の育ちを、小学校にわかりやすく伝えることが大切です。その子の何が特に育ったのか、ワンパターンにならず、多様な側面から説明ができていますか？「10の姿」の観点がとても参考になりますよ。

最終学年の指導に関する記録

「最終学年の指導に関する記録」は、
5歳児の修了時に担任が記入します。

幼保連携型認定こども園園児指導要録（最終学年の指導に関する記録）

ふりがな		平成３０年度	幼児期の終わりまでに育ってほしい姿
氏名	**C** 平成２４年〇月〇日生	（学年の重点） 友達と一緒に好きな遊びを広げる中で、自分らしさを発揮し、友達と一緒に意見を重ね合いながら工夫をしていくことの楽しさを感じ、自分たちで園生活を進めていく。	幼児期の終わりまでに育ってほしい姿： （ア）は、幼保連携型認定こども園教育・保育要領第２章に示すねらい及び内容に基づいて、各園で、幼児期にふさわしい遊びや生活を積み重ねることにより、幼保連携型認定こども園において育みたい資質・能力が育まれている園児の具体的な姿であり、特に５歳児後半に見られるようになる姿である。 「幼児期の終わりまでに育ってほしい姿」（イ）は、とりわけ園児の自発的な活動としての遊びを通して、一人一人の発達の特性に応じて、これらの姿が育っていくものであり、全ての園児に同じように見られるものではないことに留意すること。
性別	**男**	（個人の重点） 好きな遊びを広げ、その中で自分らしさを発揮し、仲間関係を広げていく。友達と一緒に意見を重ね合い、工夫し、自ら生活を進めていくことの楽しさを感じる。	

	ねらい （発達を捉える視点）	指導上参考となる事項	
健康	明るく伸び伸びと行動し、充実感を味わう。	明るく、元気で、とても優しい子である。人前に立つことはあまり好きではないのだが、いつの間にか注目されていることも年長になってから何度もあった。人の良い所を見つけるのが自然とでき、そのことを言葉にして伝えることができるので、本児に自信をつけてもらった子は少なくない。 　進級当初は、憧れの年長になったことで自信がつき、年中時の本児と全く違う自分を園の中で出すようになった。クラスで楽しんでいることの中心になったり、面白いことを言ってふざけてみたりと、今まで知らない本児の魅力が一気に開花した。 　本児の遊びの中での、「なんでだろう？」「もっと知りたい！」という好奇心や探求心があり、９月にクラスで盛り上がったイタリアのピザ屋さんごっこや、そこからイタリアについての興味関心が深まり、イタリア語に興味を持ったり、イタリアの名物や観光名所にも視野が広がっていった。本児が作りたいといった"真実の口"作りでは、本物そっくりなものができ、面白がってくれる人がたくさんいた。 　その後も、遊びの中で出会ったオオスズメバチから オオスズメバチの研究を始めた友達を見て、はちみつに着眼点を置き、はちみつの食べ比べをした際に、イタリア産のはちみつをみて、小さなイタリアの国旗を見逃さず、なぜイタリアでもはちみつが食べられているのかを知りたがり、ピザにかけることを知ったところから、ピザ作りのクッキングをしたりと、本児の知りたい意欲、そして発見する力、理解力が遊びの中でとても伸びていった。 　１月に行ったお店屋さんでは、スポッチャのお店を出店したのだが、実際に休日にラウンドワンに行くなど、園と家でのつながりが本児の興味をどんどん広げていっていた。１１月にバスケットボールをした際には、本児の母親もバスケをしていたことを知り、バスケットボールが大好きになり、夢中で遊ぶようになった。３月には、年中に憧れられる存在になるほどであった。 　卒園式での代表の言葉をぜひ本児にとお願いをしたのだが、人前に出て話すことは苦手意識が強いようで、何度も「お断りします。」と、本児に断られた。色々な活動に主体的に参加をするようになった本児であるが、自分の得意、不得意は把握していて、少しずつ挑戦している姿もある。新しい環境の中、自分をどう出していくのか悩むときもあると思うが、本児らしさを発揮して楽しんでいってもらいたい。	**健康な心と体**　幼保連携型認定こども園における生活の中で、充実感をもって自分のやりたいことに向かって心と体を十分に働かせ、見通しをもって行動し、自ら健康で安全な生活をつくり出すようになる。
	自分の体を十分に動かし、進んで運動しようとする。		**自立心**　身近な環境に主体的に関わり様々な活動を楽しむ中で、しなければならないことを自覚し、自分の力で行うために考えたり、工夫したりしながら、諦めずにやり遂げることで達成感を味わい、自信をもって行動するようになる。
	健康、安全な生活に必要な習慣や態度を身に付け、見通しをもって行動する。		**協同性**　友達と関わる中で、互いの思いや考えなどを共有し、共通の目的の実現に向けて、考えたり、工夫したり、協力したりし、充実感をもってやり遂げるようになる。
人間関係	幼保連携型認定こども園の生活を楽しみ、自分の力で行動することの充実感を味わう。		**道徳性・規範意識の芽生え**　友達と様々な体験を重ねる中で、してよいことや悪いことが分かり、自分の行動を振り返ったり、友達の気持ちに共感したりし、相手の立場に立って行動するようになる。また、きまりを守る必要性が分かり、自分の気持ちを調整し、友達と折り合いを付けながら、きまりをつくったり、守ったりするようになる。
	身近な人と親しみ、関わりを深め、工夫したり、協力したりして一緒に活動する楽しさを味わい、愛情や信頼感をもつ。		
	社会生活における望ましい習慣や態度を身に付ける。		**社会生活との関わり**　家族を大切にしようとする気持ちをもつとともに、地域の身近な人と触れ合う中で、人との様々な関わり方に気付き、相手の気持ちを考えて関わり、自分が役に立つ喜びを感じ、地域に親しみをもつようになる。また、幼保連携型認定こども園内外の様々な環境に関わる中で、遊びや生活に必要な情報を取り入れ、情報に基づき判断したり、情報を伝え合ったり、活用したりするなど、情報を役立てながら活動するようになるとともに、公共の施設を大切に利用するなどして、社会とのつながりなどを意識するようになる。
環境	身近な環境に親しみ、自然と触れ合う中で様々な事象に興味や関心をもつ。		
	身近な環境に自分から関わり、発見を楽しんだり、考えたりし、それを生活に取り入れようとする。		
	身近な事象を見たり、考えたり、扱ったりする中で、物の性質や数量、文字などに対する感覚を豊かにする。		**思考力の芽生え**　身近な事象に積極的に関わる中で、物の性質や仕組みなどを感じ取ったり、気付いたりし、考えたり、予想したり、工夫したりするなど、多様な関わりを楽しむようになる。また、友達の様々な考えに触れる中で、自分と異なる考えがあることに気付き、自ら判断したり、考え直したりするなど、新しい考えを生み出す喜びを味わいながら、自分の考えをよりよいものにするようになる。
言葉	自分の気持ちを言葉で表現する楽しさを味わう。		
	人の言葉や話などをよく聞き、自分の経験したことや考えたことを話し、伝え合う喜びを味わう。		**自然との関わり・生命尊重**　自然に触れて感動する体験を通して、自然の変化などを感じ取り、好奇心や探究心をもって考え言葉などで表現しながら、身近な事象への関心が高まるとともに、自然への愛情や畏敬の念をもつようになる。また、身近な動植物に心を動かされる中で、生命の不思議さや尊さに気付き、身近な動植物への接し方を考え、命あるものとしていたわり、大切にする気持ちをもって関わるようになる。
	日常生活に必要な言葉が分かるようになるとともに、絵本や物語などに親しみ、言葉に対する感覚を豊かにし、保育教諭等や友達と心を通わせる。		
表現	いろいろなものの美しさなどに対する豊かな感性をもつ。		**数量や図形、標識や文字などへの関心・感覚**　遊びや生活の中で、数量や図形、標識や文字などに親しむ体験を重ねたり、標識や文字の役割に気付いたりし、自らの必要感に基づきこれらを活用し、興味や関心、感覚をもつようになる。
	感じたことや考えたことを自分なりに表現して楽しむ。		
	生活の中でイメージを豊かにし、様々な表現を楽しむ。	（特に配慮すべき事項）	**言葉による伝え合い**　保育教諭等や友達と心を通わせる中で、絵本や物語などに親しみながら、豊かな言葉や表現を身に付け、経験したことや考えたことなどを言葉で伝えたり、相手の話を注意して聞いたりし、言葉による伝え合いを楽しむようになる。
出欠状況			**豊かな感性と表現**　心を動かす出来事などに触れ感性を働かせる中で、様々な素材の特徴や表現の仕方などに気付き、感じたことや考えたことを自分で表現したり、友達同士で表現する過程を楽しんだりし、表現する喜びを味わい、意欲をもつようになる。

出欠状況		２８年度	２９年度	３０年度
	教育日数	１９８	２００	２０３
	出席日数	１８７	１９１	１９８

学年の重点：年度当初に、教育課程に基づき長期的な見通しとして設定したものを記入
個人の重点：１年間を振り返って、当該園児の指導について特に重視してきた点を記入
指導上参考となる事項：
　(1)次の事項について記入
　　①１年間の指導の過程と園児の発達の姿について以下の事項を踏まえ記入すること。
　　・幼保連携型認定こども園教育・保育要領に示された養護に関する事項を踏まえ、第２章第３の「ねらい及び内容」に示された各領域のねらいを視点として、当該園児の発達の実情から向上が著しいと思われるもの。
　　　その際、他の園児との比較や一定の基準に対する達成度についての評定によって捉えるものではないことに留意すること。
　　・園児の入園時から就学時までの育ちに関する事項。
　　②次の年度の指導に必要と考えられる配慮事項等について記入すること。
　　③最終年度の記入に当たっては、特に小学校等における児童の指導に生かされるよう、幼保連携型認定こども園教育・保育要領第１章総則に示された「幼児期の終わりまでに育ってほしい姿」を活用して園児に育まれている資質・能力を捉え、指導の過程と育ちつつある姿を分かりやすく記入するように留意すること。その際、「幼児期の終わりまでに育ってほしい姿」が到達すべき目標ではないことに留意し、項目別に園児の育ちつつある姿を記入するのではなく、全体的、総合的に捉えて記入すること。
　(2)「特に配慮すべき事項」には、園児の健康の状況等、指導上特記すべき事項がある場合に記入すること。

[編著者]

無藤 隆（白梅学園大学大学院特任教授）

2017年告示の3法令の文部科学省、内閣府の検討会議に携わり、「幼稚園教育要領」「幼保連携型認定こども園教育・保育要領」の改訂を行う。改訂時の文部科学省中央教育審議会委員・初等中等教育分科会教育課程部会会長、幼保連携型認定こども園教育・保育要領の改訂に関する検討会座長

大豆生田啓友（玉川大学教育学部教授）

専門は、幼児教育学、子育て支援。厚生労働省「保育所等における保育の質の確保・向上に関する検討会」座長代理、一般社団法人日本保育学会副会長。講演会やNHK Eテレ「すくすく子育て」のコメンテーターとしても活躍

[執筆者]

3歳児 **松山洋平**（和泉短期大学准教授）

4歳児 **三谷大紀**（関東学院大学准教授）

5歳児 **北野幸子**（神戸大学大学院准教授）

[P22-23監修] **猪熊弘子**（名寄市立大学特命教授）

表紙・本文イラスト／イイダミカ
巻頭シートイラスト／井上雪子
本文イラスト／すぎやまえみこ　さくま育
編集協力／こんぺいとぷらねっと(巻頭シート／絵本)
DTP ／エストール
校正協力／鷗来堂

[資料提供・協力園] ※五十音順

巻頭シート／子どもの育ちMap
・フレーベル西が丘みらい園（東京都）
巻頭シート／絵本
・絵本と保育の研究会
指導計画のきほん
・ゆうゆうのもり幼保園（神奈川県）
3歳児
・愛育幼稚園（東京都）
・港北幼稚園（神奈川県）
・でんえん幼稚園（神奈川県）
・町田自然幼稚園（東京都）
4歳児
・江東区立元加賀幼稚園（東京都）
・港北幼稚園（神奈川県）
・白梅学園大学附属白梅幼稚園（東京都）
・仁慈保幼園（鳥取県）
・墨田区立八広幼稚園（東京都）
・世田谷仁慈保幼園（東京都）
・ベネッセ日吉保育園（神奈川県）
・門司保育所（みどり園）（福岡県）
・ゆうゆうのもり幼保園（神奈川県）
5歳児
・赤間保育園（福岡県）
・霧ヶ丘幼稚園（福岡県）
・神戸大学附属幼稚園（兵庫県）
・第二赤間保育園（福岡県）
・梅圃幼稚園（福井県）
・舞鶴市立うみべのもり保育所（京都府）
環境
・関東学院六浦こども園（神奈川県）
要録
・ゆうゆうのもり幼保園（神奈川県）

3・4・5歳児
子どもの姿ベースの
指導計画
新要領・指針対応

2019年 5 月30日　初版第 1 刷発行
2020年 6 月27日　初版第 4 刷発行

編著者　無藤 隆　大豆生田啓友
発行者　飯田聡彦
発行所　株式会社フレーベル館
　　　　〒113-8611 東京都文京区本駒込6-14-9
電　話　営業：03-5395-6613
　　　　編集：03-5395-6604
振　替　00190-2-19640
印刷所　株式会社リーブルテック

表紙・本文デザイン　blueJam inc.（茂木弘一郎）

©MUTO Takashi, OMAMEUDA Hirotomo 2019
禁無断転載・複写　Printed in Japan
ISBN978-4-577-81470-3　NDC376
192 p ／ 26×21cm

乱丁・落丁本はお取替えいたします。
フレーベル館のホームページ
https://www.froebel-kan.co.jp